人体运动彩色解剖图谱系列 ▶

人体运动彩色解剖图谱

肌肉训练
百科全书

人邮体育解剖图谱编写组　编著

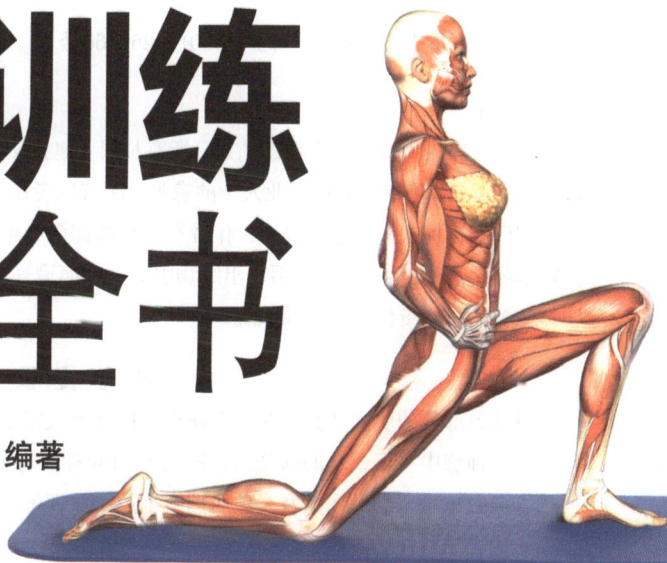

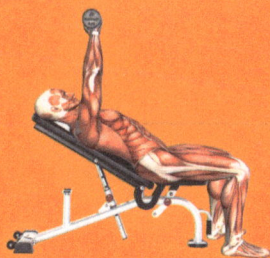

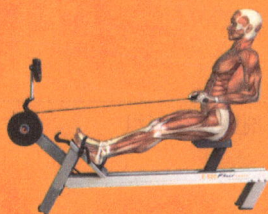

人民邮电出版社

北京

图书在版编目（CIP）数据

人体运动彩色解剖图谱 ：肌肉训练百科全书 / 人邮体育解剖图谱编写组编著. -- 北京 ：人民邮电出版社，2022.8
ISBN 978-7-115-55654-7

Ⅰ．①人… Ⅱ．①人… Ⅲ．①肌肉－力量训练－图谱
Ⅳ．①G808.14-64

中国版本图书馆CIP数据核字(2020)第260066号

内 容 提 要

身体各部位的肌肉及其相互配合在很大程度上决定了我们的运动表现水平，因此针对肌肉的强化是日常训练中不可或缺的部分。本书介绍了140种针对全身肌肉的、涉及徒手和器械的训练方法，并以专业教练示范的动作图及彩色肌肉解剖图讲解训练动作要点，可以帮助训练者清晰了解训练动作的正确做法和目标肌群，并根据不同的训练场景进行合适的训练，同时还提供了20余种运动专项和功能性强化的训练方案，从而帮助训练者高效训练，有效预防损伤，针对性提升运动和生活表现。

◆ 编　　著　人邮体育解剖图谱编写组
　责任编辑　李　璇
　责任印制　周昇亮

◆ 人民邮电出版社出版发行　　北京市丰台区成寿寺路 11 号
　邮编　100164　电子邮件　315@ptpress.com.cn
　网址　https://www.ptpress.com.cn
　廊坊市印艺阁数字科技有限公司印刷

◆ 开本：700×1000　1/16
　印张：21.75　　　　　　　　2022 年 8 月第 1 版
　字数：502 千字　　　　　　2025 年 8 月河北第 7 次印刷

定价：108.00 元

读者服务热线：(010)81055296　印装质量热线：(010)81055316
反盗版热线：(010)81055315

在线视频访问说明

本书提供了部分训练动作的在线视频，可通过微信"扫一扫"，扫描第2~6章章首页或本页的二维码进行观看。

● **步骤1**

点击微信聊天界面右上角的"+"，弹出功能菜单（图1）。

● **步骤2**

点击弹出的功能菜单上的"扫一扫"，进入该功能界面，扫描第2~6章首页或本页的二维码。

● **步骤3**

如果您未关注微信公众号"人邮体育"，扫描后会出现"人邮体育"的二维码。请根据说明关注"人邮体育"，并点击"资源详情"（图2），观看视频（图3）。如果您已关注微信公众号"人邮体育"，扫描后可直接观看视频（图3）。

图1

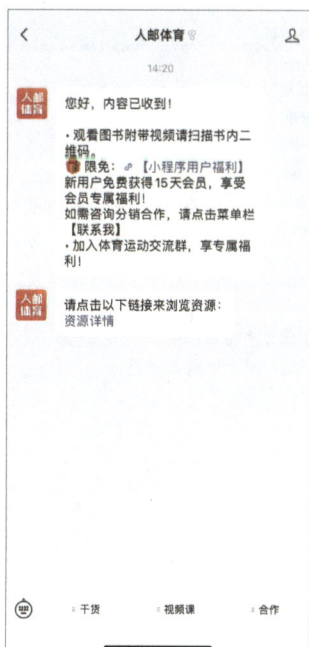

图2

图3

本书使用说明

侧向下砍

动作名称
每个动作的名称。

动作过程
关于每个动作步骤的详细文字解说，参照图片就可以知道在此动作中，身体的每一个部位该呈现什么样的状态。

锻炼目标
每个动作锻炼到的身体部位。

锻炼器械
每个动作所用到的器械。

级别
练习的难易程度被分为3个级别，级别越高表示难度越高。

呼吸提示
练习每个动作时的呼吸方式。

益处
练习该动作的好处。

注意
练习每个动作时的注意事项。

避免
练习过程中避免出现的动作。

正确做法
练习过程中的正确动作。

动作图片
用图片展示每个动作的步骤。

① 呈站姿，双脚分开略比肩宽，双手紧握药球，手臂略微弯曲，将药球置于腹部前方。

② 保持双脚位置不变，向左侧转身，双臂顺势向左上方推举药球至头顶左侧。

③ 核心发力，向右侧转身，双臂随之向右下方砸药球。重复完成规定的次数，对侧亦然。

锻炼目标
● 核心
锻炼器械
● 药球、瑜伽垫
级别
● 初级
呼吸提示
● 砸球时呼气
益处
● 锻炼核心肌群
注意 ⚠
● 背部或肩部若存在不适，则不建议进行此项训练

● **正确做法**
核心收紧，躯干挺直

● **避免**
背部扭曲幅度过大

166

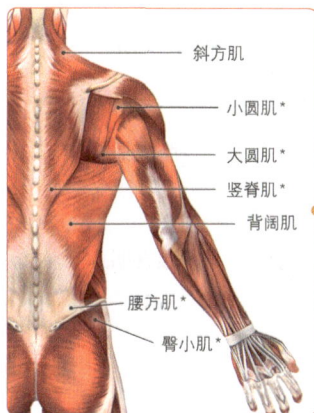

斜方肌

小圆肌*

大圆肌*

竖脊肌*

背阔肌

腰方肌*

臀小肌*

🖐 最佳锻炼部位
● 腹外斜肌
● 腹内斜肌*

最佳锻炼部位
每个动作锻炼到的肌肉。

肌肉图
对重点部位提取肌肉图并加以标注，使训练不盲目，更具有针对性。

第4章
核心部位练习

章名
每章的名称。

三角肌后束

大圆肌*

背阔肌

腹外斜肌

腹内斜肌*

肱三头肌

腹直肌

腹横肌

◆ 解析关键
黑色字体为主要锻炼的肌肉
灰色字体为次要锻炼的肌肉
* 为深层肌肉

动作肌肉图
展示练习中重点动作的肌肉，并标注出所锻炼位置的肌肉。

解析关键
对图中标注的解释，方便读者阅读理解。

页码
每一页上标明次序的数字，可供读者进行检索。

167

5

上肢肌肉图

斜角肌 *

胸小肌 *

三角肌前束

前锯肌

腹外斜肌

旋前圆肌

屈指肌

桡侧腕屈肌

腹内斜肌 *

腹横肌 *

尺侧腕屈肌

拇长屈肌 *

胸锁乳突肌

胸大肌

腹直肌

喙肱肌 *

肱二头肌

肱桡肌

掌长肌

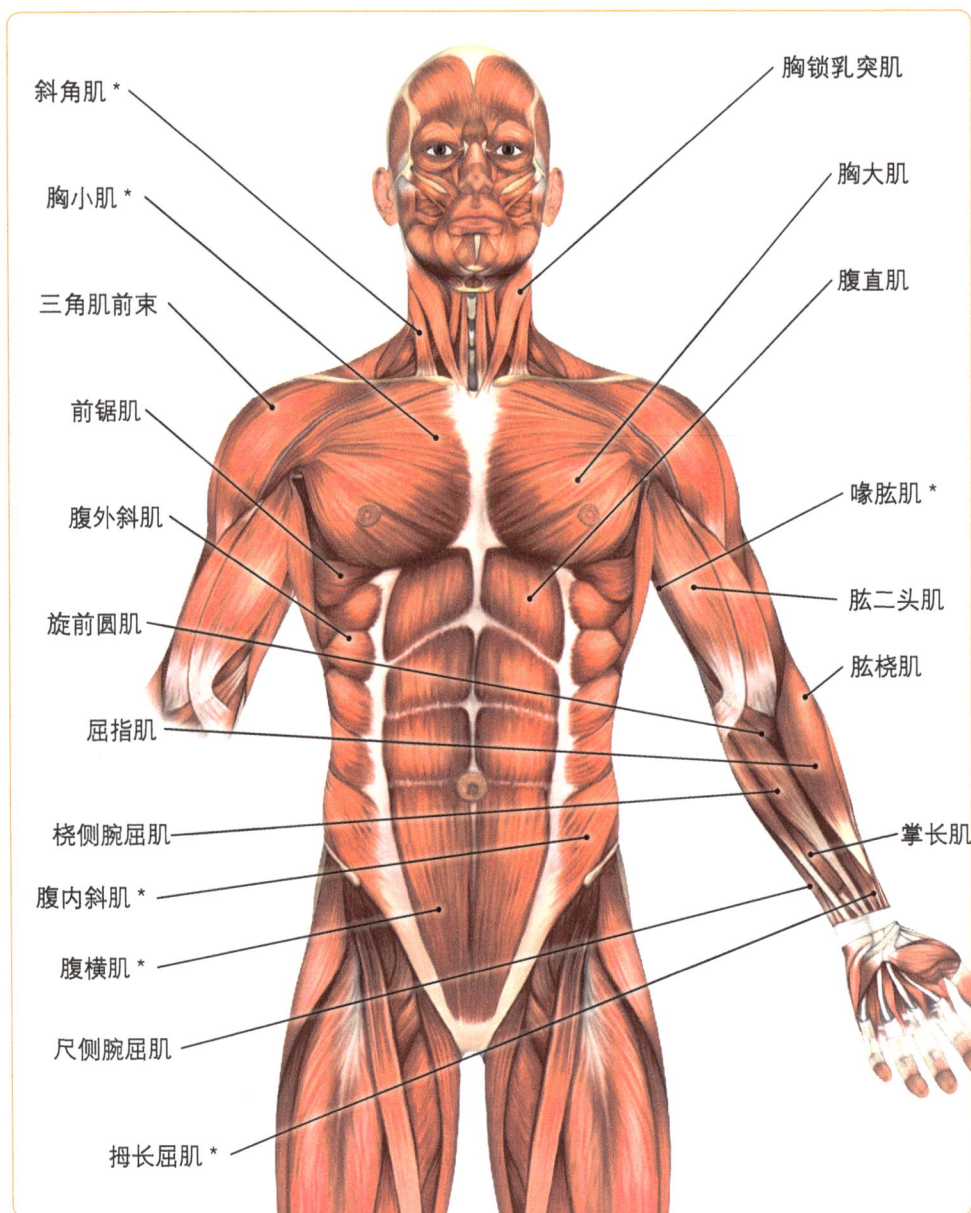

注：*为深层肌肉，余同。

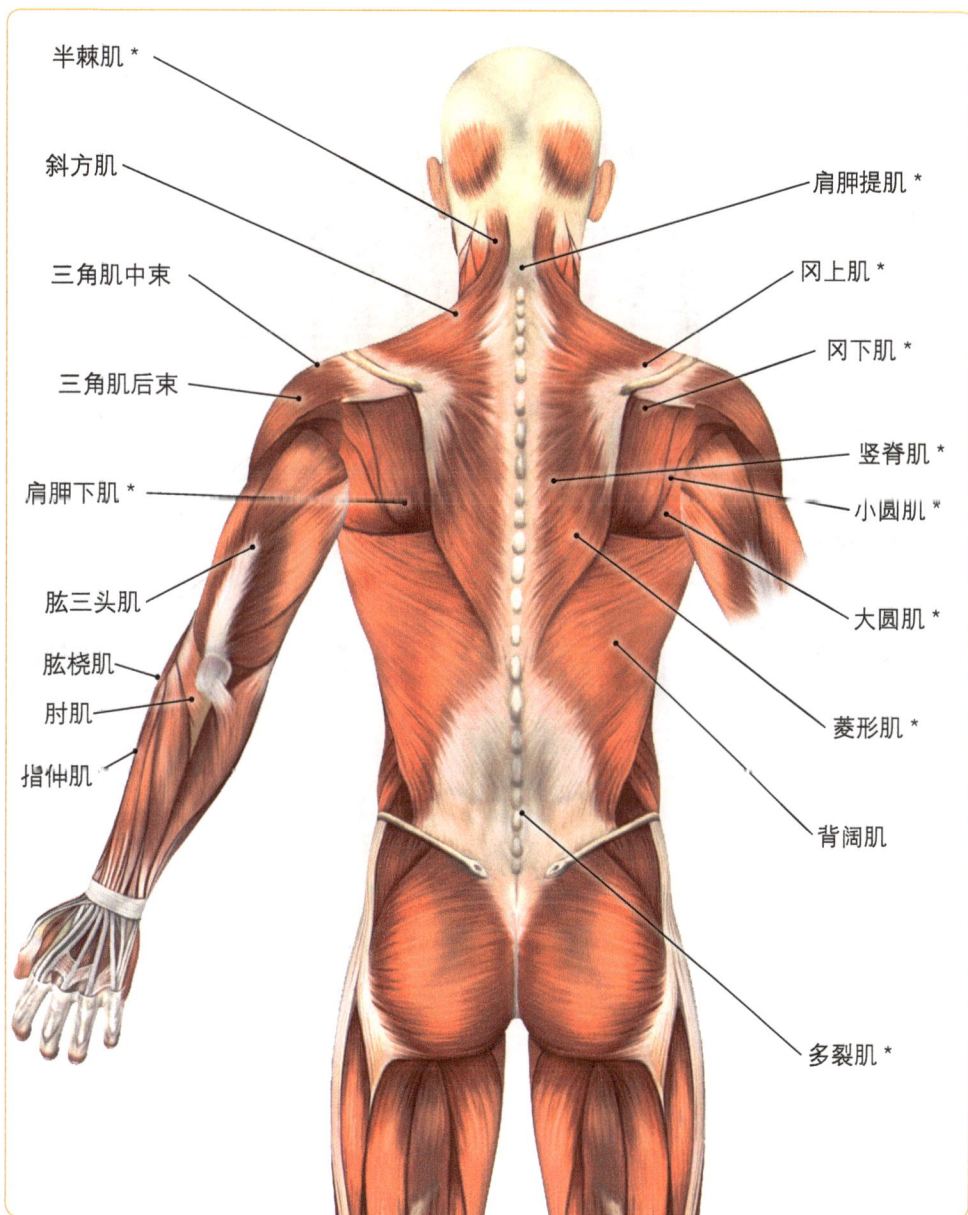

半棘肌 *

斜方肌

三角肌中束

三角肌后束

肩胛下肌 *

肱三头肌

肱桡肌

肘肌

指伸肌

肩胛提肌 *

冈上肌 *

冈下肌 *

竖脊肌 *

小圆肌 *

大圆肌 *

菱形肌 *

背阔肌

多裂肌 *

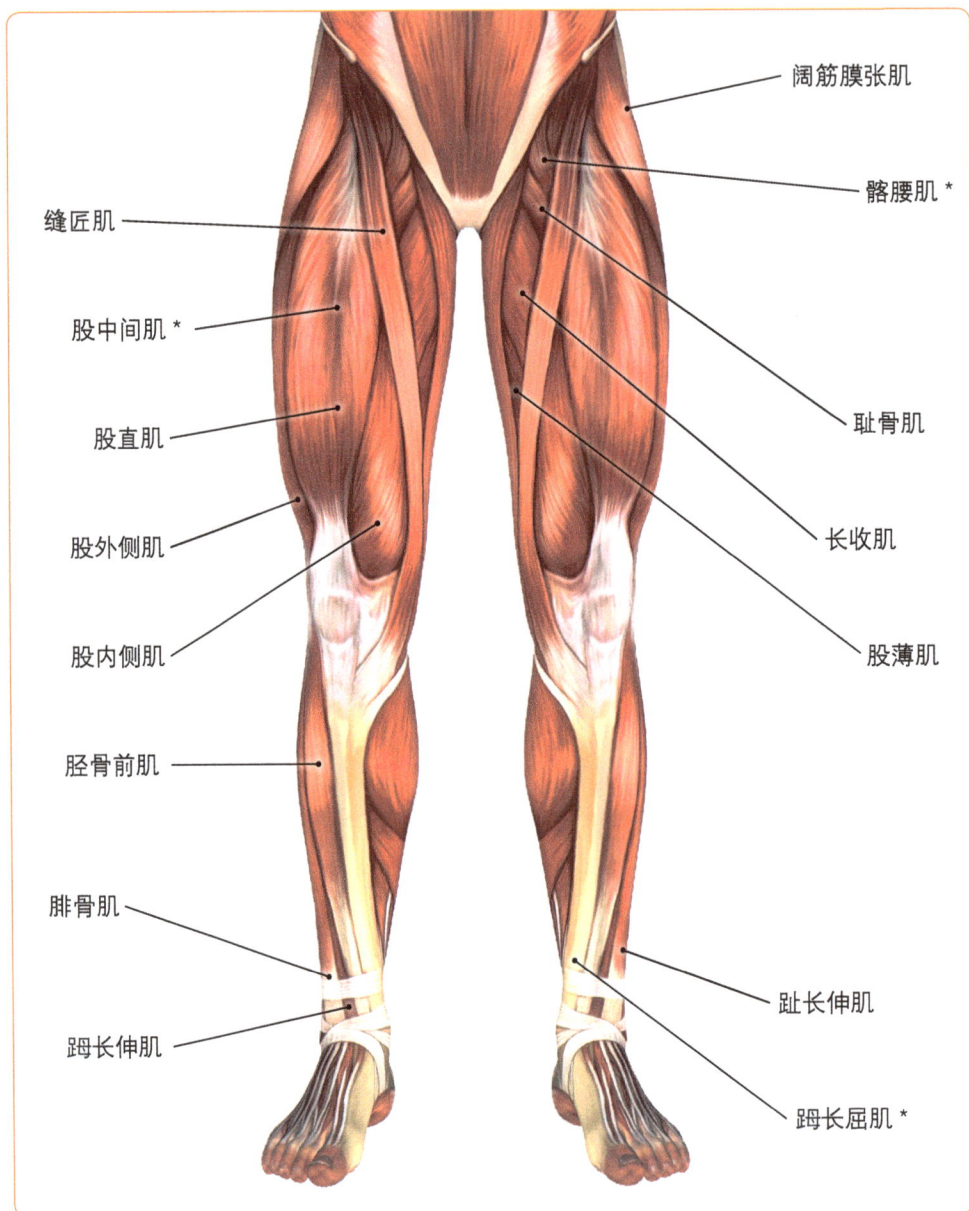

下肢肌肉图

阔筋膜张肌

髂腰肌 *

缝匠肌

股中间肌 *

股直肌

股外侧肌

股内侧肌

耻骨肌

长收肌

股薄肌

胫骨前肌

腓骨肌

趾长伸肌

蹋长伸肌

蹋长屈肌 *

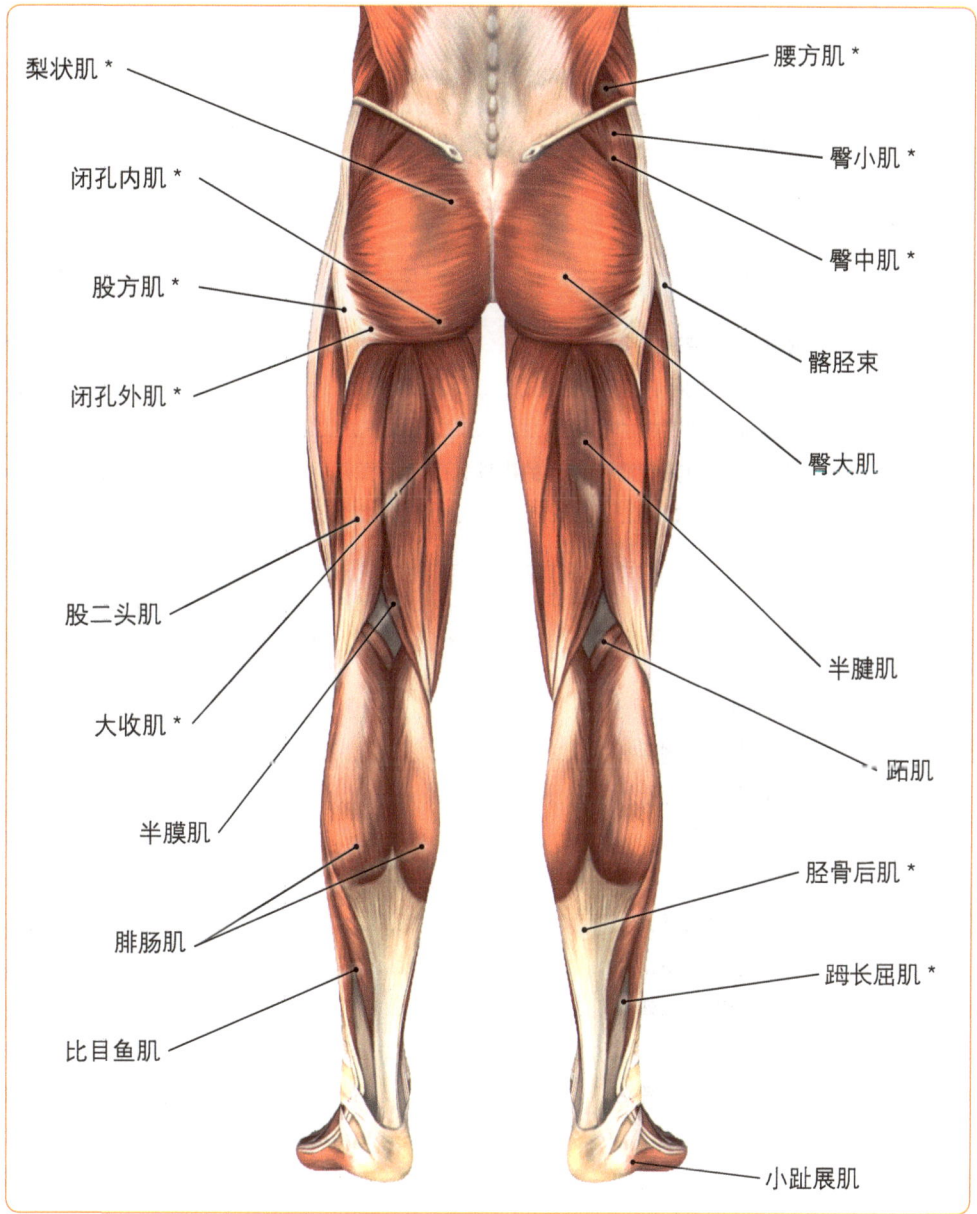

梨状肌 *

闭孔内肌 *

股方肌 *

闭孔外肌 *

股二头肌

大收肌 *

半膜肌

腓肠肌

比目鱼肌

腰方肌 *

臀小肌 *

臀中肌 *

髂胫束

臀大肌

半腱肌

跖肌 *

胫骨后肌 *

踇长屈肌 *

小趾展肌

目 录 CONTENTS

第 1 章 综述 17

第 2 章 上肢练习 29

第**3**章 胸背部练习 85

第4章 核心部位练习 141

第5章 下肢练习 197

第6章 伸展练习

01

CHAPTER ONE

第1章

综述

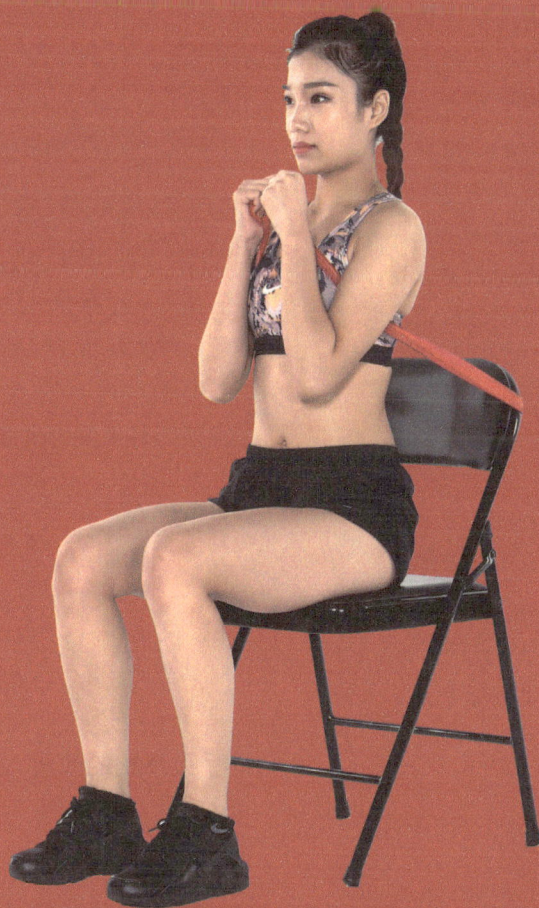

肌肉训练带来改变

在健身越来越流行的今天，肌肉训练正逐步走入大众的视野。如今走进健身房你会发现，肌肉训练已经不再是男性的专属训练。无论是男性还是女性，他们都享受在健身房里挥汗如雨；肌肉训练的目的也不再被局限为增大肌肉维度，而是兼具提升肌肉力量与耐力，最终塑造出优美、健康的形体。肌肉训练开始被大家认可和接受，它正在改变我们的日常生活。

◆ 带来肌肉功能的改变，提升肌肉力量与耐力

肌肉训练利用抗阻训练原理，使肌肉在对抗阻力的过程中充分受到刺激，从而破坏肌肉纤维，然后使其在后期修复过程中发生肌肉重组。如果适量摄入蛋白质（肌肉的主要成分是蛋白质），会促进肌细胞的修复，最终使肌肉的体积增大，使肌肉质量得到提升。训练还可以刺激神经肌肉系统，增加神经支配肌纤维的数量，在运动中调动更多肌纤维产生收缩，从而增强肌肉力量。在负荷逐步增加的抗阻训练过程中，肌肉不断适应更大的运动负荷，并不断生长，其外观、力量与耐力，都会随之改变。

◆ 改变形体，起到塑形作用

坚持肌肉训练，能带给人外观上的改变。长期坚持训练可以提高身体肌肉质量，提升日常生活中身体消耗能量的水平（基础代谢水平），同时训练过程中还可以有效消耗能量，两者相结合，达到更好的燃脂效果。因此体脂较多的人通过整体的肌肉训练，搭配科学的饮食，可以有效降低身体脂肪含量。脂肪含量减少，肌肉质量增多，起到塑形的目的。

◆ 增强身体各系统功能，提高健康水平

肌肉训练过程中，我们身体的血液循环系统、呼吸系统、神经系统都会积极地参与并相互配合。

血液循环系统的改善

运动过程中身体各器官对于氧气、营养物质的需求量会大幅增加，因此血流量会增加，血流速度加快。这要求心脏拥有较好的泵血能力，血管有较好的承受能力。长期坚持运动，可以加强血液循环系统功能。

呼吸系统的改善

为了供给更多的氧气，并及时排出体内

产生的大量二氧化碳，呼吸系统中的各器官会努力工作，呼吸肌积极参与运动，帮助吸入更多的氧气，排出更多的二氧化碳，呼吸系统内各器官的功能也得到了增强。

神经系统的改善

在运动中，大脑不用再理会外界多种事物的纷扰，只专注于运动，运动时间也是大脑的休息时间。同时，运动也会为大脑提供充足的氧气，使脑部血液循环更顺畅，工作效率更高。运动中，神经系统的调节功能也会得到加强，反应速度加快，从而使动作更加协调。

◆ 减缓肌肉、骨质的流失，延缓衰老

随着年龄的增加，人体的肌肉含量、骨骼中的钙含量也在逐年减少，因而在跌倒后容易发生扭伤、骨折等状况。而经过肌肉训练，肌肉和钙质的流失会减缓，并让各系统处于活跃与更新状态中，从而延缓身体的衰老。

◆ 带来精神面貌的改变，令人精力充沛

长期伏案工作的人，容易因为缺乏锻炼而患上慢性疾病，如颈椎、腰椎疼痛，或者出现探颈、圆肩等不良体态。这种亚健康状态还会引起疲倦无力、失眠多梦、不能集中精力工作等一系列问题。上述这些问题难以通过药物治疗得到根本性的改善，最好的方法就是运动。在汗流浃背的肌肉训练中，训练者会暂时忘记工作与生活中的烦恼，让精神得到放松，而且大脑分泌的多巴胺还能够让人产生兴奋和愉悦感。长期坚持运动的人，精力比没有运动习惯的人更加充沛，在生活与工作中处理事物时也更得心应手。

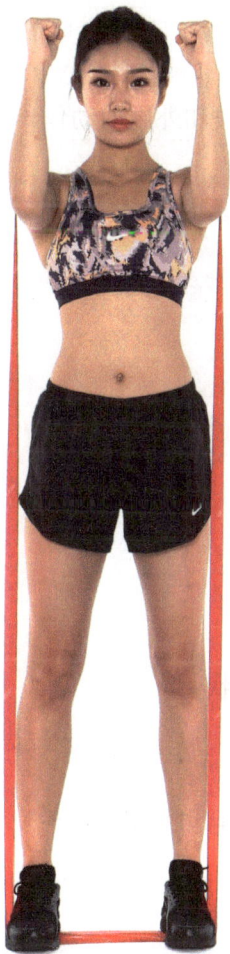

了解运动的平面与动作模式

◆ 运动的 3 个面

通常人体运动可以被描述为在 3 个平面上的运动，这 3 个想象的相互垂直的平面穿过人体，在人体的重心处交叉，它们分别是冠状面、矢状面和水平面。

冠状面　　　　矢状面　　　　水平面

冠状面

冠状面将人体分成前、后两半。在冠状面上的运动包括四肢内收和外展（相对于躯干）、脊柱侧屈及足踝内翻和外翻等。

内收和外展的动作

足踝外翻　　　足踝内翻　　　髋关节外展　　　髋关节内收

　　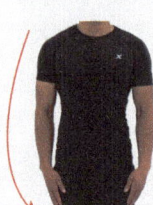　

躯干侧屈　　　肩关节外展　　　肩关节内收　　　颈部侧屈

矢状面

矢状面将人体分为左、右两半。在矢状面上的运动包括四肢与躯干屈曲和伸展等。

屈曲和伸展的动作

　　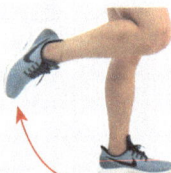　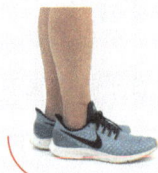　

踝关节背屈　　　踝关节跖屈　　　膝关节屈曲　　　膝关节伸展　　　髋关节屈曲：股骨围绕骨盆转动

髋关节屈曲：骨盆围绕股骨转动　髋关节伸展　脊柱屈曲　脊柱伸展　肘关节屈曲

肘关节伸展　肩关节屈曲　肩关节伸展　颈部屈曲　颈部伸展

水平面

水平面将人体分成上、下两半。水平面运动包括四肢内旋和外旋，头颈左、右旋转，四肢水平外展和水平内收以及前臂旋前、旋后等。

旋转的动作

髋关节外旋　髋关节内旋　前臂旋后　前臂旋前　肩关节外旋　肩关节内旋

肩关节水平外展　肩关节水平内收　脊柱旋转　颈部旋转

◆ 动作模式

在肌肉训练中，不同的动作可以被归类为不同的动作模式，如推、拉、跳跃、旋转、蹲等。下面分别介绍一下这几种肌肉训练中经常用到的动作模式。

推

推类动作，主要是通过上肢和躯干发力，将物体向远离自身的方向推出去，如卧推、挺举等动作，或者将身体推离物体，如俯卧撑动作等。

在推类动作中，虽然重点发力部位是上肢与躯干，但动作是整体性的，即往往需要核心部位与下肢协同发力，才能将动作的练习效果发挥到最好。

拉

拉类动作与推类动作恰恰相反，主要是依靠上肢和背部肌肉的力量，将物体与自身的距离缩短，如各种硬拉、划船动作，以及引体向上等。与推类动作一样，虽然拉类动作中重点发力部位是上肢和背部肌肉，但它的动作也是整体性的，也需要核心部位与下肢协同发力才能将动作的练习效果发挥到最好。

在肌肉训练过程中，推与拉的动作可以结合在一起，这样可以在一部分肌肉做功时，使另一部分肌肉得到休息，从而让训练效率更高，肌肉也能得到全方位的锻炼。

跳跃

跳跃类动作属于爆发性的动作，主要通过下肢的发力，使身体在瞬间发生位移，如栏架类动作、跳箱类动作，以及跳高、跳远等动作。

旋转

旋转类动作在运动中主要依靠核心部位的力量使身体发生旋转，在旋转过程中上肢或下肢的位置会随之发生变化，借由旋转的速度与势能，使发出的力更大。此类动作在专项运动中运用得更广泛，如各种投掷动作，以及球类运动中的闪躲、转身等动作。健身中常见的旋转类动作有各种伐木动作、俄罗斯转体动作和土耳其起身动作等。

旋转类动作能练习核心部位的力量与稳定性，而核心部位的力量与稳定性是各种运动的基石。

蹲

蹲类动作是在保持核心稳定的前提下，臀部肌群、腿部肌群发力，使身体重心发生向上、向下、向左、向右等方向上的移动的动作，如深蹲、半蹲、侧蹲和箭步蹲等。蹲类动作主要锻炼下肢肌肉的力量与爆发力，也是减脂瘦身的常用练习。

此外，还有屈伸、侧屈、跨步等动作模式。无论是哪种动作模式，在训练中都要合理利用，科学搭配，使肌肉得到更全面的锻炼。

把握肌肉训练中的各种量

肌肉训练中，一个动作该做几组、每组做多少次、每组之间的时间间隔等，都是需要我们把握的量。因此在进行肌肉训练之前，我们有必要了解一下这些训练中的量。

◆ 动作的重复次数与组数

一个动作要做几组，每组要重复多少次，需要依据动作的总次数（即训练量）来进行设定。除了大重量的负重训练，对于常规训练来说，动作总次数控制在25~50次最好。如果动作较简单、负重小，可以分3组来做，比如总次数为30次，分为3组，每组10次。如果动作较难，可以分成多组进行，每组练习的次数少一些。一般来说，单组次数的常用范围有3种：8~10次、10~12次和12~15次。训练者可根据自己目前的健身水平和锻炼目标来选择合适的范围。这个数值范围也是可以改变的，持续规律训练一段时间后，就可以适当提高训练量，给肌肉更大的刺激，获得更理想的健身效果。

◆ 组与组之间的时间间隔

进行完一组训练后，需要经过短暂休息再开始下一组的训练。组与组之间究竟间隔多久才是科学的？时间太长，拖拖拉拉，会失去刺激肌肉的最好时机；时间太短，肌肉休息不够，则不能保证下一组动作的完成质量。

关于这个问题，我们需要先了解人体肌肉的基本组成。人体肌肉有"快肌"与"慢肌"之分。大负重训练会调动快缩型肌纤维，在短时间内产生很大的力量，但快缩型肌纤维很容易疲劳，并且恢复时间长；小负重训练会调动慢缩型肌纤维，慢缩型肌纤维产生的力没那么大，但耐力很好且恢复快。所以进行大负重的练习时，需要较长的恢复时间，而小负重练习之间只需要短暂休息。

总体来说，组与组之间的休息时间应该控制在1~3分钟，少数大负重训练需要休息3~5分钟。训练者可以根据训练强度来调整组间间歇时间。

◆ 训练的周期性

我们既需要全身性的练习，也需要对身体特定部位进行针对性训练。给自身制订合理的健身周期，有计划地训练比散漫、无目标地训练的效果要好得多。根据重复次数分阶段进行，或者按重点锻炼部位分周期进行，都是可行的计划。比如刚开始健身，可以先进行小负重、高重复次数的训练，一个月后可进行负重稍大的中等重复次数的训练，两个月后再进行大负重、低重复次数的训练，等等。总之，负荷渐进式的周期性训练，会让你获得实质性的进步。

◆ 训练频率

训练频率即每周的练习次数，总的设置原则是每周至少训练2天，最好能够隔天进行。初级和中级水平的训练者，每周训练3天，高级训练者每周练4天，这是比较合理的安排。在其他的休息时间里，可以适当安排一些有氧训练，促进肌肉恢复。

肌肉训练中其他需要注意的事项

◆ 热身与拉伸

任何运动都离不开训练前的热身与训练后的拉伸。热身可以使肌肉脱离僵硬、静止的状态，使体温升高、肌肉弹性得到提升。热身还可以使血液流动加快，让养分到达身体各处的速度加快，使肌肉更好地进入运动状态，而不会因为僵硬而发生拉伤或痉挛。运动后的拉伸，则是为了使肌肉更好地恢复，并把运动中产生的乳酸等代谢废物快速排出，减轻疲劳感与肌肉酸痛感。运动后的肌肉经常还保持着运动时的收缩紧张状态，在运动后通过拉伸可以使肌纤维变得舒展而又有弹性，不仅有助于肌肉恢复，还有助于塑形。

◆ 动作的顺序

想要提升训练效果，合理安排动作顺序很重要。动作顺序不同，人体消耗的能量也不同。每次训练时，最好先做能量消耗最大的动作，也就是需要调动大肌肉群的动作（因为刚开始训练时，身体状态较好，可以在保障安全的前提下高质量地完成难度较高的动作），然后再做针对小肌肉群的、耗能低的动作。也就是说，针对大肌肉群的动作与针对小肌肉群的动作要结合进行，先练大肌肉群，再练小肌肉群。

还有一种效率更高的训练方法，总体上也遵循了"先练大肌肉群，再练小肌肉群"的顺序。例如，同样是矢状面的练习动作，先练推类的动作，累了之后再练拉类的动作，这样可以使疲劳的推类肌肉得到调整，又不干扰"拉"类动作需要调动的肌肉，从而让肌肉得到全面的锻炼。

◆ 有目的地训练

很多人的健身目标都是练出一身好看的肌肉或增加肌肉力量等。无论是什么目的，都要遵循科学的训练原则，有计划、针对性地进行训练。比如，想增加肌肉力量，让肌肉更加粗壮有型，可以进行大负重、低重复次数的抗阻训练；想减脂，则要在进行力量训练的同时，增加一些有氧运动；想对某一部位进行塑形，可对该部位增加训练的频率，或增加训练内容等。

◆ 训练节奏

节奏对肌肉训练十分重要。肢体动作在大部分情况下都可分为3个阶段：向心收缩、等长收缩和离心收缩。比如，卧推动作中，向上推举的阶段是向心收缩，到动作顶点的停滞阶段是等长收缩，然后将杠铃缓慢放下的阶段是离心收缩。一个动作的完整过程，在时间上是有节奏性的。比如卧推，下放过程慢一些，用4秒，下放后立即上推，停顿时间为0秒，上推过程用1秒，到动作顶点停顿2秒，那么这个动作的节奏就是4-0-1-2。通常来说，大部分动作讲究快起慢放，把握好动作的节奏，可以更好地刺激肌肉，使训练效果更好。

肌肉训练与饮食

训练与饮食对健身来说是两个不可缺少的因素，二者相辅相成。搭配合理的饮食，会使肌肉训练进行得更顺利，能让人收获更完美的健身效果。

◆ 肌肉训练的食物选择

水

肌肉中水的含量在70%左右，进行肌肉训练，补充水分是必不可少的，摄入足够的水分，才能使肌肉保持饱满。如果在脱水状况下训练，脱水带来的疲惫感会耗费你更多的精力，训练收益有限。需要注意的是，除了喝水补充水分之外，还有其他渠道补充水分，比如水果、蔬菜、奶类中都有水分。人体每千克体重每天可消耗30毫升水，按照这样标准来计算，体重为60千克的人，每天对水的需求在1800毫升左右。

蛋白质

肌肉的主要成分是蛋白质，因此肌肉训练的过程中需要补充足量的蛋白质。根据《中国居民膳食营养素参考摄入量(2013版)》的推荐，中国居民膳食蛋白质参考摄入量，成年男性每天摄入量为65克，成年女性则是55克。另外，根据个人体重的不同，推荐的蛋白质摄入量会有差异。体重较高的人，可能需要摄入更多的蛋白质。如果是需要进行肌肉训练的健身爱好者，每天对蛋白质的需求量会提升至推荐摄入量的两倍左右。富含蛋白质的食物有很多，植物性蛋白质主要来自豆类，如大豆、扁豆、豌豆等；动物性蛋白质来源很多，如鸡蛋、鱼类、奶类、瘦肉等。

脂肪

这里所说的脂肪，主要是指来自坚果、鱼类、牛油果、橄榄油等食物中的优质脂肪。对健身人士来说，摄入一定量的脂肪比完全不摄入脂肪更好，因为适当的脂肪摄入能促进激素分泌，具有促进增肌的效果，对于男性来说尤为重要。不过脂肪的热量比较高，在9千卡/克左右，因此其摄入量要控制在合理的范围内（成人每天摄入的脂肪量应控制在70克左右，其中直接来自食用油的脂肪量应控制在25克以内）。

碳水化合物

碳水化合物是人体能量的主要来源，在体内被分解为糖分。如果吃得太多的话，其所转化的过量的糖分会合成脂肪存留在体内，这是很多人变得肥胖的根源。因此对于进行肌肉训练的人来说，碳水化合物摄入量的控制显得尤为重要。我们的日常饮食中，碳水化合物主要来自谷类，因此在选择主食时，最好选择碳水化合物含量低一些的谷类，比如全麦食品、没有被过度加工的燕麦等。这类食品还含有很多膳

食纤维，这样既能控制碳水化合物的摄入量，又能满足其他营养需求。

糖类在日常饮食中有多种来源，可以直接食用获得，也可以从水果中获取。除了长时间的运动（如马拉松）需要专门补充糖分之外，对于肌肉训练来说，不用专门补充糖分，日常饮食中摄入的糖分即可满足需要。

膳食纤维

膳食纤维既不能被人体吸收，又不产生热量，而且吃下去后会使人产生饱腹感，对需要控制体脂、体重的人来说非常重要。膳食纤维有可溶性与不溶性的，含有可溶性膳食纤维的食物有魔芋、果胶、藻胶等，含有较多不溶性膳食纤维的食物有全麦类

食物、大部分蔬菜、水果等。

◆ 其他饮食注意事项

合理的用餐安排

除了需要保持体重的运动（比如相扑），大部分运动都不提倡一次吃得太多，而是讲究少吃多餐。这样既能及时补充身体所需的养分，又不会有多余的热量，从而避免产生脂肪。

不同健身目的的饮食重点

人们通常怀着一定的目的进行肌肉训练，要么是增肌，要么是减脂，或者是为了维持体重，但想要看上去苗条一些。根据不同的训练目的，人们在饮食上也要有所调整：想增重的人，可适当增加热量摄入（500千卡左右）；想减重的话，则减少热量摄入（500千卡左右）；想增肌的话，可以补充一些蛋白质。

02

CHAPTER TWO

第 2 章
上肢练习

杠铃划船

❶ 身体直立，挺胸收腹，目视前方，双脚分开与肩同宽，双手扶杠铃。

❷ 保持背部挺直，上身前俯，双手紧握杠铃，双手距离与肩同宽，膝关节略微弯曲。

● 正确做法

始终保持躯干挺直
向核心提拉

● 避免

膝关节锁死
膝关节压力过大

❸ 保持上身稳定，双臂向核心提拉杠铃，至肘关节超过背部。恢复至起始姿势，并重复完成规定的次数。

锻炼目标
- 背部
- 手臂
- 肩部

锻炼器械
- 史密斯机

级别
- 初级

呼吸提示 ◐
- 手臂向上提拉时呼气，还原时吸气

益处
- 增强肩部、背部和双臂力量

注意 ⚠
- 背部若存在不适，则不建议进行此项训练

☀ 小提示

全程保证核心收紧，背部挺直。

◆ 解析关键

黑色字体为主要锻炼的
肌肉
灰色字体为次要锻炼的
肌肉
* 为深层肌肉

🖐 最佳锻炼部位

- 三角肌后束
- 斜方肌
- 菱形肌*
- 背阔肌
- 肱桡肌

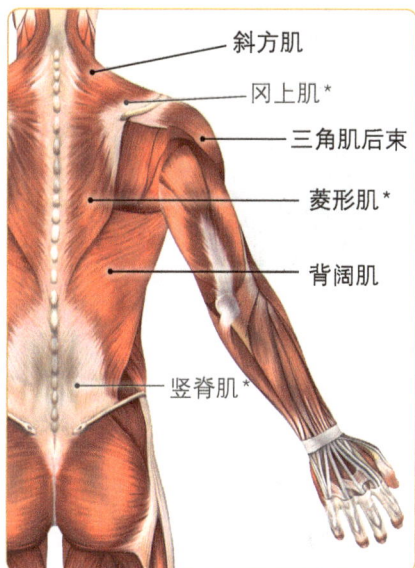

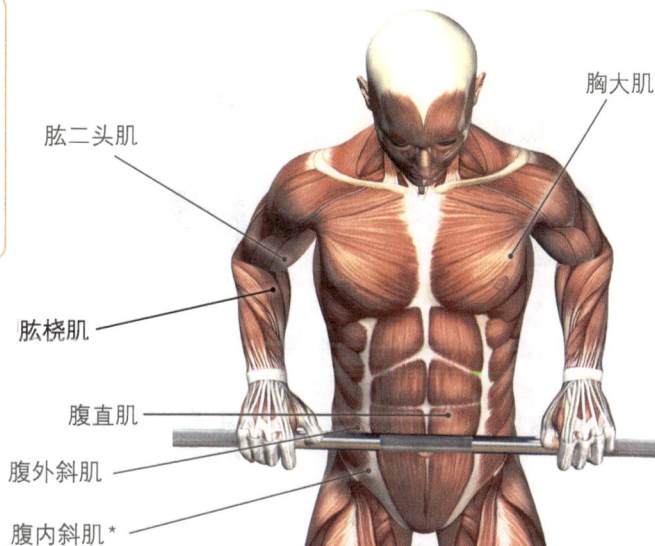

肱二头肌

肱桡肌

胸大肌

腹直肌

腹外斜肌

腹内斜肌*

斜方肌

冈上肌*

三角肌后束

菱形肌*

背阔肌

竖脊肌*

弹力带双臂侧平举

❶ 站姿，双脚前后分开站立。双手握紧弹力带两端，前脚踩住弹力带中间位置，并保持弹力带绷直。

❷ 双臂保持伸直，缓慢向两侧抬起。

锻炼目标
- 肩部

锻炼器械
- 弹力带

级别
- 初级

呼吸提示 ◔
- 手臂下降时吸气，上抬时呼气

益处
- 强化三角肌
- 增强肩部力量

注意 ⚠
- 肩部若存在不适，则不建议进行此项训练

- **避免**

双臂侧平举高度超过肩部
肩部上耸
双臂上举速度过快

- **正确做法**

动作缓慢，核心收紧
身体挺直，目视前方

❸ 双臂向两侧上抬，至侧平举姿势，将弹力带拉起至双手与肩部齐平。恢复至起始姿势，重复完成规定的次数。

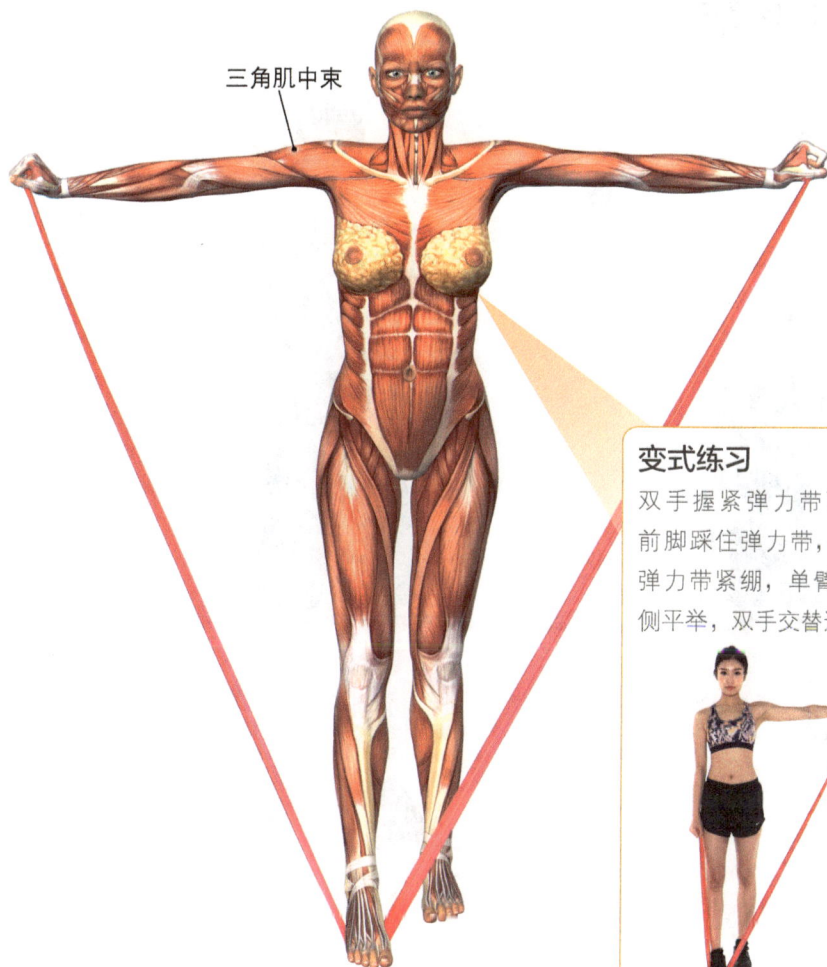

三角肌中束

变式练习

双手握紧弹力带两端，前脚踩住弹力带，保持弹力带紧绷，单臂进行侧平举，双手交替进行。

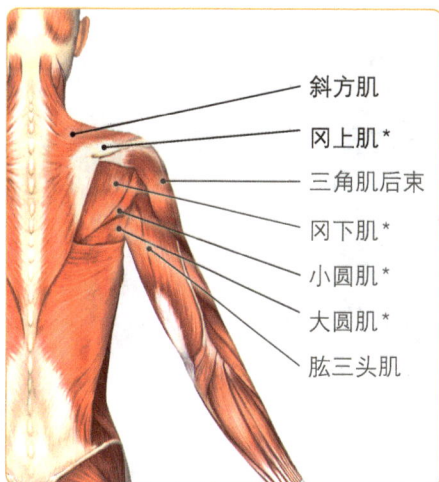

斜方肌
冈上肌*
三角肌后束
冈下肌*
小圆肌*
大圆肌*
肱三头肌

最佳锻炼部位

- 斜方肌
- 三角肌中束
- 冈上肌*

◆　解析关键

黑色字体为主要锻炼的肌肉

灰色字体为次要锻炼的肌肉

* 为深层肌肉

前侧平举

❶ 站姿，双脚间距与肩同宽，双手握哑铃自然垂落于身体两侧，目视前方。

❷ 左臂向前平举哑铃，右臂向右侧平举哑铃，双手将哑铃举至与肩齐平。

● **避免**

双臂动作不同步
哑铃位置高于肩部
双肩上耸

● **正确做法**

双臂保持伸直
保持背部挺直

锻炼目标
● 肩部
锻炼器械
● 哑铃
级别
● 中级
呼吸提示　◐
● 手臂下降时吸气，上抬时呼气
益处
● 提高双肩力量
● 增强肩关节稳定性
注意　⚠
● 肩部若存在不适，则不建议进行此项训练

❸ 恢复至起始姿势。

❹ 右臂向前平举哑铃，左臂向左侧平举哑铃，双手将哑铃举至与肩齐平。

❺ 动作完成后恢复至起始姿势，重复完成规定的次数。

肱桡肌

肱二头肌

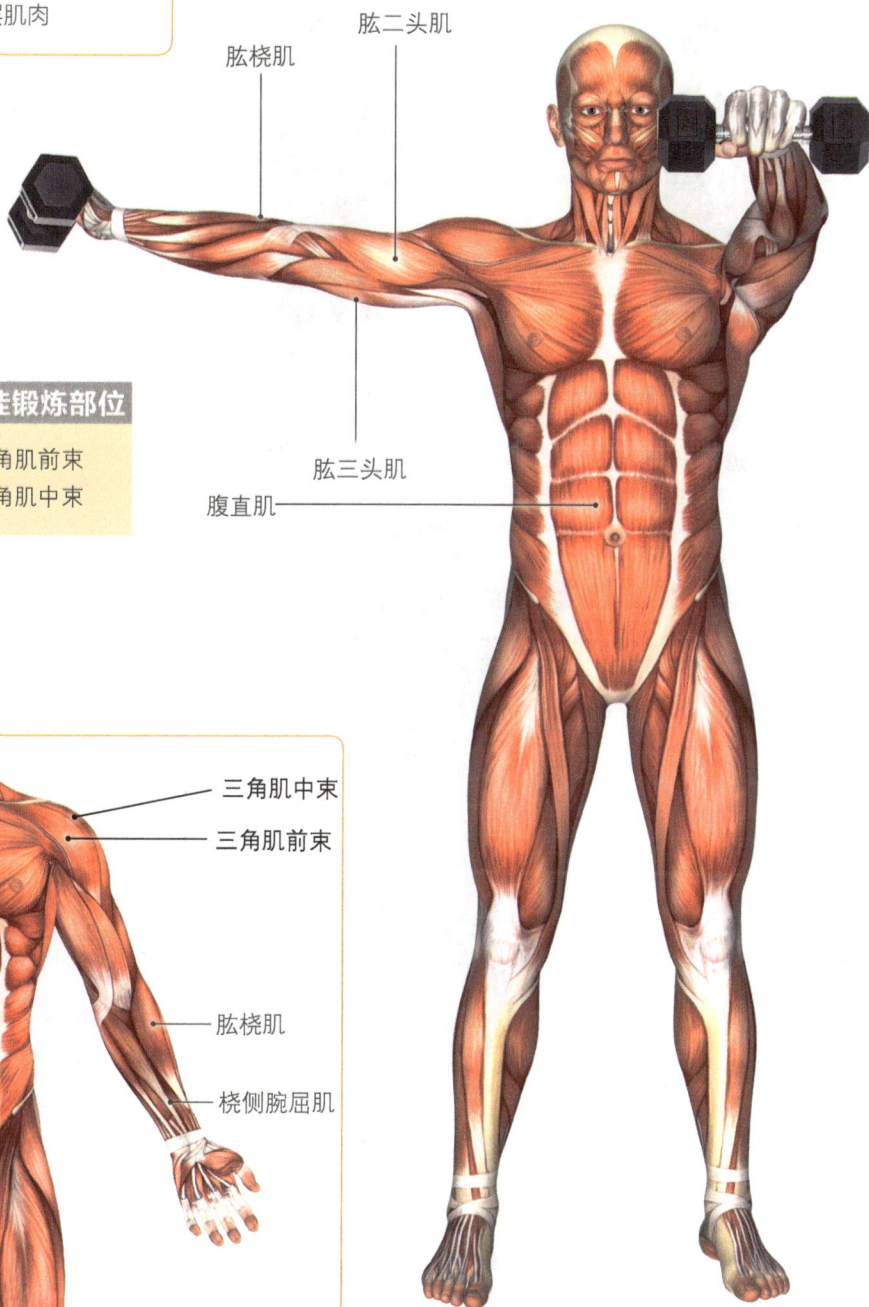

最佳锻炼部位

- 三角肌前束
- 三角肌中束

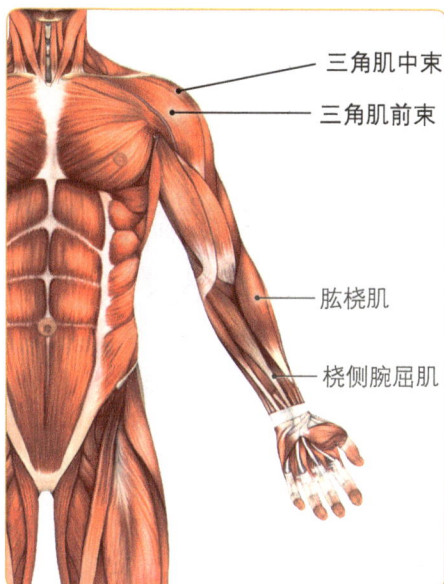

肱三头肌

腹直肌

三角肌中束

三角肌前束

肱桡肌

桡侧腕屈肌

双臂前平举

❶ 站姿，双手握哑铃自然垂落于身前，双脚间距与肩同宽。

❷ 双臂同时向上平举哑铃。

- **避免**

  双肩上耸

  身体晃动

- **正确做法**

  保持背部挺直

  肘关节可略微弯曲

锻炼目标

- 肩部

锻炼器械

- 哑铃

级别

- 中级

呼吸提示 ◔

- 抬臂时呼气，恢复时吸气

益处

- 提高双肩力量
- 增强肩关节稳定性

注意 ⚠

- 肩部若存在不适，则不建议进行此项训练

❸ 双臂向前平举哑铃至双臂与地面平行，保持动作至规定的时间。

❹ 缓慢恢复至起始姿势，重复完成规定的次数。

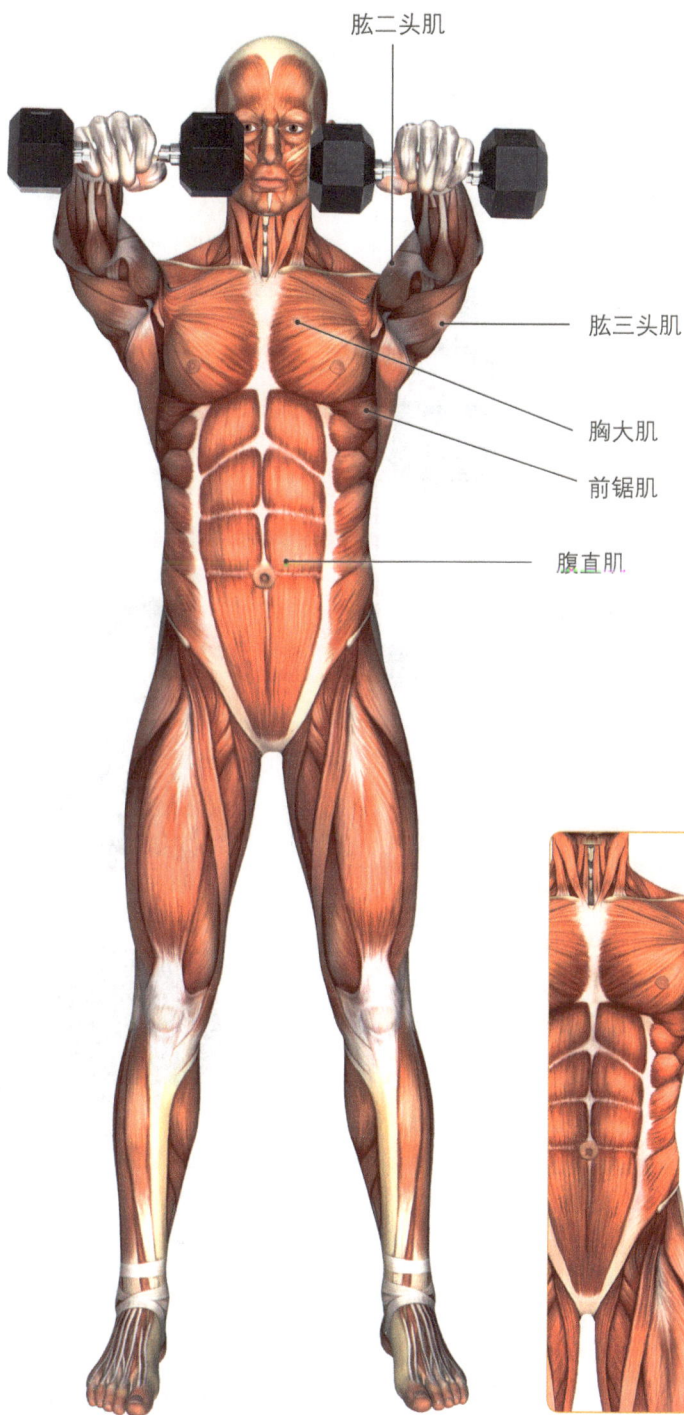

肱二头肌

肱三头肌

胸大肌

前锯肌

腹直肌

🏋 **最佳锻炼部位**

● 三角肌前束

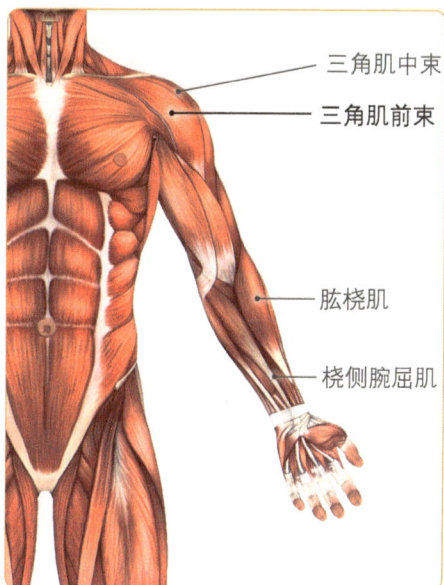

三角肌中束

三角肌前束

肱桡肌

桡侧腕屈肌

双臂弯举

❶ 站姿，双脚与肩同宽，踩住弹力带。双手分别握紧弹力带两端，双臂自然下垂，保持弹力带绷直。

❷ 保持身体姿势不变，掌心向上，双臂屈肘向上弯举。

• **避免**

弯举速度过快

肘部未贴紧身体两侧

锻炼目标

● 手臂

锻炼器械

● 弹力带

级别

● 初级

呼吸提示　🌓

● 弯举时呼气，恢复时吸气

益处

● 增强双臂力量

注意　⚠

● 肘关节若存在不适，则不建议进行此项训练

• **正确做法**

保持身体稳定

核心收紧

上臂保持不动

❸ 弯举弹力带至屈肘最大限度，双手基本位于肩部位置。恢复至起始姿势，重复完成规定的次数。

三角肌前束

肱二头肌

掌长肌

肱桡肌

桡侧腕屈肌

尺侧腕屈肌

胸小肌*

胸大肌

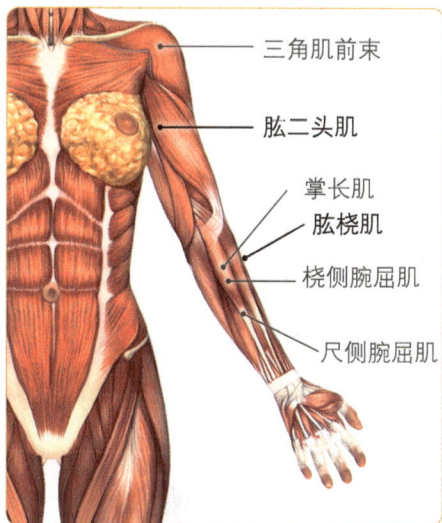

最佳锻炼部位

- 肱二头肌
- 肱桡肌

◆ 解析关键

黑色字体为主要锻炼的肌肉

灰色字体为次要锻炼的肌肉

* 为深层肌肉

☀ 小提示

弯举过程中脊柱保持中立状态，感受肱二头肌收缩。

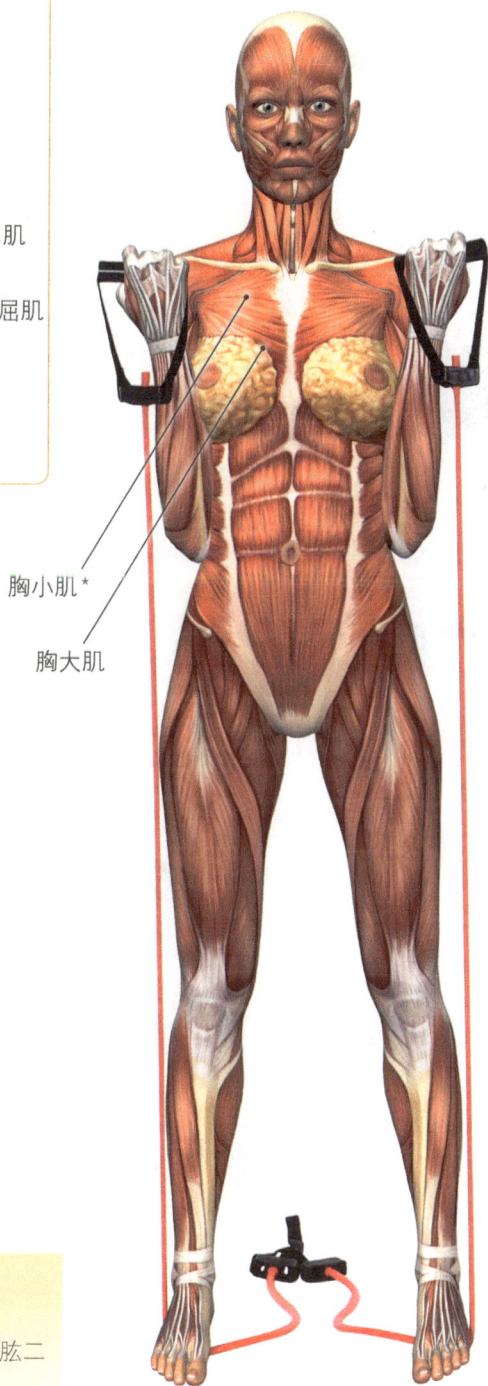

双臂反向弯举

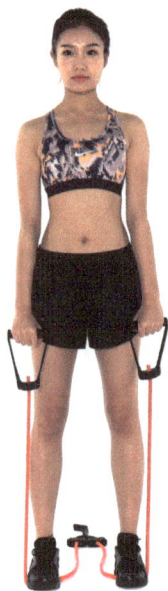

① 由站立姿势开始，双脚与肩同宽，并踩住弹力带。双手分别握紧弹力带两端，双臂自然下垂，保持弹力带绷直，掌心向后。

• 避免

弯举速度过快

肘部向两侧展开

• 正确做法

缓慢伸展手臂向下还原

上臂保持不动

核心收紧

② 保持身体姿势不变，两侧前臂掌心朝前向上弯举弹力带。

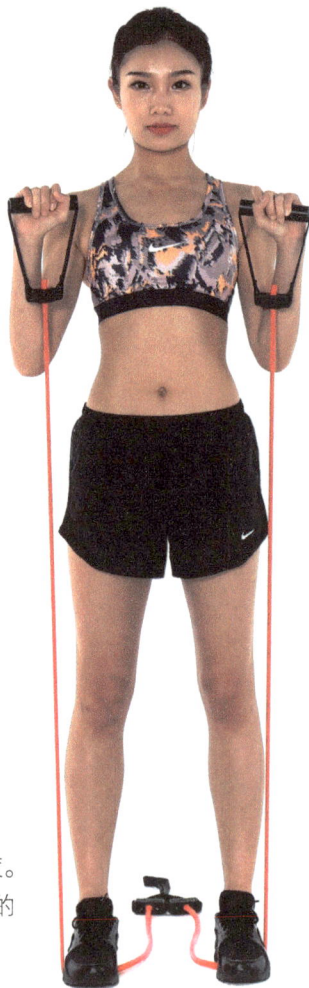

锻炼目标

• 手臂

锻炼器械

• 弹力带

级别

• 初级

呼吸提示

• 弯举时呼气，恢复时吸气

益处

• 增强手臂力量

注意 ⚠

• 肘关节若存在不适，则不建议进行此项训练

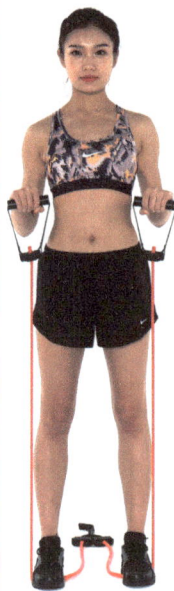

③ 向上弯举至肘关节弯曲到最大限度。恢复至起始姿势，重复完成规定的次数。

最佳锻炼部位

● 肱二头肌
● 肱桡肌

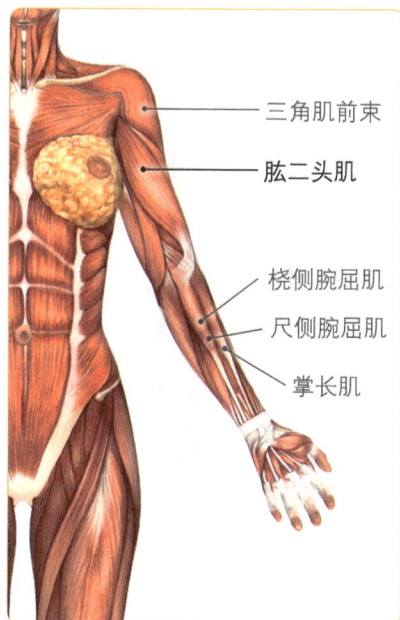

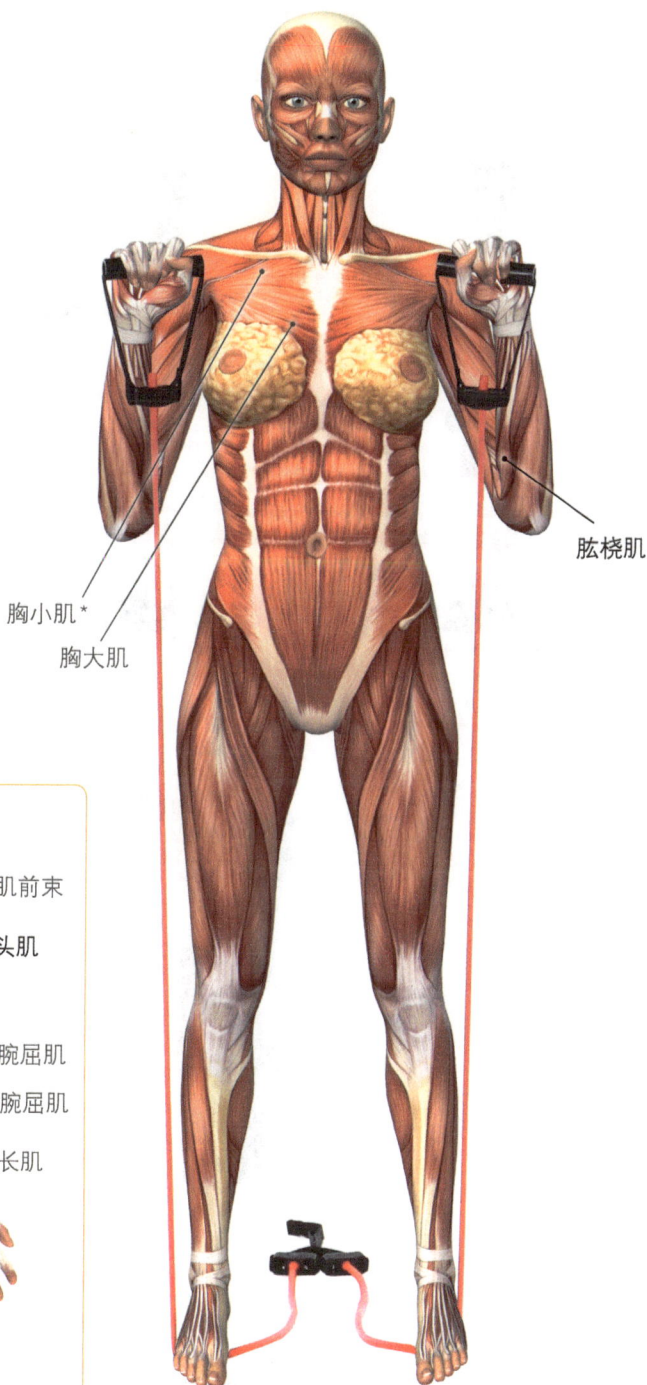

肱桡肌

胸小肌 *
胸大肌

三角肌前束
肱二头肌

桡侧腕屈肌
尺侧腕屈肌
掌长肌

双臂锤式弯举

① 由站立姿势开始，双臂握哑铃自然垂落于身体两侧，掌心相对。

② 双臂同时弯举，保持掌心相对。

锻炼目标
- 手臂

锻炼器械
- 哑铃

级别
- 初级

呼吸提示
- 肘关节弯曲时呼气，恢复时吸气

益处
- 强化手臂力量

注意 ⚠
- 肘关节若存在不适，则不建议进行此项训练

- **避免**

  弯举速度过快

  肘部向两侧展开

- **正确做法**

  核心收紧

  上臂保持不动

③ 双臂向上弯举至前臂与地面垂直。

④ 恢复至起始姿势，重复完成规定的次数。

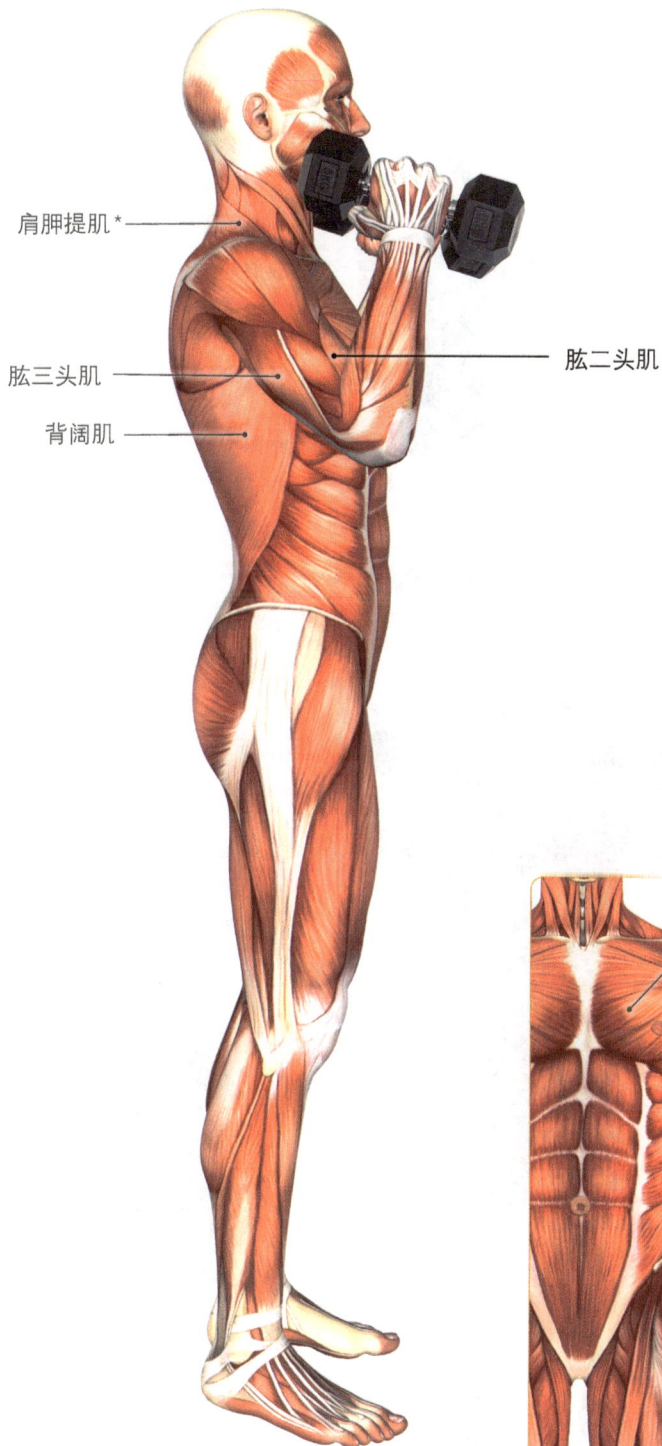

肩胛提肌 *

肱三头肌

背阔肌

肱二头肌

◆　**解析关键**

黑色字体为主要锻炼的肌肉

灰色字体为次要锻炼的肌肉

* 为深层肌肉

最佳锻炼部位

• 肱二头肌

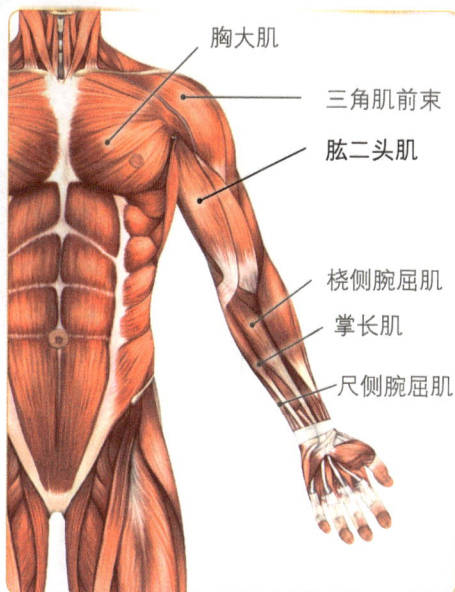

胸大肌

三角肌前束

肱二头肌

桡侧腕屈肌

掌长肌

尺侧腕屈肌

哑铃双臂反向弯举

❶ 由站立姿势开始，双臂握哑铃自然垂落于身前，掌心向后。

❷ 双臂向上弯举，掌心向下。

- 避免

双肩上耸

弯腰弓背

- 正确做法

背部挺直，核心收紧

掌心保持向下

双肩放松

锻炼目标

- 手臂

锻炼器械

- 哑铃

级别

- 初级

呼吸提示

- 弯举时呼气，恢复时吸气

益处

- 强化肱二头肌

注意 ⚠

- 肘关节若存在不适，则不建议进行此项训练

❸ 双臂弯举至前臂与地面垂直，掌心向前。

❹ 恢复至起始姿势，重复完成规定的次数。

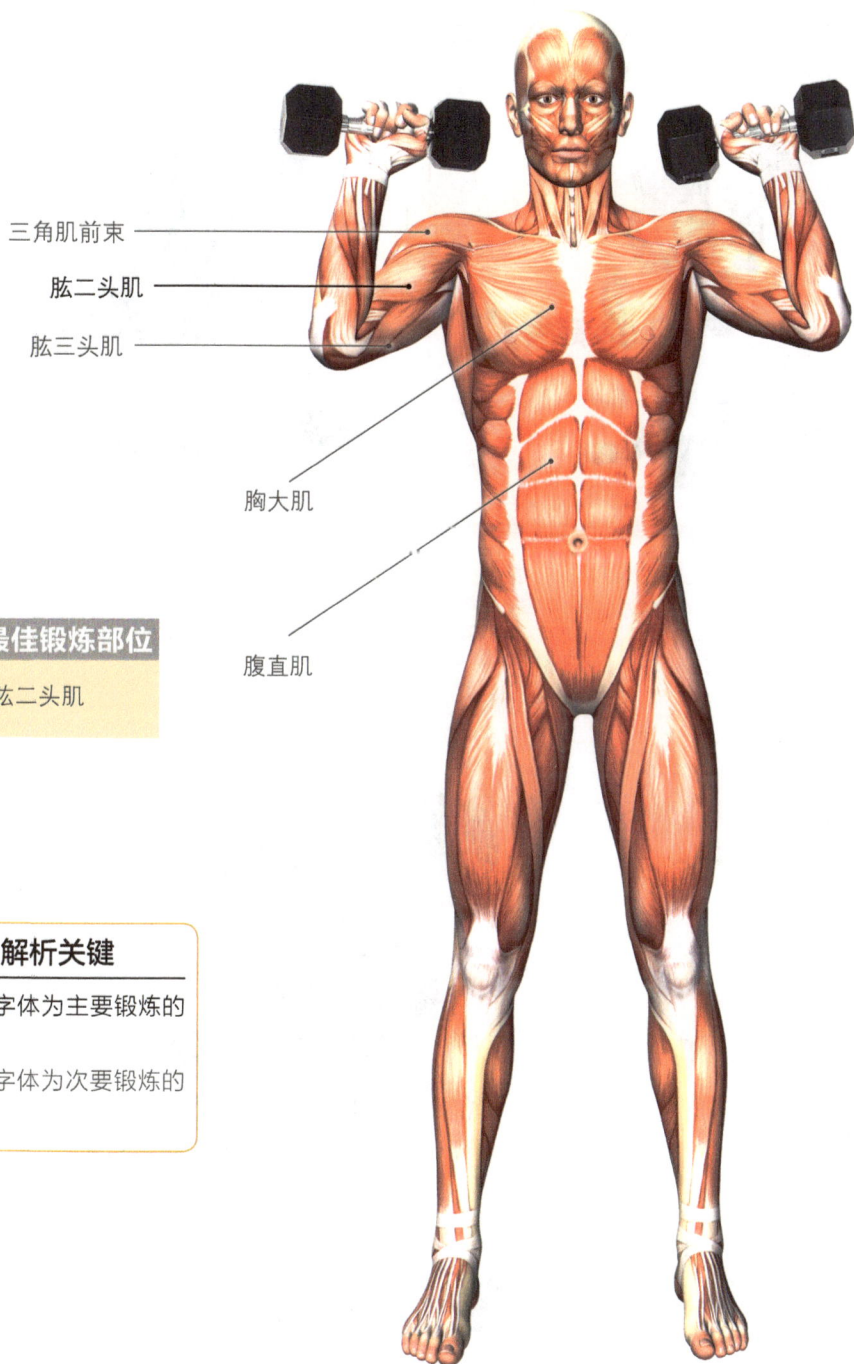

三角肌前束

肱二头肌

肱三头肌

胸大肌

腹直肌

最佳锻炼部位

- 肱二头肌

◆ **解析关键**

黑色字体为主要锻炼的
肌肉
灰色字体为次要锻炼的
肌肉

单臂基本弯举

① 坐于训练椅上，单臂握哑铃，肘关节支撑在大腿内侧以固定位置。

② 手臂屈肘向上弯举。

• **正确做法**

保持上臂固定不动
手臂发力

• **避免**

手臂借力
双腿移动位置

③ 肘关节弯曲至极限，感受手臂肌肉收缩。重复完成规定的次数。

锻炼目标
• 手臂
锻炼器械
• 哑铃、训练椅
级别
• 初级
呼吸提示
• 弯举时呼气，恢复时吸气
益处
• 增强手臂力量
注意 ⚠
• 肘关节若存在不适，则不建议进行此项训练

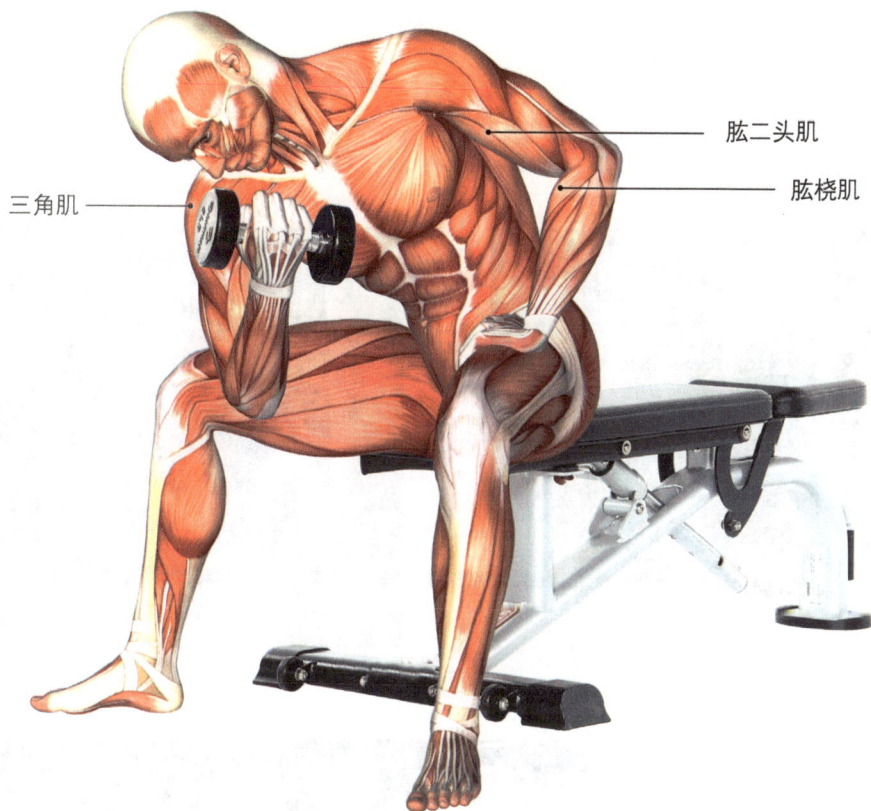

肱二头肌

肱桡肌

三角肌

最佳锻炼部位

- 肱二头肌
- 肱桡肌

◆ **解析关键**

黑色字体为主要锻炼的
肌肉
灰色字体为次要锻炼的
肌肉

坐式肩上推举练习

❶ 坐姿，上身挺直，背部紧靠椅背，双脚分开撑地，手握坐式肩上推举练习器的把手，双脚间距大于肩宽，手腕直立，呈竖把位。

❷ 肩部和手臂肌肉发力，向上推起把手。

❸ 肘关节略弯，双臂向上推起把手至最高点，稍作停顿，双臂缓慢放下，恢复至起始姿势，重复完成规定的次数。

锻炼目标

• 肩部
• 手臂

锻炼器械

• 坐式肩上推举练习器

级别

• 初级

呼吸提示

• 手臂上推时呼气，还原时吸气

益处

• 强化肩部力量
• 增加肩部稳定性

注意 ⚠

• 若肩部存在不适，则不建议进行此项训练

• **正确做法**

后背和臀部紧贴靠垫，手臂和肩部发力

• **避免**

肘关节完全伸展，造成意外伤害

肱桡肌

肱二头肌

最佳锻炼部位

- 三角肌
- 肱三头肌
- 肱二头肌
- 斜方肌
- 大圆肌 *

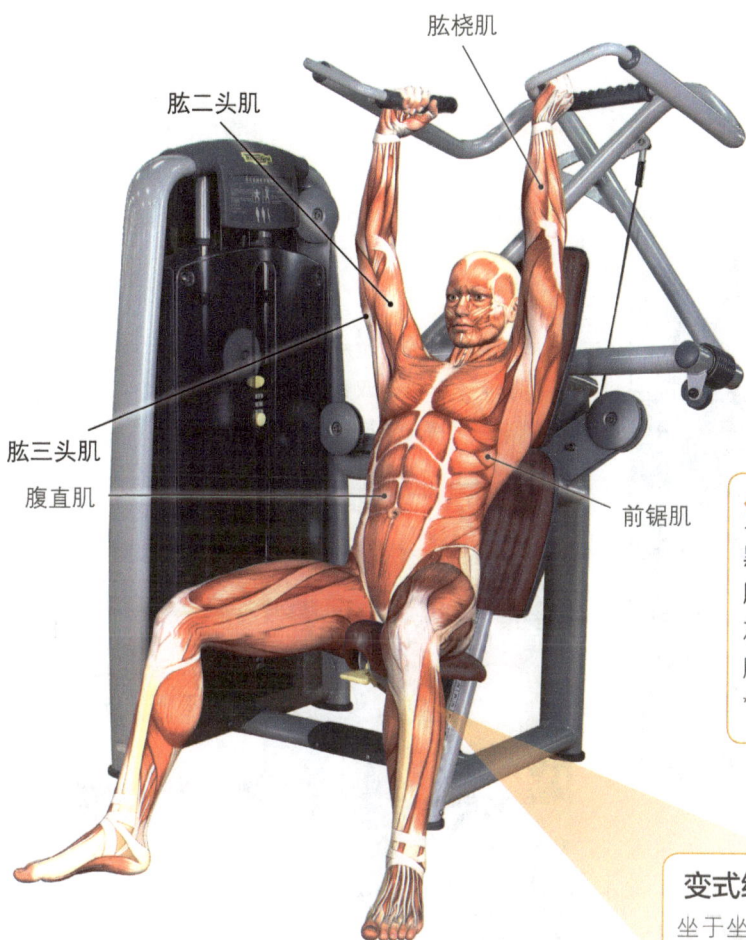

第2章

上肢练习

肱三头肌

腹直肌

前锯肌

◆ 解析关键

黑色字体为主要锻炼的肌肉

灰色字体为次要锻炼的肌肉

* 代表深层肌肉

肩胛提肌 *
斜方肌
三角肌
大圆肌 *
肱三头肌

背阔肌

变式练习

坐于坐式肩上推举练习器上，双手握紧把手，呈横把位。双臂发力下拉把手。

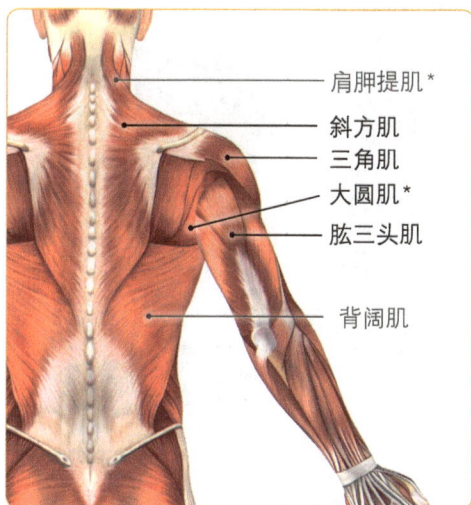

屈臂伸

① 双臂屈肘呈90度角，双手握把杆，保持身体挺直，脚尖点地。

● **避免**

背部弯曲

腿部发力，出现借力的情况

② 双臂发力，向上撑起至手臂完全伸直，双脚离地，并保持身体挺直。

③ 缓慢恢复至起始姿势，重复完成规定的次数。

锻炼目标
● 手臂
● 肩部

锻炼器械
● 多功能力量训练架

级别
● 中级

呼吸提示
● 手臂撑起时呼气，还原时吸气

益处
● 增强肩部稳定性
● 强化手臂力量

注意 ⚠
● 肩部若存在不适，则不建议进行此项训练

● **正确做法**

身体呈一条直线

保持稳定，手臂发力

肱三头肌

大圆肌*

背阔肌

三角肌前束

肱二头肌

肱桡肌

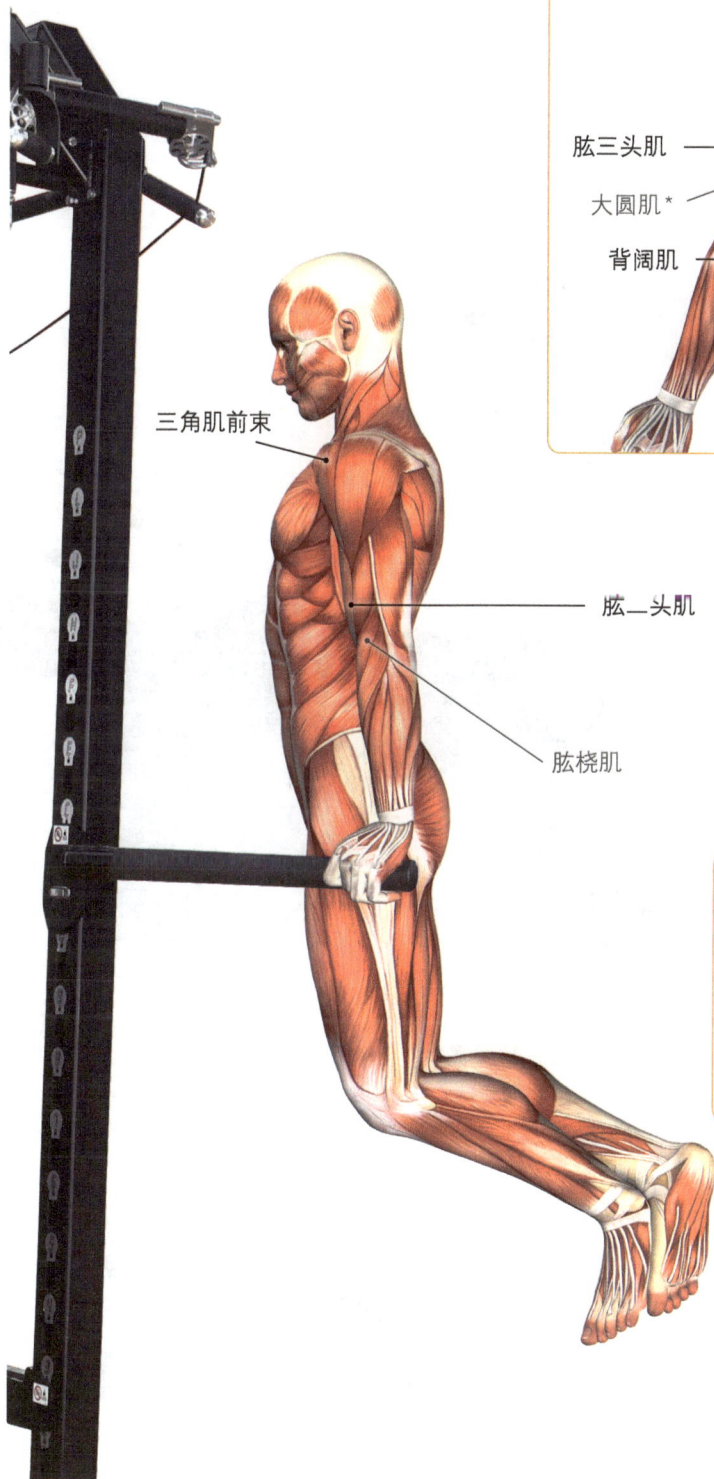

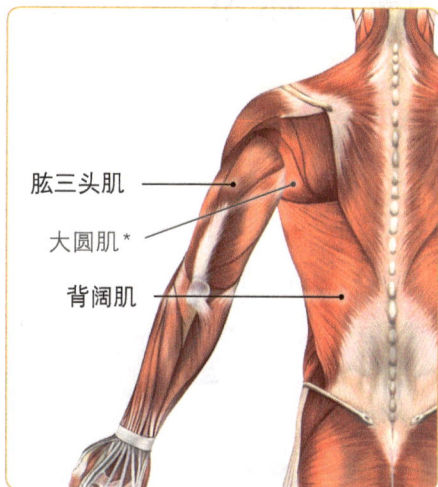

最佳锻炼部位

- 肱二头肌
- 肱三头肌
- 背阔肌
- 三角肌前束

◆ 解析关键

黑色字体为主要锻炼的肌肉

灰色字体为次要锻炼的肌肉

* 为深层肌肉

瑞士球双臂屈臂伸

❶ 仰卧于瑞士球上，上背部、中背部紧贴球面，同时屈膝使大腿和小腿呈90度角，躯干、大腿与地面平行，双手直握哑铃置于胸部正上方，掌心相对，双臂伸直。

● **正确做法**

身体稳定，背部挺直
核心收紧

● **避免**

背部弯曲，腰部下塌
重心不稳，身体晃动

❷ 保持身体姿势，双臂同时屈肘呈90度角。

锻炼目标

● 手臂

锻炼器械

● 哑铃、瑞士球

级别

● 中级

呼吸提示

● 手臂伸直时呼气，屈肘时吸气

益处

● 增强身体稳定性
● 提高上肢力量

注意 ⚠

● 肩部或背部存在不适，则不适合进行此项训练

❸ 双臂缓慢恢复至起始姿势，重复完成规定的次数。

肘肌

股直肌

腹直肌

肱三头肌

臀大肌

三角肌中束

三角肌后束

肱三头肌

背阔肌

腰方肌 *

臀中肌 *

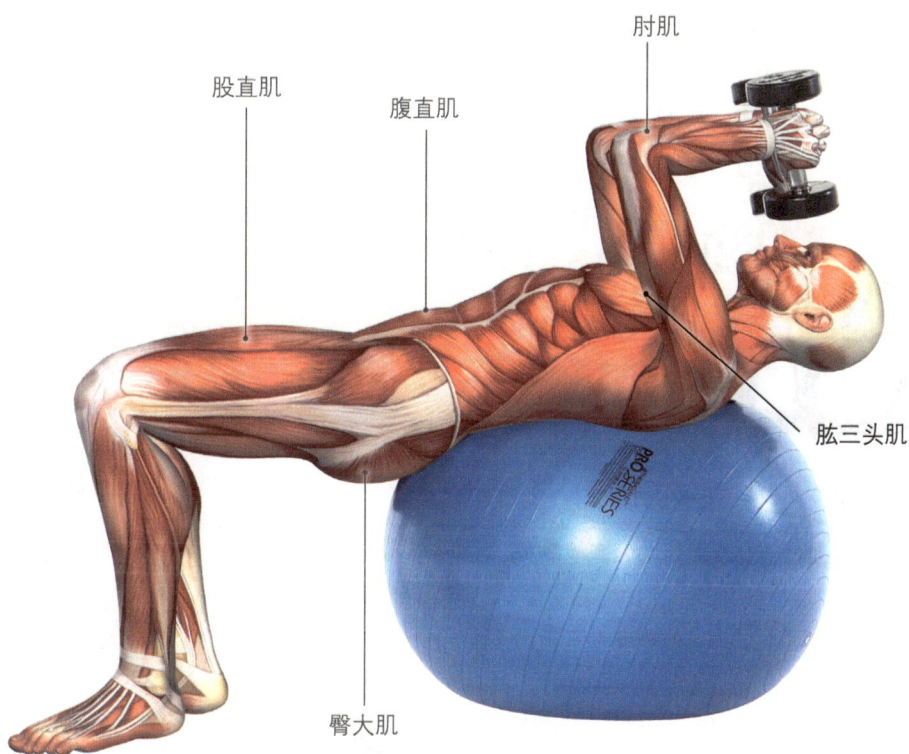

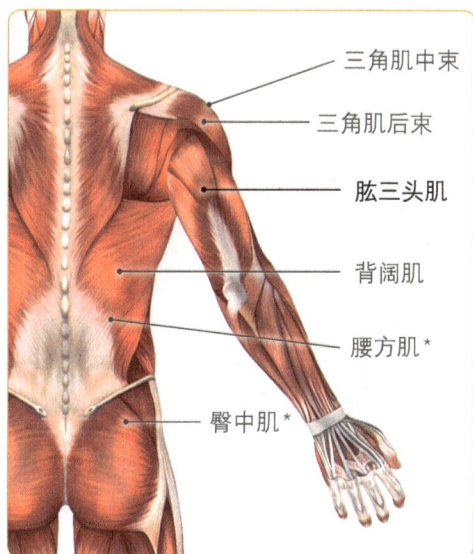

最佳锻炼部位

● 肱三头肌

◆　**解析关键**

黑色字体为主要锻炼的肌肉

灰色字体为次要锻炼的肌肉

* 为深层肌肉

椅上双臂屈臂伸

❶ 身体位于训练椅前方呈坐姿，双腿屈膝呈90度角，大腿与地面平行。双臂伸直，双手撑于身后椅子上，同时双手分别握紧弹力带两端，使弹力带经身体后侧绕过颈部，保持弹力带绷直。

锻炼目标
● 手臂
● 肩部

锻炼器械
● 弹力带、椅子

级别
● 初级

呼吸提示
● 身体下降时吸气，上升时呼气

益处
● 增强双臂力量和肩部稳定性

注意 ⚠
● 肩部或腕部存在不适，则不建议进行此项运动

● 避免
双肩上耸
双脚移动位置
臀部向上

● 正确做法
背部挺直
核心收紧

❷ 双臂屈肘至上臂与前臂呈90度角，同时身体下蹲至大腿与地面呈45度角。恢复至起始姿势，重复完成规定的次数。

肱三头肌　　三角肌前束

最佳锻炼部位

- 肱三头肌
- 三角肌前束
- 胸小肌
- 胸大肌
- 喙肱肌*

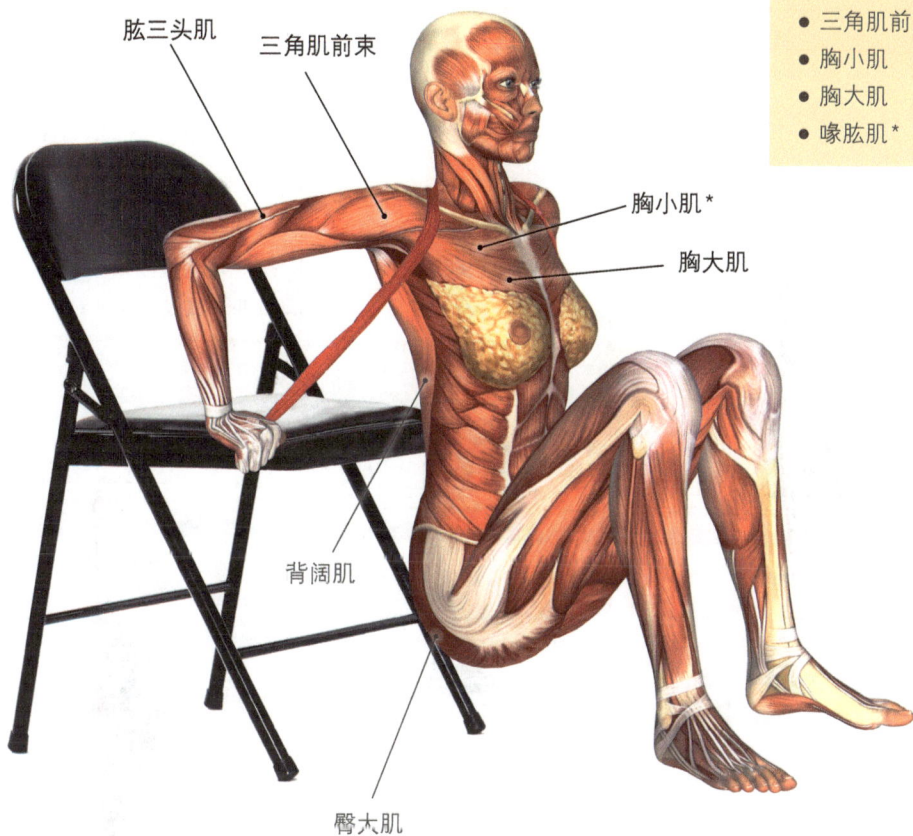

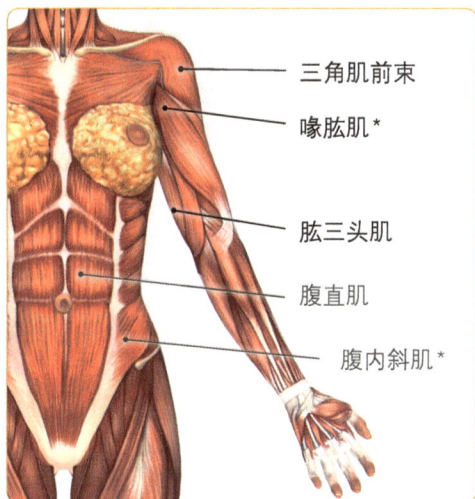

胸小肌*

胸大肌

背阔肌

臀大肌

三角肌前束

喙肱肌*

肱三头肌

腹直肌

腹内斜肌*

◆ 解析关键

黑色字体为主要锻炼的肌肉
灰色字体为次要锻炼的肌肉
* 为深层肌肉

☀ 小提示

练习过程中要避免借助双脚的力量向上推动身体，要用双臂主动发力。

双臂过顶屈臂伸

❶ 由站立姿势开始，一侧脚部踩住弹力带一端，双臂向上抬起并向后弯曲，双手从脑后紧握住弹力带另一端，保持弹力带绷直但不拉伸。

❷ 保持身体姿势不变，双臂向上拉伸弹力带。

● **避免**

身体后仰
拉伸时背部弯曲
拉伸速度过快

锻炼目标

● 手臂

锻炼器械

● 弹力带

级别

● 初级

呼吸提示 ◑

● 手臂伸直时呼气，恢复时吸气

益处

● 强化手臂力量

● 增强肩部稳定性

注意 ⚠

● 肩部若存在不适，则不建议进行此项训练

● **正确做法**

上臂保持不动
核心收紧

❸ 拉伸弹力带至双臂完全伸直。有控制地恢复至起始姿势，重复完成规定的次数。

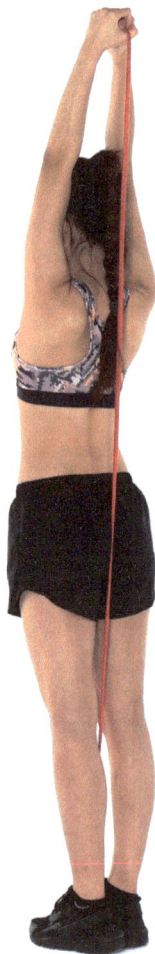

最佳锻炼部位

● 肱三头肌

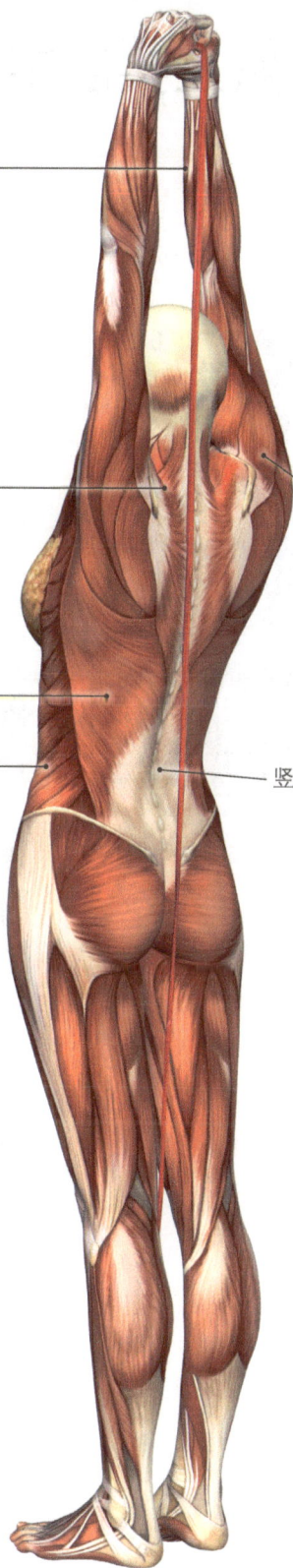

尺侧腕屈肌

斜方肌

三角肌

背阔肌

腹外斜肌

竖脊肌 *

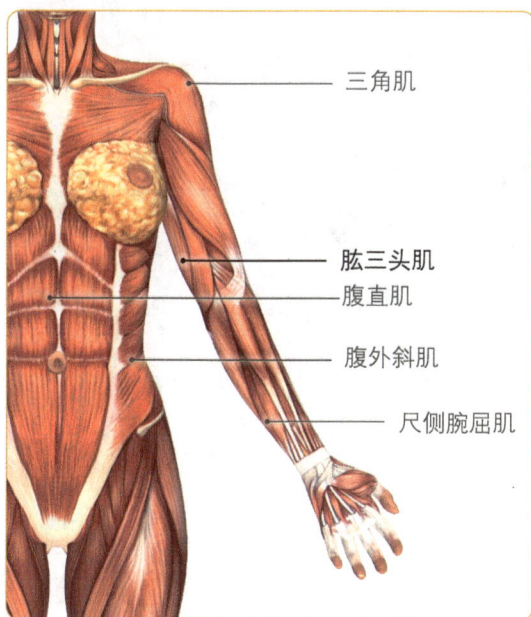

三角肌

肱三头肌

腹直肌

腹外斜肌

尺侧腕屈肌

绳索肱三头肌下压

❶由站姿开始，面向器械站立。双腿微屈，挺胸收腹，上身略微前倾。双臂屈肘，手握把手，掌心向下。

❷上臂夹紧身体两侧，腕关节放松，双臂缓慢下压把手。

锻炼目标
- 手臂

锻炼器械
- 龙门架

级别
- 初级

呼吸提示 ◔
- 肘关节伸展时呼气，还原时吸气

益处
- 强化肱三头肌

注意 ⚠
- 双臂若存在不适，则不建议进行此项训练

- **避免**

背部弯曲
双肩上耸

- **正确做法**

保持躯干挺直且收紧
上臂始终夹紧身体

❸双臂下压把手至完全伸直，稍作停顿，恢复至起始姿势，重复完成规定的次数。

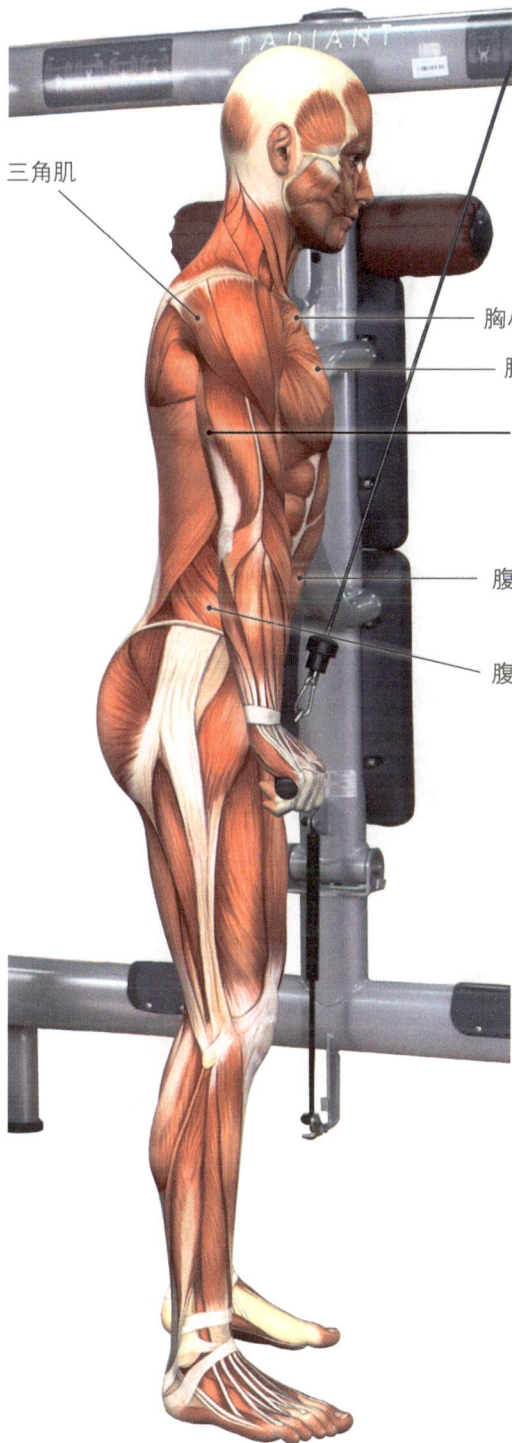

三角肌

胸小肌*

胸大肌

肱三头肌

腹直肌

腹外斜肌

☀ **小提示**

练习过程中，下拉过程中上臂始终
保持固定状态，仅前臂进行运动。

◆ **解析关键**

黑色字体为主要锻炼的
肌肉
灰色字体为次要锻炼的
肌肉
* 为深层肌肉

🏋 **最佳锻炼部位**

● 肱三头肌

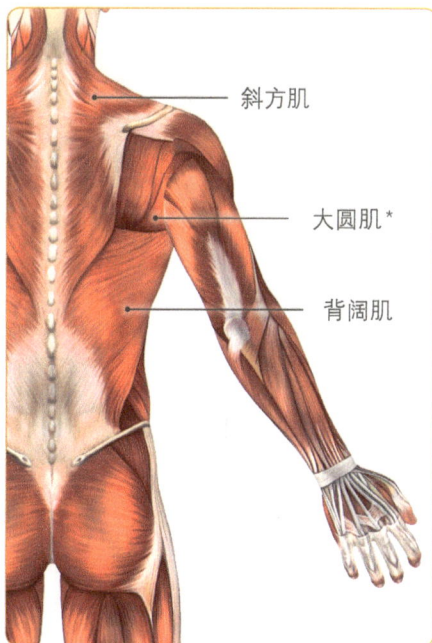

斜方肌

大圆肌*

背阔肌

肩部画圈

❶ 由站立姿势开始，双脚与肩同宽，双臂自然垂落于身体两侧。

❷ 缓慢向上转动肩膀，保持双臂伸直。

- 避免

身体移动位置

- 正确做法

体会肩的灵活转动

❸ 双肩继续向前转动。

锻炼目标
- 肩部

锻炼器械
- 徒手

级别
- 初级

呼吸提示
- 全程均匀呼吸

益处
- 增加关节活动范围

注意 ⚠
- 肩部若存在不适，则不建议进行此项训练

❹ 肩膀继续向后转动。

❺ 双肩回到起始位置，重复完成规定的次数。

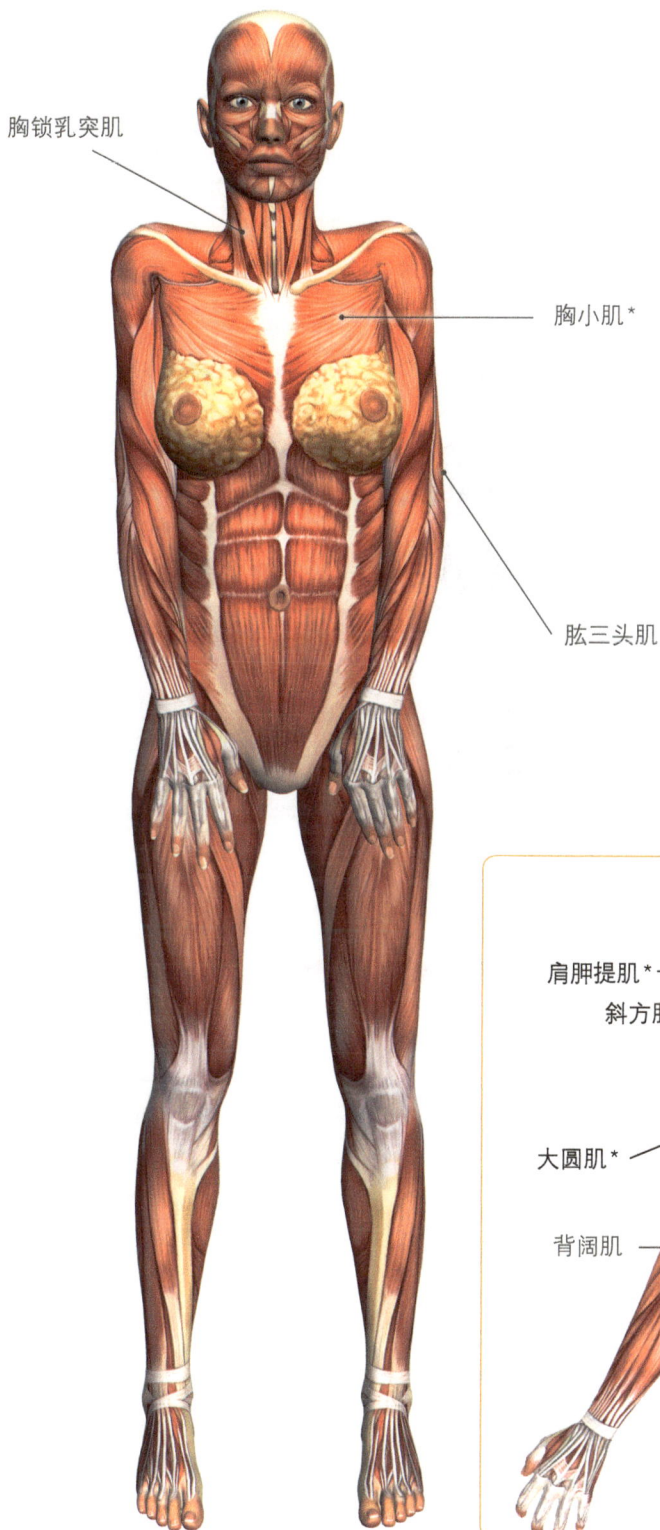

胸锁乳突肌

胸小肌*

肱三头肌

◆ 解析关键

黑色字体为主要锻炼的
肌肉
灰色字体为次要锻炼的
肌肉
* 为深层肌肉

🧍 最佳锻炼部位

- 斜方肌
- 肩胛提肌*
- 大圆肌*

肩胛提肌*
斜方肌

大圆肌*

背阔肌

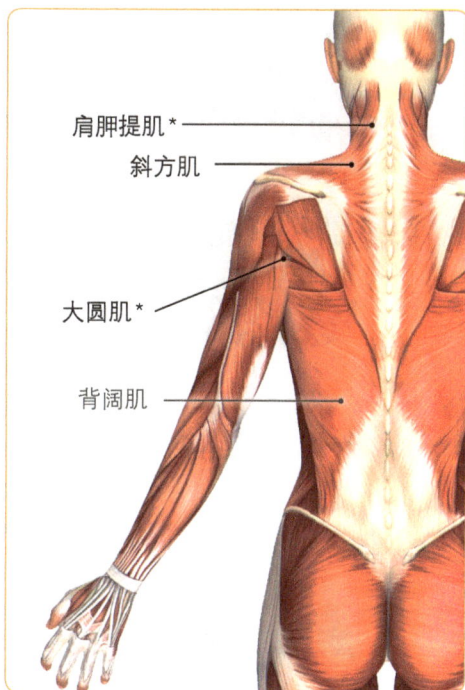

肩关节外旋

- **避免**

  上身不稳，双腿移动

  肩部上耸

- **正确做法**

  肘部贴近身体

  核心收紧

❶ 由站立姿势开始，一侧手臂向内弯曲至肘关节呈90度角并紧握弹力带一端，弹力带另一端固定在体侧等高的其他物体上，另一侧手臂自然垂落于身侧。

❷ 保持身体姿势不变，前臂向外旋转，拉伸弹力带。

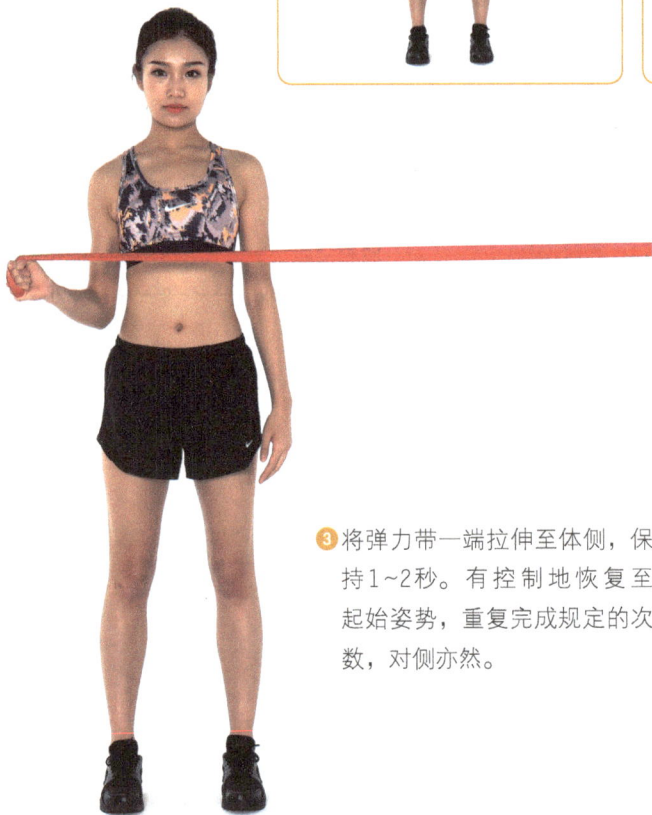

❸ 将弹力带一端拉伸至体侧，保持1~2秒。有控制地恢复至起始姿势，重复完成规定的次数，对侧亦然。

锻炼目标
- 肩部

锻炼器械
- 弹力带

级别
- 初级

呼吸提示
- 外旋时呼气，恢复时吸气

益处
- 提高肩部稳定性

注意 ⚠️
- 肘部若存在不适，则不建议进行此项训练

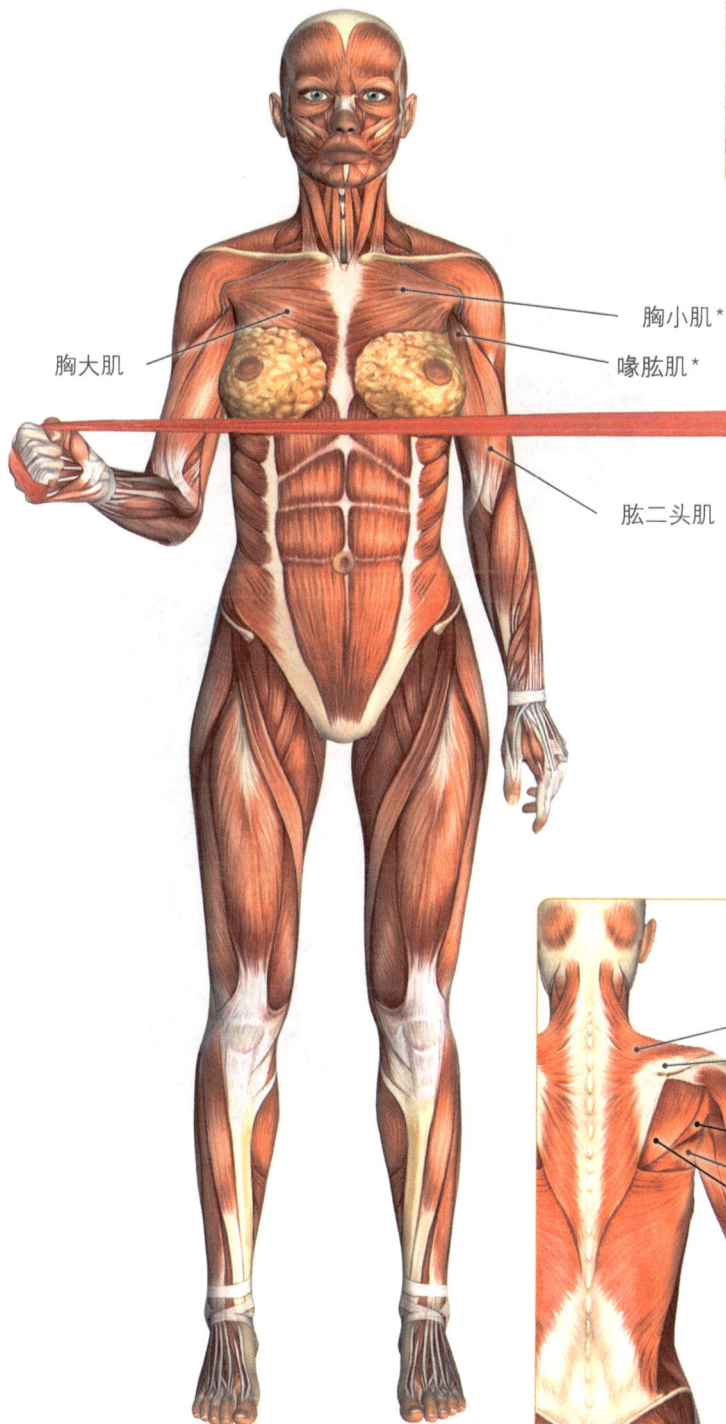

解析关键

黑色字体为主要锻炼的肌肉

灰色字体为次要锻炼的肌肉

* 为深层肌肉

胸小肌*

喙肱肌*

胸大肌

肱二头肌

最佳锻炼部位

● 三角肌后束
● 冈下肌*
● 小圆肌*

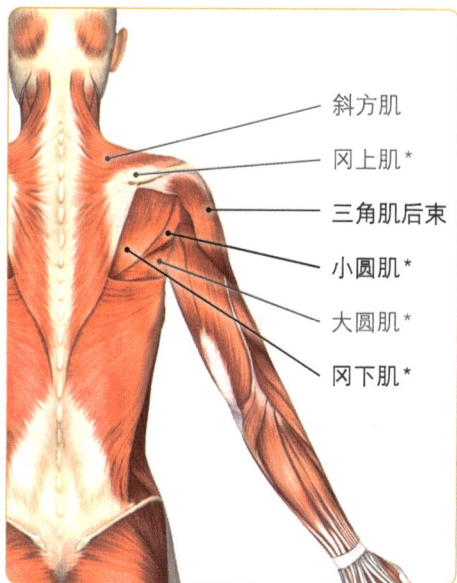

斜方肌

冈上肌*

三角肌后束

小圆肌*

大圆肌*

冈下肌*

双侧耸肩

➕由站立姿势开始，双手握哑铃，自然垂落于身体两侧，掌心相对。

- **避免**
  肩部直上直下运动

- **正确做法**
  保持背部平直

锻炼目标
- 背部
- 肩部

锻炼器械
- 哑铃

级别
- 初级

呼吸提示
- 耸肩时呼气，恢复时吸气

益处
- 增加斜方肌力量

注意 ⚠
- 肩部若存在不适，则不建议进行此项训练

❷保持身体姿势，双肩同时上耸。恢复至起始姿势，重复完成规定的次数。

◆ 解析关键

黑色字体为主要锻炼的
肌肉
灰色字体为次要锻炼的
肌肉
* 为深层肌肉

最佳锻炼部位

- 斜方肌
- 头夹肌*
- 肩胛提肌*

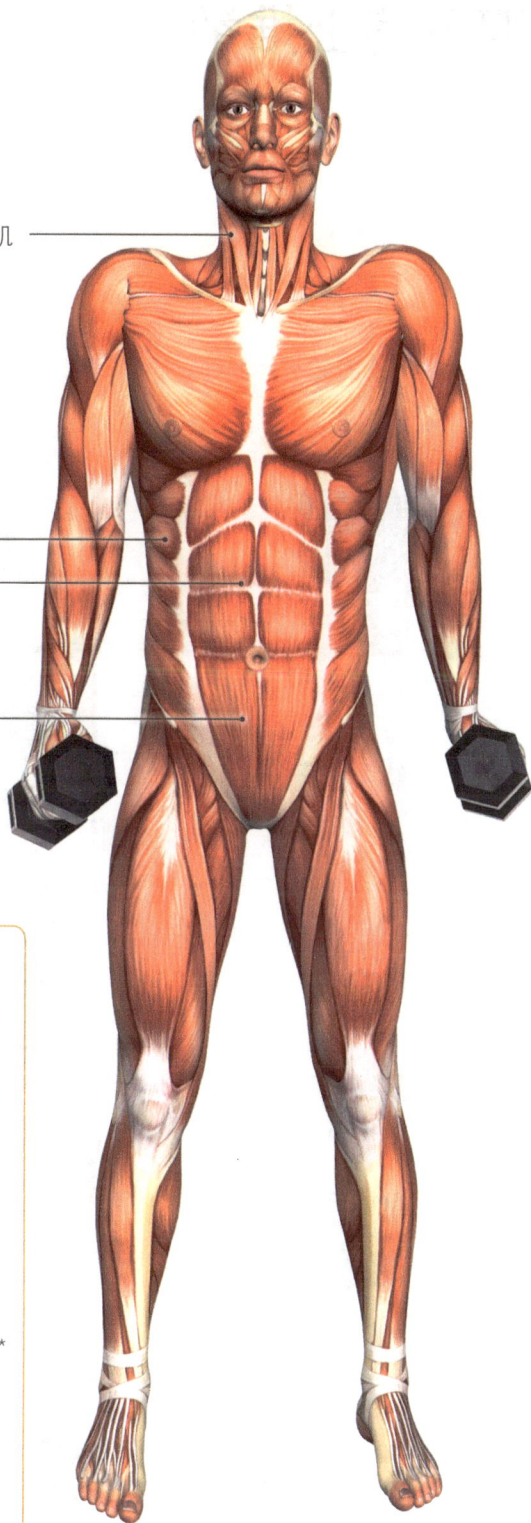

胸锁乳突肌

腹外斜肌

腹直肌

腹横肌*

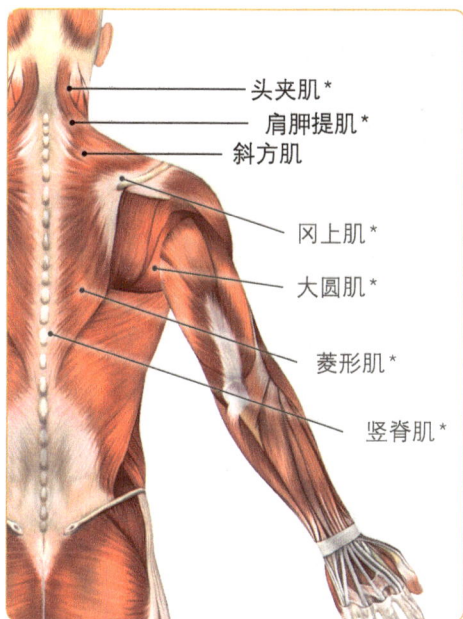

头夹肌*

肩胛提肌*

斜方肌

冈上肌*

大圆肌*

菱形肌*

竖脊肌*

双臂肩上推举

❶ 由站立姿势开始，双脚分开，踩住弹力带中间位置。双手握住弹力带两端，弯举至肩部位置。

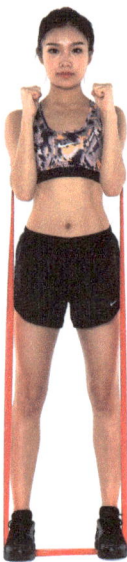

● **避免**

身体晃动，肩部上耸

锻炼目标
● 肩部
● 背部
● 手臂

锻炼器械
● 弹力带

级别
● 初级

呼吸提示
● 手臂下降时吸气，上抬时呼气

益处
● 增强肩部稳定性
● 提高双臂力量

注意 ⚠
● 肩部若存在不适，则不建议进行此项训练

❷ 保持身体姿势不变，双臂向上拉伸弹力带。

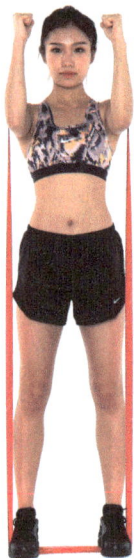

● **正确做法**

双臂同时向上推举
核心收紧

❸ 拉伸弹力带至手臂完全伸展。有控制地恢复至起始姿势，重复完成规定的次数。

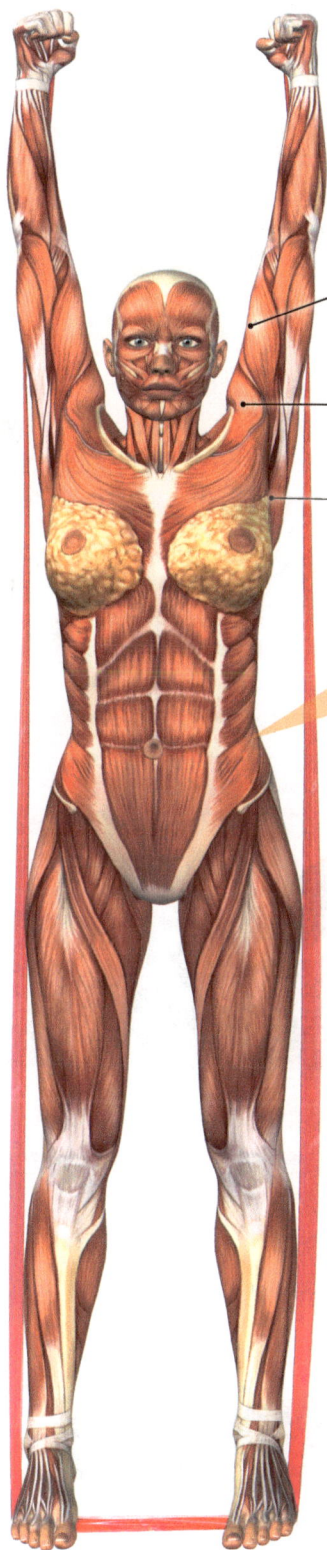

肱二头肌

三角肌

前锯肌

变式练习

双手握弹力带，弯举至肩部位置，双臂交替向上拉伸至手臂伸直。

最佳锻炼部位

- 斜方肌
- 三角肌
- 肱二头肌
- 肱三头肌

◆ 解析关键

黑色字体为主要锻炼的肌肉

灰色字体为次要锻炼的肌肉

* 为深层肌肉

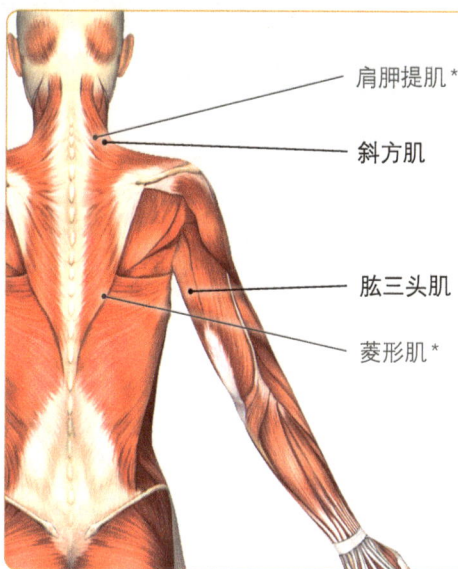

肩胛提肌 *

斜方肌

肱三头肌

菱形肌 *

反向平板

❶ 身体呈坐姿，双腿向前伸直贴于地面，双脚并拢，脚尖前伸。双手撑于体后，手指指向身体。

锻炼目标
- 肩部
- 腿部

锻炼器械
- 瑜伽垫

级别
- 初级

呼吸提示
- 全程均匀呼吸

益处
- 增强肩部稳定性

注意 ⚠
- 肩部若存在不适，则不建议进行此项训练

❷ 将髋部向上抬起，最大限度地使踝、膝、髋、躯干与肩部在一条直线上。

- **避免**

头部后仰
双臂肘关节弯曲

- **正确做法**

保持肩部位于双手上方，脚尖绷直

❸ 缓慢恢复至起始姿势，重复完成规定的次数。

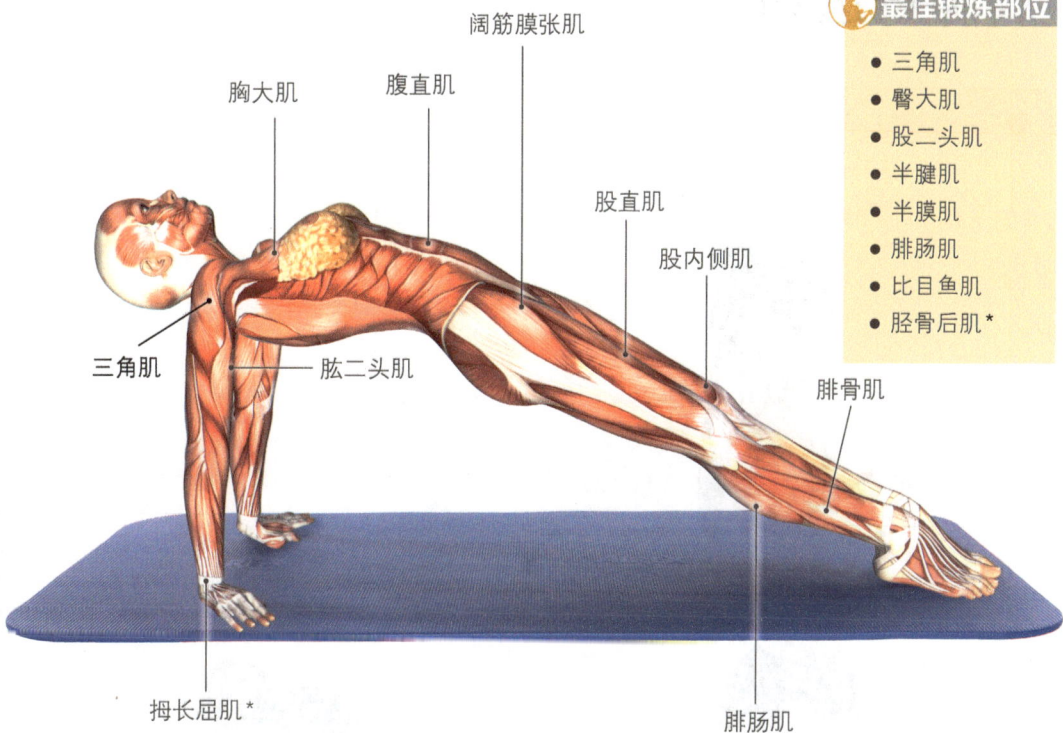

胸大肌

腹直肌

阔筋膜张肌

股直肌

股内侧肌

三角肌

肱二头肌

腓骨肌

拇长屈肌*

腓肠肌

最佳锻炼部位

- 三角肌
- 臀大肌
- 股二头肌
- 半腱肌
- 半膜肌
- 腓肠肌
- 比目鱼肌
- 胫骨后肌*

◆ **解析关键**

黑色字体为主要锻炼的肌肉
灰色字体为次要锻炼的肌肉
* 为深层肌肉

☀ **小提示**

髋部上抬，保持臀部收紧，身体呈一条直线。

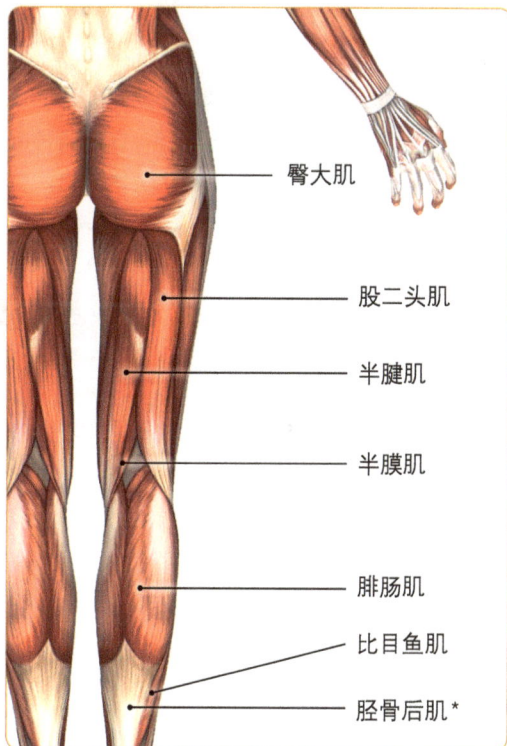

臀大肌

股二头肌

半腱肌

半膜肌

腓肠肌

比目鱼肌

胫骨后肌*

肩胛骨运动

❶ 由站立姿势开始，双臂向上弯曲，双手分别紧握弹力带一端，使弹力带从背部的肩胛骨处绕过，保持弹力带绷直但不拉伸。

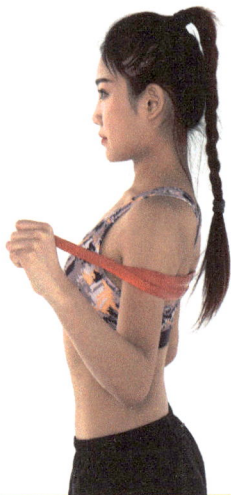

- **避免**

  腰部弯曲
  头部向下

- **正确做法**

  核心收紧
  下背部挺直
  胸部发力

锻炼目标
- 肩部

锻炼器械
- 弹力带

级别
- 初级

呼吸提示 ◑
- 全程均匀呼吸

益处
- 增强肩部的灵活性

注意 ⚠
- 肩部若存在不适，则不建议进行此项训练

❷ 保持身体姿势不变，双臂向内拉伸弹力带，带动肩胛骨扩张。恢复至起始姿势，重复完成规定的次数。

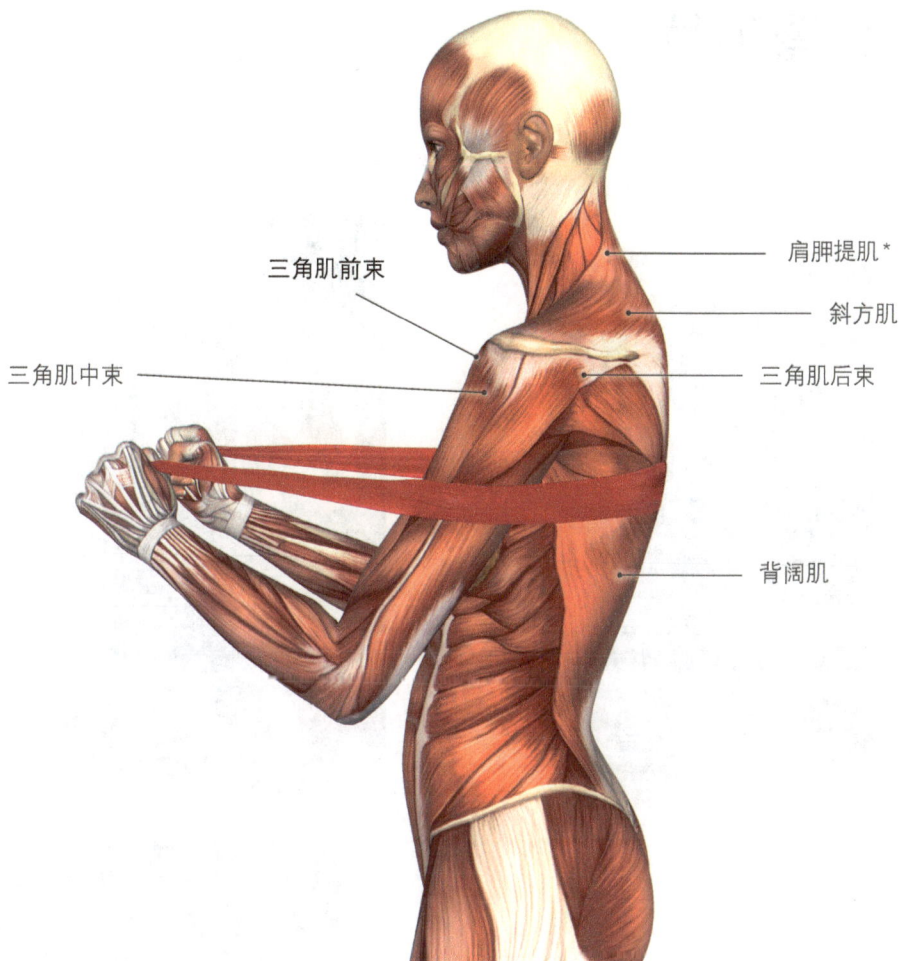

三角肌前束

肩胛提肌 *

斜方肌

三角肌中束

三角肌后束

背阔肌

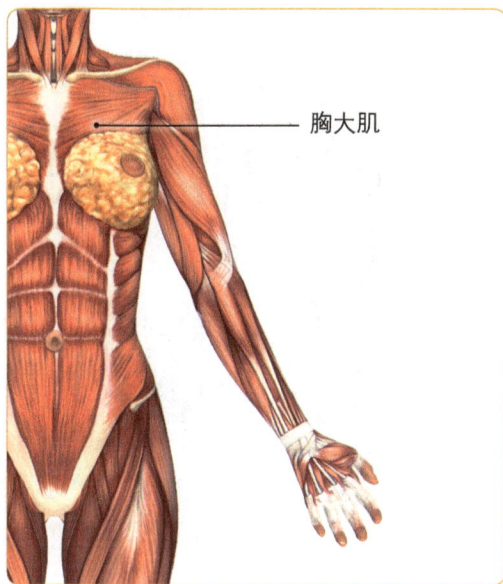

胸大肌

最佳锻炼部位

- 三角肌前束
- 胸大肌

◆ **解析关键**

黑色字体为主要锻炼的
肌肉
灰色字体为次要锻炼的
肌肉
* 为深层肌肉

拉力器下拉

❶ 坐于练习器上，调整器械，双脚踏实，背部挺直。双臂伸直，手握握把，双手间距宽于肩。

❷ 保持身体挺直，挺胸，肩胛骨下沉，双臂屈肘下拉握把。

锻炼目标

- 手臂
- 背部
- 肩部

锻炼器械

- 高拉力背肌练习器

级别

- 初级

呼吸提示

- 双臂下拉时呼气，还原时吸气

益处

- 强化双臂力量
- 锻炼背部肌肉

注意 ⚠

- 肩部或背部若存在不适，则不建议进行此项训练

● 避免

背部弯曲
上身过度后仰

● 正确做法

躯干保持直立
双臂同时发力

❸ 双臂下拉握把至手臂屈肘呈90度角。恢复至起始姿势，重复完成规定的次数。

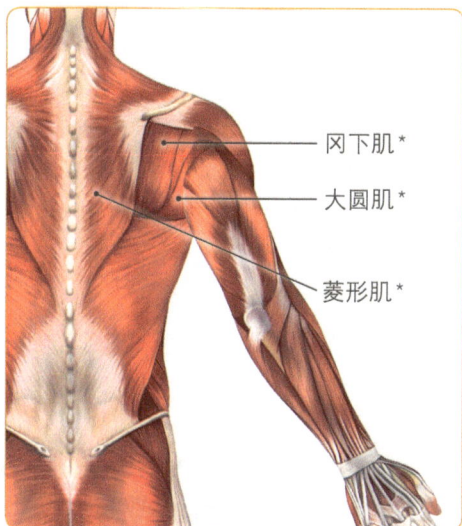

冈下肌 *

大圆肌 *

菱形肌 *

☀ **小提示**

双臂下拉至锁骨位置即可，不要过分下拉。

◆ **解析关键**

黑色字体为主要锻炼的肌肉

灰色字体为次要锻炼的肌肉

* 为深层肌肉

斜方肌

三角肌后束

三角肌中束

肱三头肌

背阔肌

肘肌

竖脊肌 *

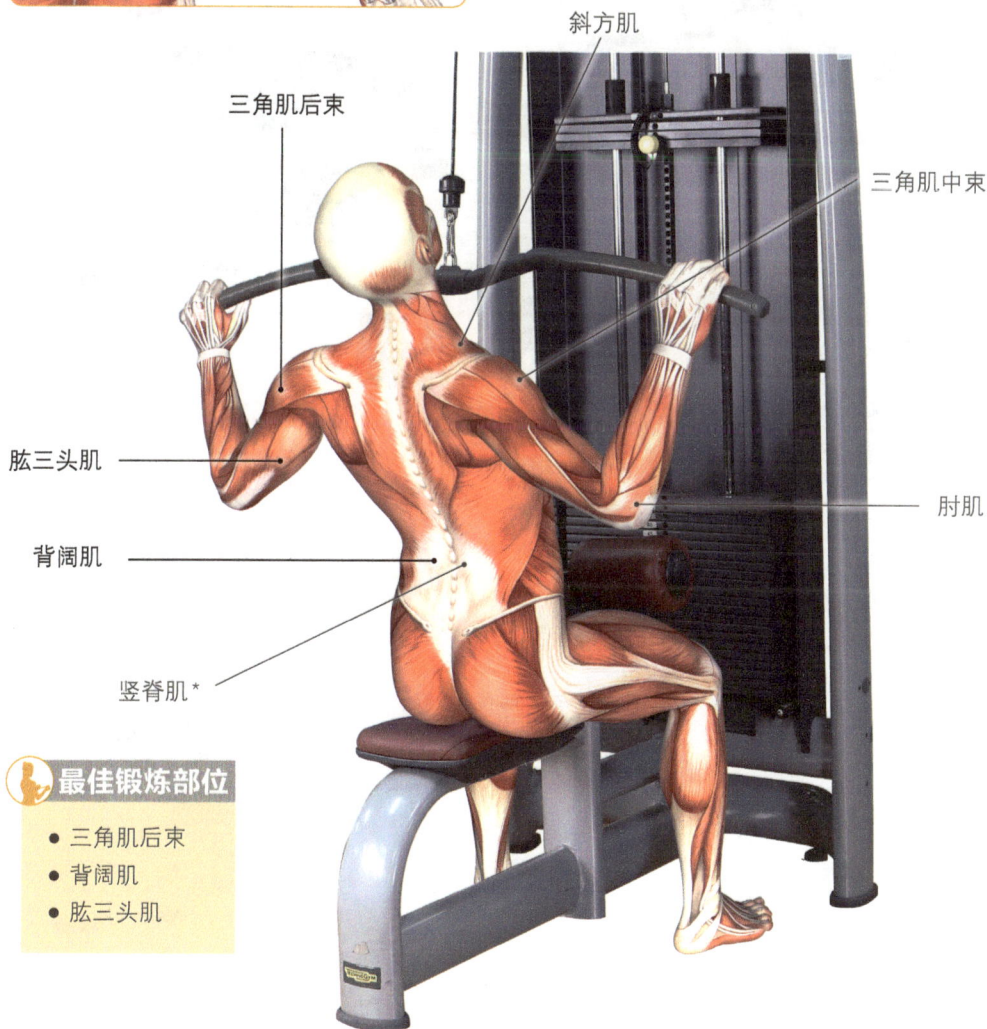

🏋 **最佳锻炼部位**

● 三角肌后束
● 背阔肌
● 肱三头肌

双臂飞鸟

❶ 调整训练椅为上斜30~45度，坐在训练椅上，身体仰卧。双臂握哑铃，手臂伸直，垂直于地面。

● **避免**

下巴前伸，头部离开椅背
肘部过度弯曲

❷ 双臂向两侧打开，做飞鸟动作，至大臂与地面平行。

锻炼目标
● 胸部
● 手臂
锻炼器械
● 哑铃、训练椅
级别
● 初级
呼吸提示 ◔
● 展开时呼气，恢复时吸气
益处
● 增加胸部力量
● 增加双臂力量
注意 ⚠
● 肩部若存在不适，则不建议进行此项训练

❸ 恢复至起始姿势，重复完成规定的次数。

● **正确做法**

保证两臂的肘部位于同一水平面
保证脊柱与肩部位置始终不变

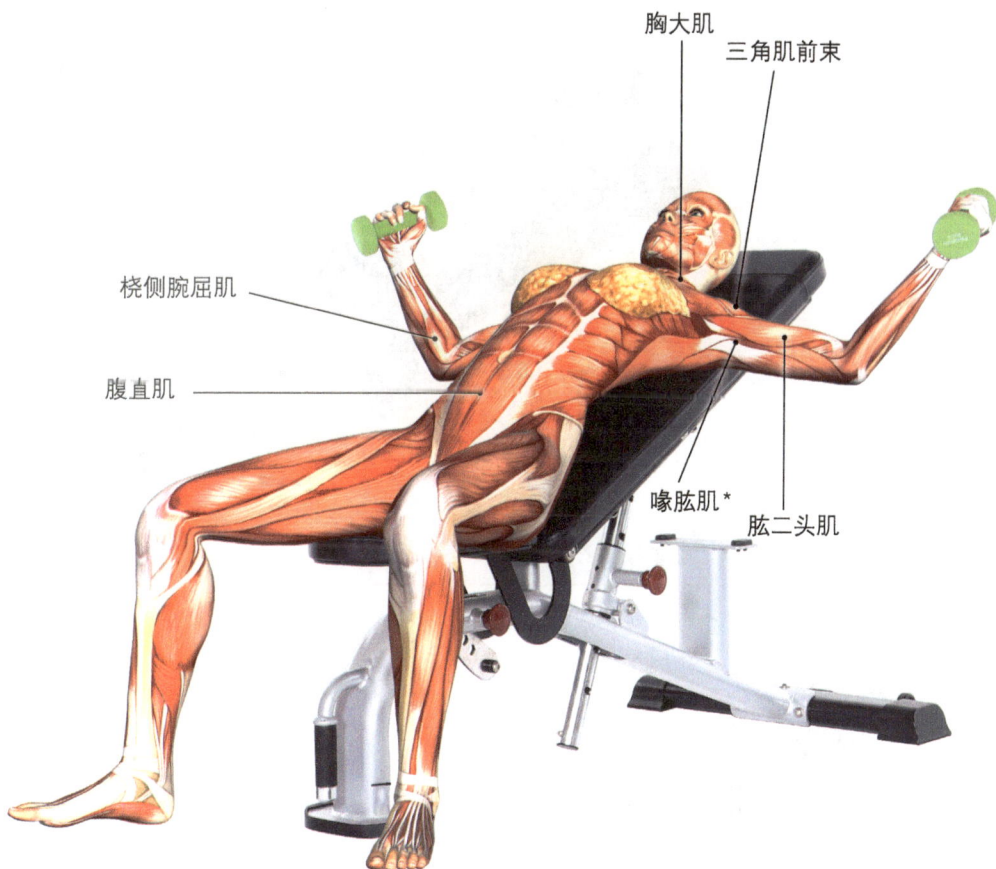

最佳锻炼部位

- 胸大肌
- 喙肱肌*
- 三角肌前束
- 肱二头肌

◆ 解析关键

黑色字体为主要锻炼的
肌肉
灰色字体为次要锻炼的
肌肉
* 为深层肌肉

胸大肌

三角肌前束

桡侧腕屈肌

腹直肌

喙肱肌*

肱二头肌

哑铃双臂侧平举

❶ 将训练椅调节为上斜30~45度，胸部和核心紧贴训练椅靠背，双手握哑铃自然下垂，掌心相对。

❷ 双臂同时侧平举，至上肢与地面平行。

❸ 恢复至起始姿势，重复完成规定的次数。

锻炼目标
- 肩部

锻炼器械
- 哑铃、训练椅

级别
- 初级

呼吸提示
- 抬臂时呼气，恢复时吸气

益处
- 增强肩部稳定性
- 提高双臂力量

注意 ⚠
- 肩颈部或背部存在不适，则不建议进行此项训练

- **避免**
  颈部和下巴收紧
  身体下滑

- **正确做法**
  始终保持动作稳定

三角肌中束　　肱二头肌

最佳锻炼部位

- 三角肌中束和后束
- 斜方肌
- 肱二头肌

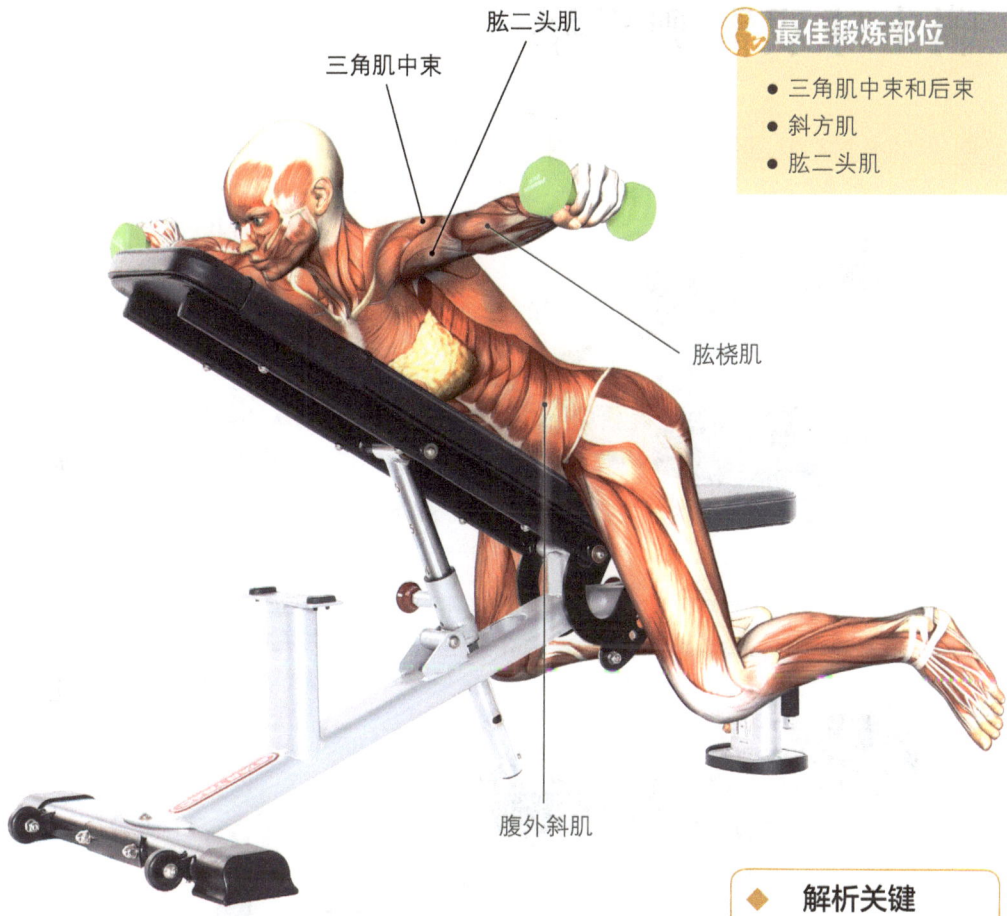

肱桡肌

腹外斜肌

◆　解析关键

黑色字体为主要锻炼的
肌肉
灰色字体为次要锻炼的
肌肉
* 为深层肌肉

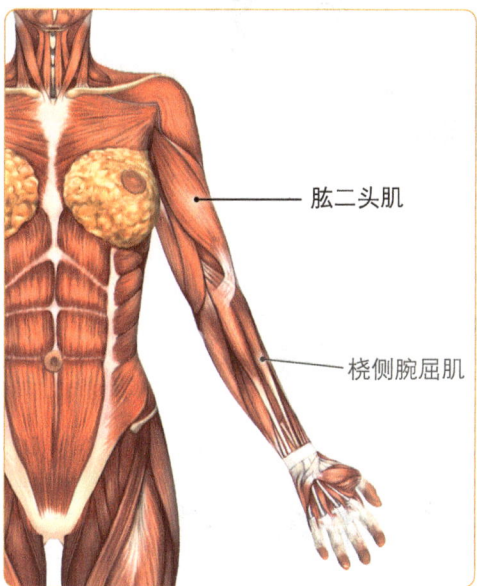

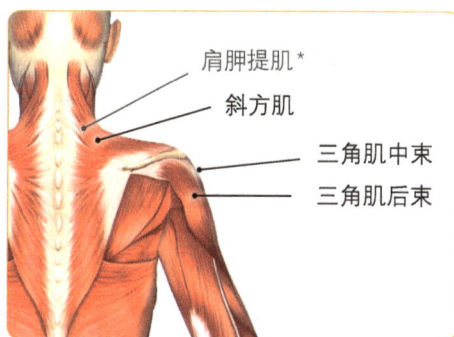

肱二头肌

桡侧腕屈肌

肩胛提肌 *

斜方肌

三角肌中束

三角肌后束

瑞士球双臂侧平举

❶ 俯卧于瑞士球上，胸腹部贴球，双臂握哑铃放在瑞士球两侧，双脚支撑。

锻炼目标
- 肩部
- 背部
- 手臂

锻炼器械
- 哑铃、瑞士球、瑜伽垫

级别
- 中级

呼吸提示
- 手臂外展时呼气，还原时吸气

益处
- 增强肩背部力量
- 提高核心稳定性

注意 ⚠
- 肩部或背部存在不适，则不建议进行此项训练

❷ 保持身体平衡，双臂同时侧平举，至上肢与地面平行。

- **避免**

颈部和下巴收紧
身体重心不稳

- **正确做法**

躯干保持挺直，手臂伸直
核心收紧

❸ 恢复至起始姿势，重复完成规定的次数。

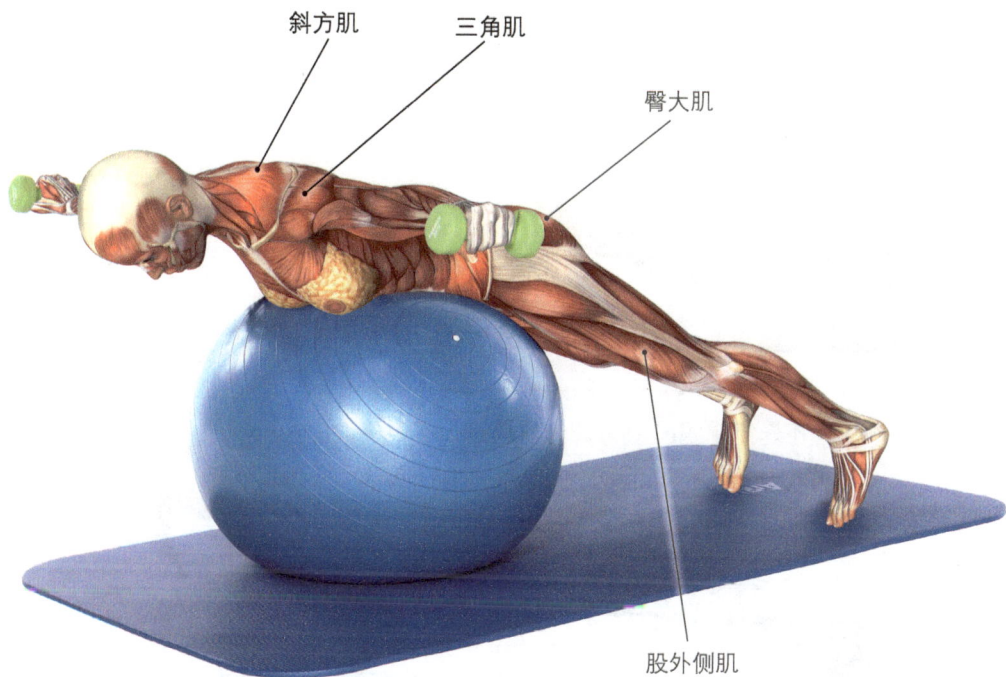

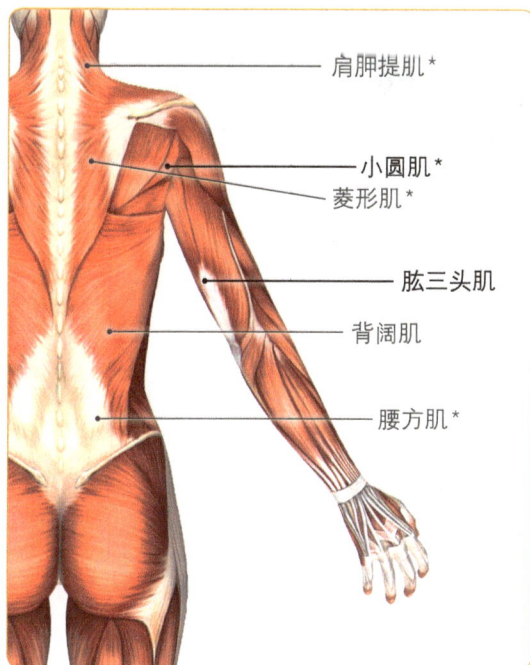

斜方肌　　三角肌

臀大肌

股外侧肌

肩胛提肌*

小圆肌*
菱形肌*

肱三头肌

背阔肌

腰方肌*

◆ 解忻关键

黑色字体为主要锻炼的
肌肉
灰色字体为次要锻炼的
肌肉
* 为深层肌肉

最佳锻炼部位

- 三角肌
- 斜方肌
- 肱三头肌
- 小圆肌*

平板支撑转体

① 呈俯卧姿势，双腿分开，脚尖撑地，双臂屈肘撑于肩部正下方。背部挺直，核心收紧。

② 左臂撑地，身体整体旋转，右臂伸直向上与左臂上臂呈一条直线，目视右手方向。保持姿势至规定时间。

③ 缓慢恢复至起始姿势。

④ 右臂撑地，保持身体稳定，身体向另一侧旋转，以同样的动作保持规定的时间。

• **避免**

髋部下塌
身体向两侧屈

• **正确做法**

双腿伸直撑地
背部挺直，核心收紧

锻炼目标

• 核心
• 手臂

锻炼器械

• 瑜伽垫

级别

• 中级

呼吸提示

• 全程均匀呼吸

益处

• 提高身体和肩部稳定性

注意 ⚠

• 肩部若存在不适，则不建议进行此项训练

小提示

保持手指向上，目视指尖方向。

◆ 解析关键

黑色字体为主要锻炼的
肌肉
灰色字体为次要锻炼的
肌肉
* 为深层肌肉

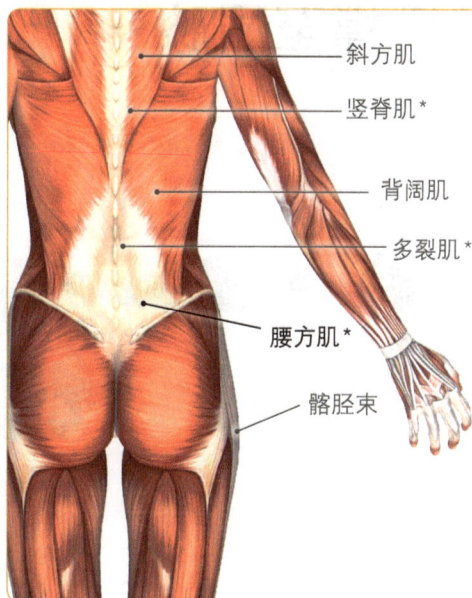

最佳锻炼部位

- 腹直肌
- 腹外斜肌
- 腹内斜肌 *
- 腹横肌 *
- 腰方肌 *
- 三角肌
- 肱二头肌

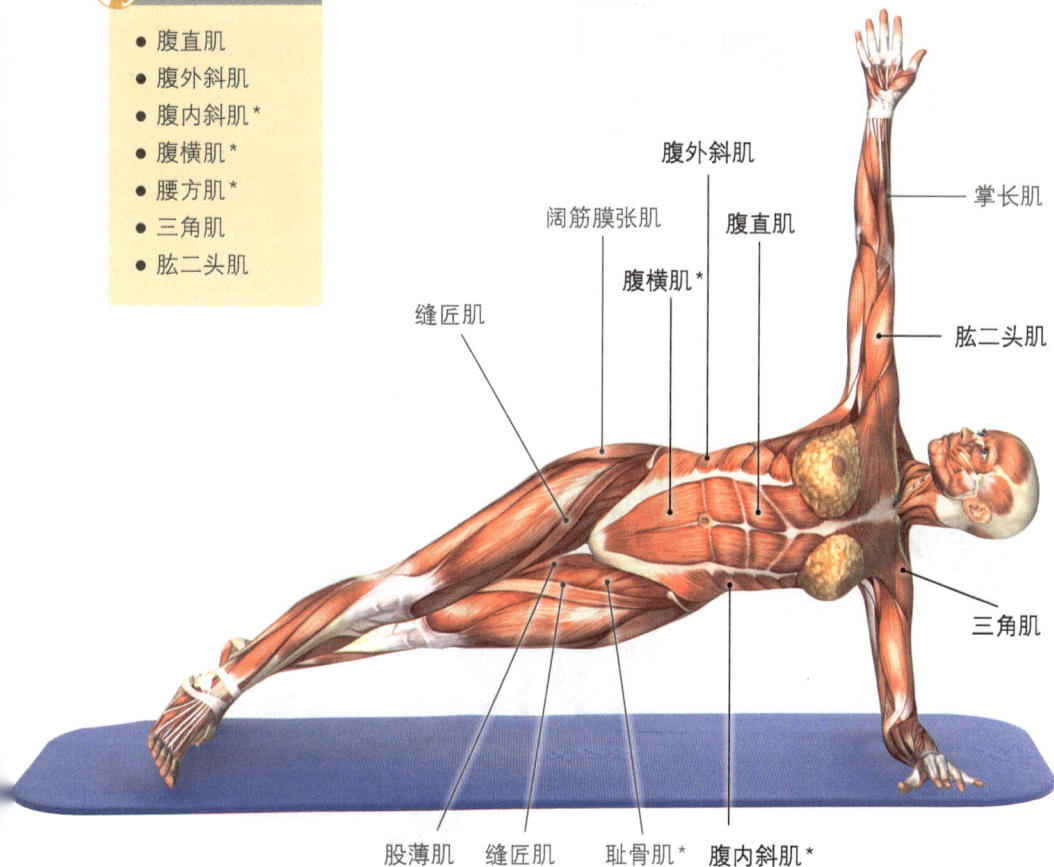

斜方肌
竖脊肌 *
背阔肌
多裂肌 *
腰方肌 *
髂胫束

腹外斜肌
阔筋膜张肌
腹直肌
腹横肌 *
缝匠肌
掌长肌
肱二头肌
三角肌

股薄肌　缝匠肌　耻骨肌 *　腹内斜肌 *

第 2 章　上肢练习

81

俯卧撑至屈膝

① 双脚置于瑞士球上，双手撑地呈俯卧撑姿势，双手支撑于肩部正下方，保持身体从头到脚呈一条直线。

② 屈肘，身体下沉至胸部几乎碰到地面，上臂与躯干的夹角约为 45 度。

锻炼目标
- 核心
- 肩部
- 手臂

锻炼器械
- 瑞士球

级别
- 高级

呼吸提示
- 身体下降时吸气，上升时呼气；屈膝时呼气，伸膝时吸气

益处
- 提高核心稳定性
- 提高双臂力量

注意
- 腰背部若存在不适，则不建议进行此项训练

- **避免**

  双肩上提，肩部下陷
  肩胛骨后缩

- **正确做法**

  双手位于肩部正下方
  背部保持平直，核心收紧

③ 双臂撑起，保持身体稳定，双腿屈膝至大腿与地面垂直。恢复至起始姿势，重复完成规定的次数。

◆ **解析关键**

黑色字体为主要锻炼的肌肉
灰色字体为次要锻炼的肌肉
* 为深层肌肉

最佳锻炼部位

- 肱二头肌
- 腹直肌
- 腹外斜肌
- 腹内斜肌 *
- 胸大肌
- 肱三头肌
- 三角肌
- 缝匠肌

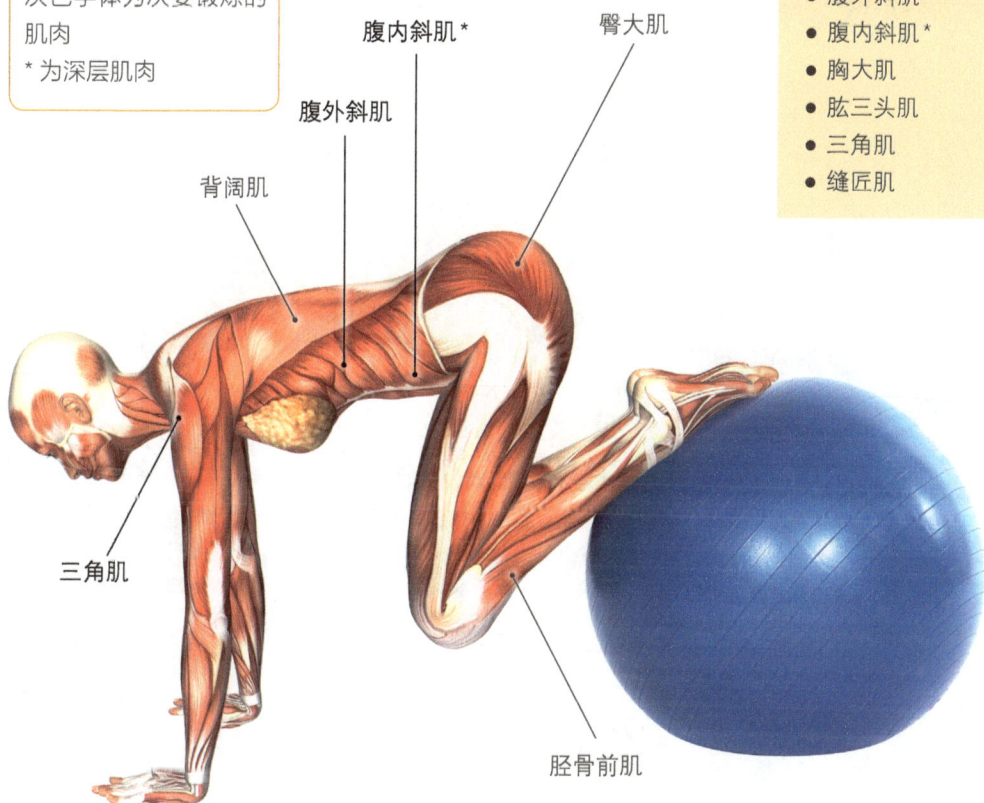

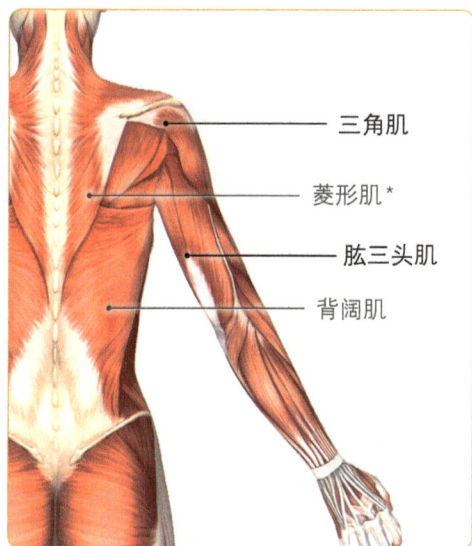

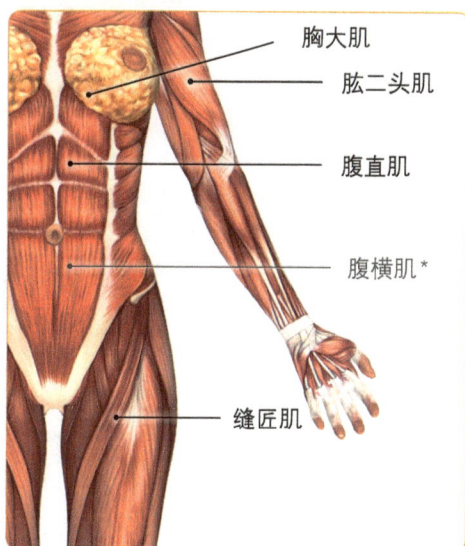

腹内斜肌 *

臀大肌

腹外斜肌

背阔肌

三角肌

胫骨前肌

三角肌

菱形肌 *

肱三头肌

背阔肌

胸大肌

肱二头肌

腹直肌

腹横肌 *

缝匠肌

03

CHAPTER THREE

第3章
胸背部练习

卧推

① 身体呈仰卧姿势，平躺于卧推架的椅子上，双腿屈膝撑地。双手握杠铃杆，双手间距比肩宽。

② 保持手腕挺直，肩胛骨收紧，双臂屈肘约呈90度，杠铃下落。

● **避免**

手腕弯曲，压力过大
臀部向上抬起

● **正确做法**

肩胛骨收紧
卧推轨迹在胸部的正上方

③ 保持身体姿势，向上推举杠铃至双臂完全伸直，此时胸大肌处于收缩状态。恢复至起始姿势，重复完成规定的次数。

锻炼目标
● 手臂
● 胸部
锻炼器械
● 卧推架
级别
● 初级
呼吸提示
● 手臂推起时呼气，还原时吸气
益处
● 增加胸部力量
● 增强双臂稳定性
注意 ⚠
● 腕部或肩部若存在不适，则不建议进行此项训练

肱二头肌

腹直肌

肱三头肌

最佳锻炼部位

- 胸大肌
- 三角肌前束
- 胸小肌*

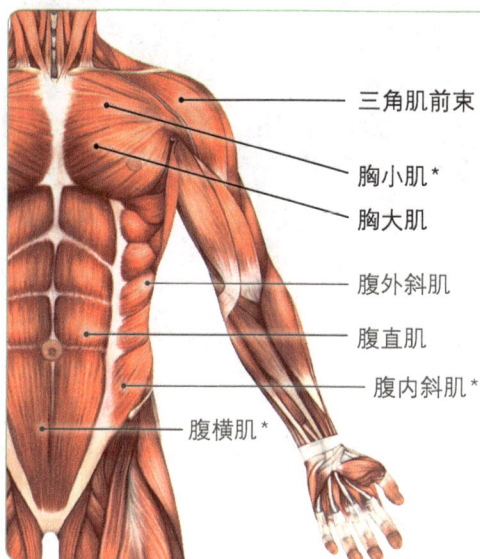

三角肌前束

胸小肌*

胸大肌

腹外斜肌

腹直肌

腹内斜肌*

腹横肌*

◆ 解析关键

黑色字体为主要锻炼的肌肉

灰色字体为次要锻炼的肌肉

* 为深层肌肉

☀ 小提示

双手握杠铃时，双手间距越小，训练难度越大。

绳索夹胸

❶ 身体呈站姿，双脚前后站立。将器械把手设置为与胸部同高，双手持握把手。

❷ 双手掌心向下，保持身体姿势，伸展肘部，双臂前推。

● **避免**

身体扭动，双肩上耸

● **正确做法**

保持手臂稳定
保持核心收紧

❸ 双臂伸展至完全伸直，双手位于胸部前方。恢复至起始姿势，重复完成规定的次数。

锻炼目标
- 胸部
- 肩部

锻炼器械
- 龙门架

级别
- 中级

呼吸提示
- 手臂前推时呼气，还原时吸气

益处
- 紧实胸部肌肉
- 增强肩部力量

注意
- 肩部若存在不适则不建议进行此项训练

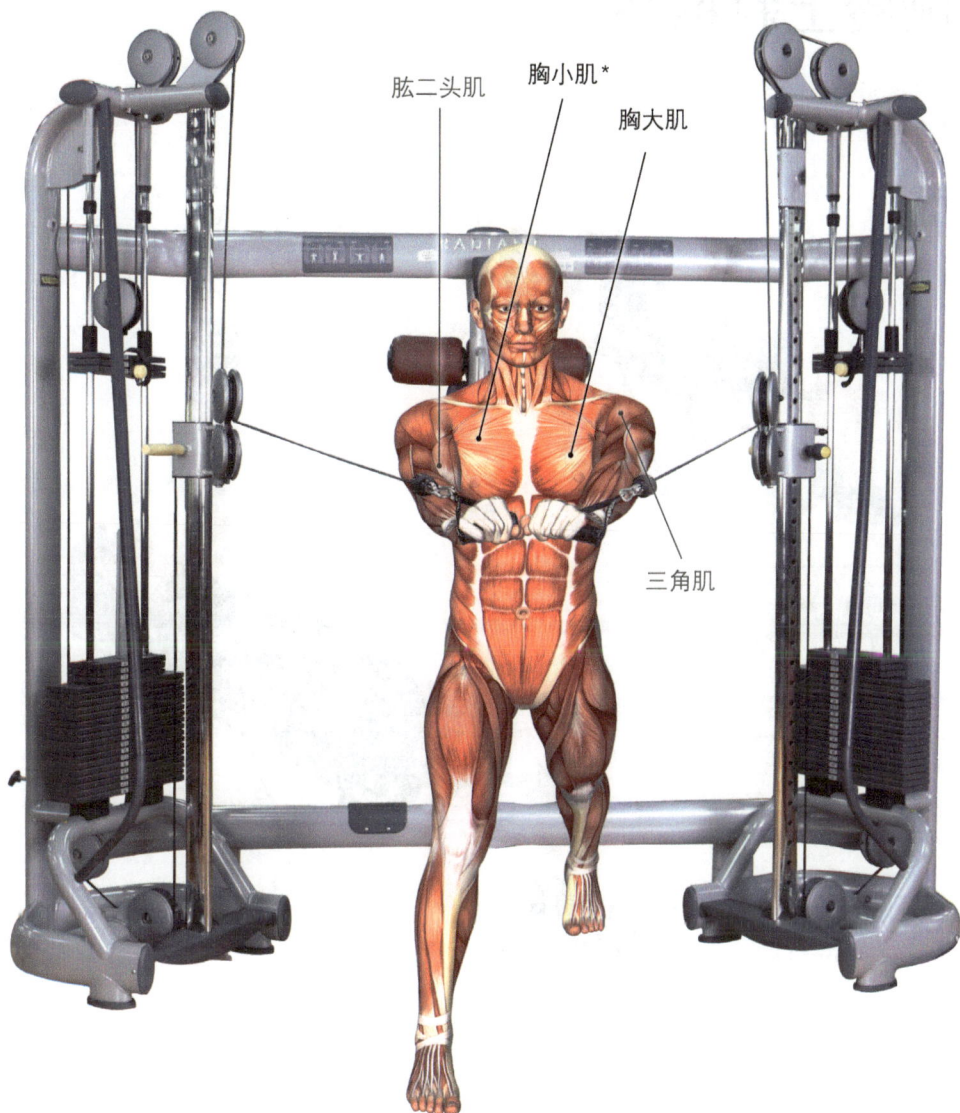

肱二头肌　胸小肌*　胸大肌

三角肌

◆ 解析关键

黑色字体为主要锻炼的肌肉
灰色字体为次要锻炼的肌肉
* 为深层肌肉

最佳锻炼部位

● 胸大肌
● 胸小肌*

哑铃上斜推举

❶ 调节训练椅至上斜30~45度，身体仰卧于训练椅上，双手握哑铃，双臂屈肘，哑铃位于肩部上方。

● 避免

头部上抬
背部过度伸展

❷ 双臂同时上举，至肘关节完全伸展，双臂伸直，掌心向前。

锻炼目标
- 胸部
- 肩部

锻炼器械
- 哑铃、训练椅

级别
- 初级

呼吸提示
- 手臂下降时吸气，上升时呼气

益处
- 增强双臂和胸部的力量
- 提高肩部稳定性

注意 ⚠
- 肩部若存在不适，则不建议进行此项训练

❸ 双臂屈肘恢复至起始姿势，重复完成规定的次数。

● 正确做法

头部始终紧贴椅背
背部平直，核心收紧

第3章

胸背部练习

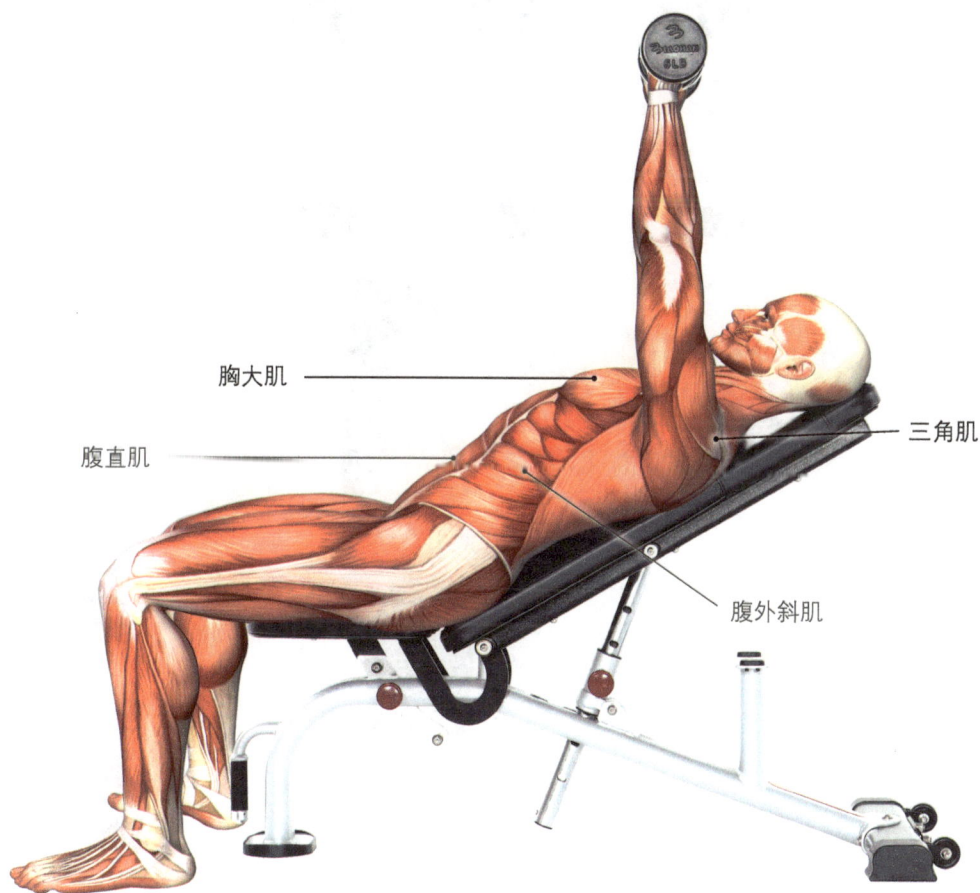

胸大肌

腹直肌

三角肌

腹外斜肌

胸前交替水平推

❶ 由站立姿势开始，双手置于胸前并分别紧握弹力带一端，使弹力带从背部绕过，保持弹力带绷直但不拉伸。

❷ 保持身体姿势不变，左手向前拉伸弹力带至手臂完全伸直。

❸ 左臂回到原位，恢复至起始姿势。

● **避免**

身体前倾
肩部上耸

● **正确做法**

上身挺直，核心收紧
双臂水平前推

锻炼目标
● 胸部
● 手臂
● 肩部
锻炼器械
● 弹力带
级别
● 初级
呼吸提示
● 推起时呼气，还原时吸气
益处
● 增强肩关节稳定性
● 增强胸部力量
注意 ⚠
● 肩关节若存在不适，则不建议进行此项训练

❹ 右手向前拉伸弹力带，至右臂完全伸直。

❺ 恢复至起始姿势，双臂交替进行。重复完成规定的次数。

黑色字体为主要锻炼的
肌肉
灰色字体为次要锻炼的
肌肉
* 为深层肌肉

肱三头肌

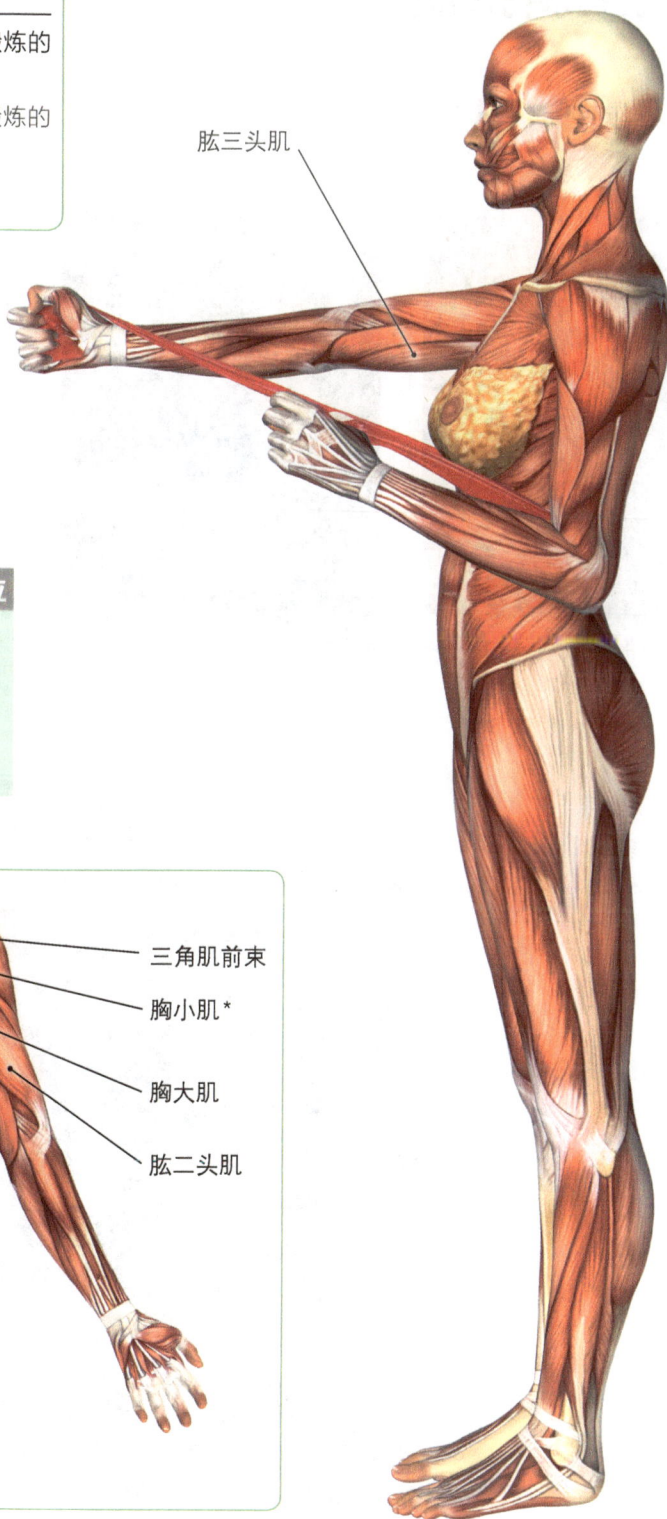

最佳锻炼部位

- 胸大肌
- 胸小肌*
- 三角肌前束
- 肱二头肌

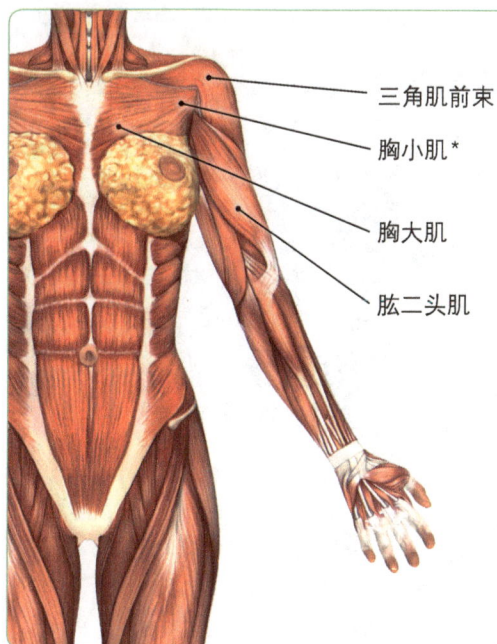

三角肌前束

胸小肌*

胸大肌

肱二头肌

坐式上斜推胸

❶ 坐于练习器上，身体紧贴椅背，双手握把手呈竖把位。

❷ 保持身体姿势不变，胸部与手臂发力，双臂向上推起。

锻炼目标
- 胸部
- 手臂
- 肩部

锻炼器械
- 坐式上斜推胸练习器

级别
- 初级

呼吸提示
- 手臂推起时呼气，还原时吸气

益处
- 增强胸部肌肉
- 增强肩部稳定性

注意
- 肩部若存在不适，则不建议进行此项训练

- 避免

  身体上身前倾
  双臂完全伸直

- 正确做法

  腹部核心收紧
  后背和臀部紧贴靠垫，手臂胸部发力

❸ 双臂向上推起至顶端，肘关节不要弯曲，保持姿势至规定时间。缓慢恢复至起始姿势，重复完成规定的次数。

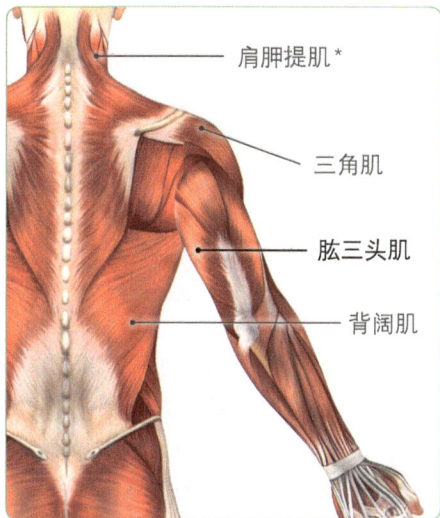

肩胛提肌*

三角肌

肱三头肌

背阔肌

最佳锻炼部位

- 胸大肌
- 肱三头肌
- 胸小肌*

◆ 解析关键

黑色字体为主要锻炼的肌肉

灰色字体为次要锻炼的肌肉

* 为深层肌肉

变式练习

身体姿势不变，双手握把手呈横把位，进行上斜推胸。

胸小肌*

腹直肌

腹横肌*

肱三头肌

胸大肌

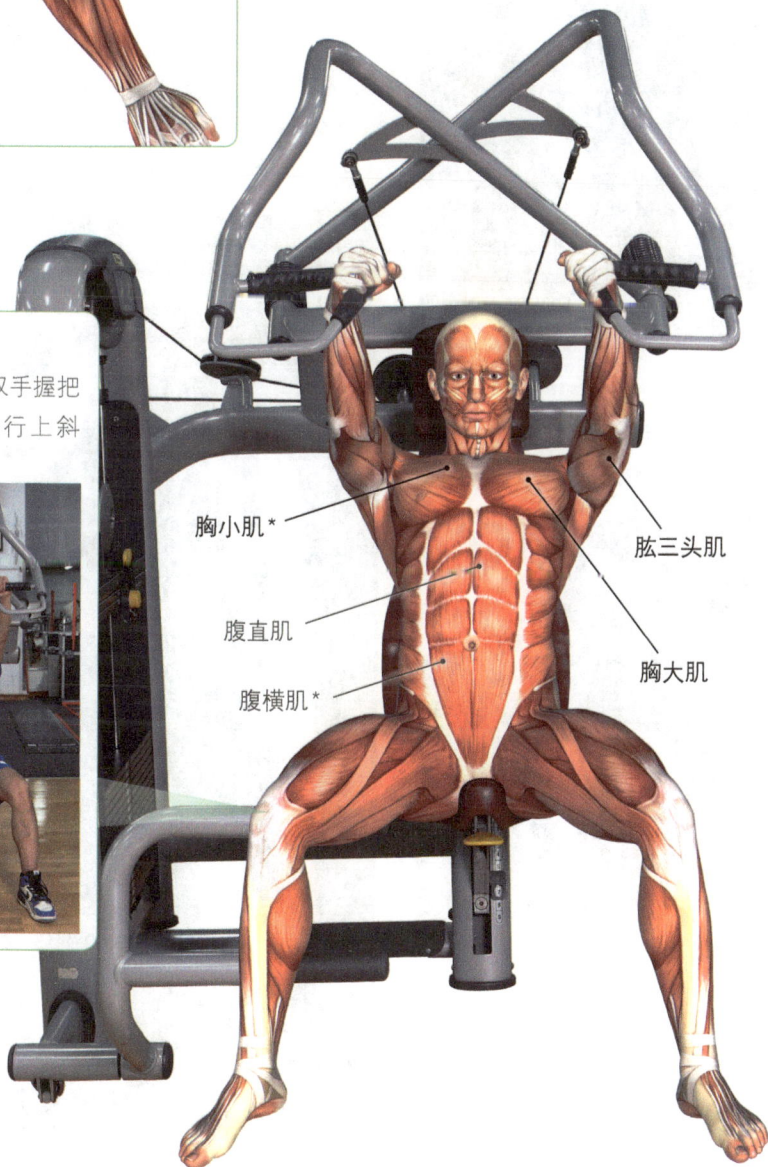

坐式双向推胸

❶ 坐于练习器上，头部、上背部紧贴椅背，双脚撑地，双手握紧把手呈竖把位。

❷ 保持挺胸收腹，双臂前推。

• 避免

头部前倾，抬离椅背

• 正确做法

后背和臀部紧贴靠垫，手臂发力

❸ 双臂前推至手臂完全伸展，稍作停顿。有控制地恢复至起始姿势，重复完成规定的次数。

锻炼目标
• 胸部
• 手臂

锻炼器械
• 坐式双向推胸练习器

级别
• 初级

呼吸提示
• 手臂前推时呼气，还原时吸气

益处
• 增强胸部肌肉

注意 ⚠
• 肩部若存在不适，则不建议进行此项训练

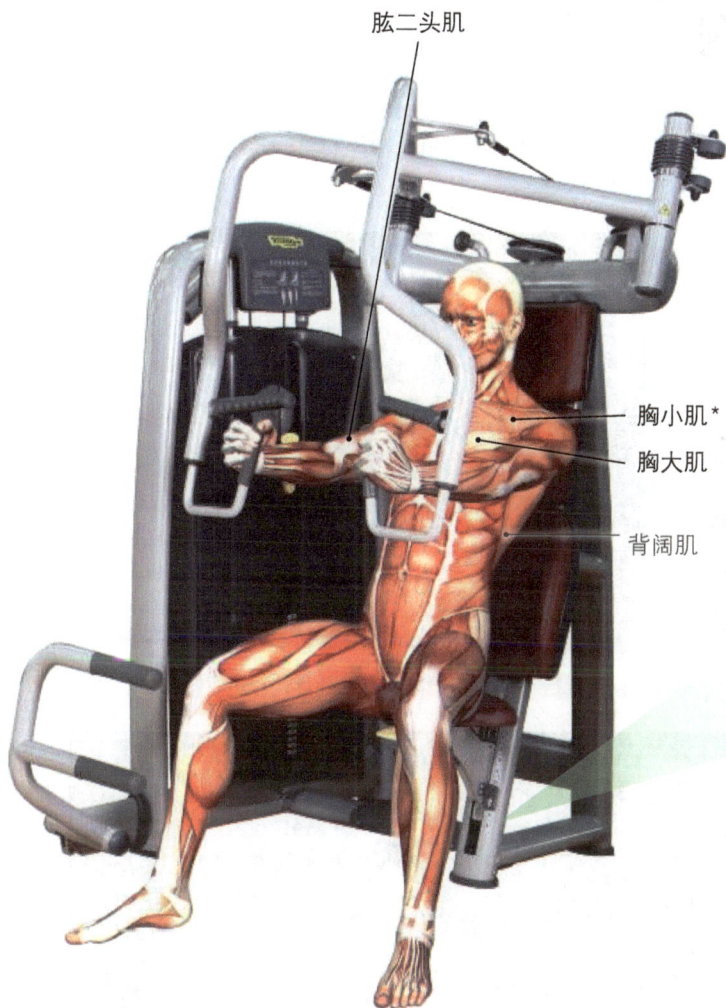

肱二头肌

胸小肌*
胸大肌

背阔肌

变式练习

身体姿势不变，双手握把
手呈横把位，进行推胸。

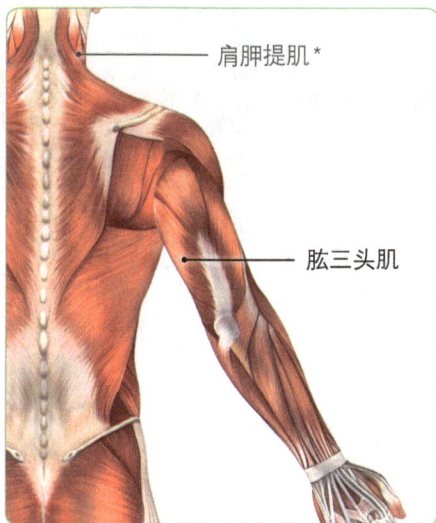

肩胛提肌*

肱三头肌

最佳锻炼部位

- 胸大肌
- 胸小肌*
- 肱三头肌
- 肱二头肌

◆ **解析关键**

黑色字体为主要锻炼的
肌肉
灰色字体为次要锻炼的
肌肉
* 为深层肌肉

| 97

绳索下斜夹胸

① 呈弓步姿势站立于龙门架中间位置。双手紧握把手，大臂与肩齐平，略微屈肘，掌心相对。

② 胸部发力，双臂由上向下拉把手。

- 避免

背部弯曲，上身下俯

小臂过度发力

- 正确做法

手臂保持稳定

③ 双臂拉把手至核心前方，双手靠拢。重复完成规定的次数。

锻炼目标
- 胸部
- 肩部

锻炼器械
- 龙门架

级别
- 中级

呼吸提示
- 手臂下拉时呼气，还原时吸气

益处
- 增强胸部肌肉

注意
- 肩部如存在不适，则不建议进行此项训练

胸大肌　胸小肌 *

三角肌

胸三头肌

腹直肌

胸二头肌

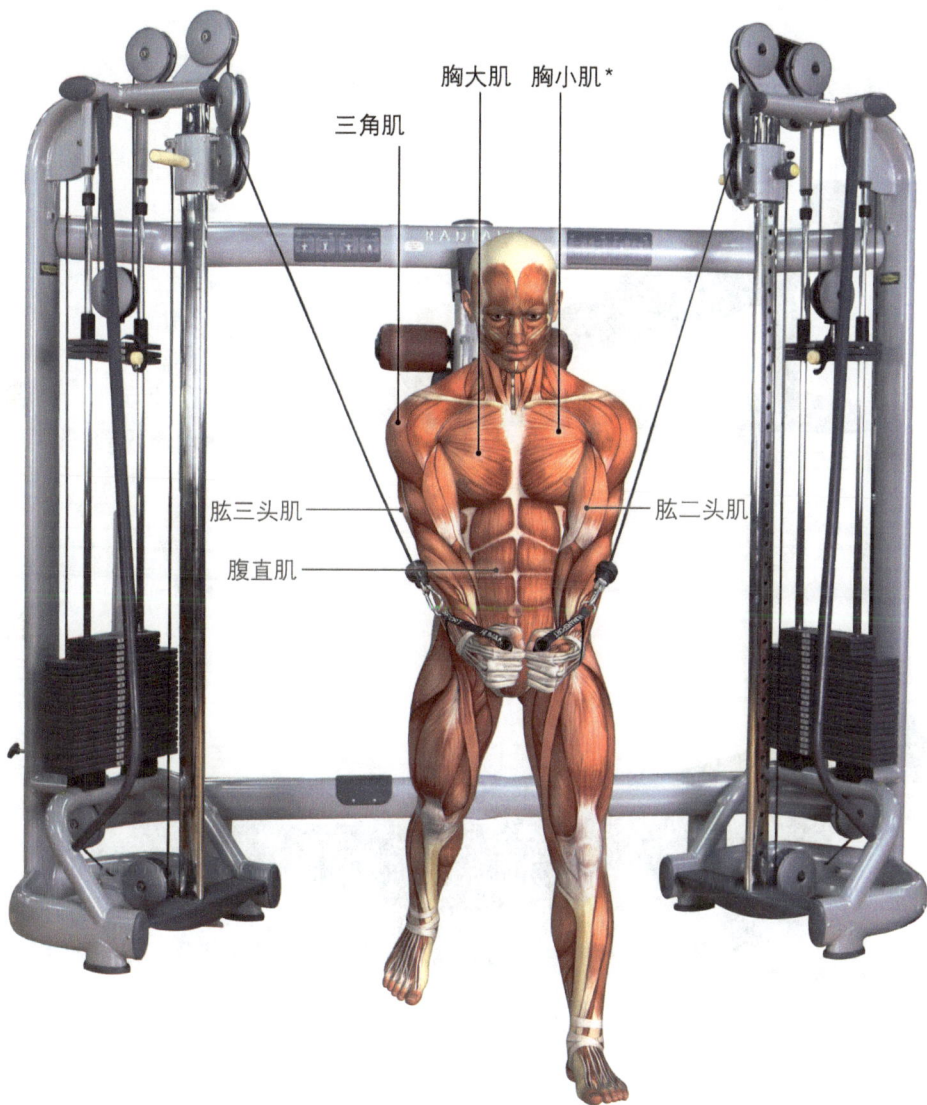

最佳锻炼部位

- 胸小肌 *
- 胸大肌
- 三角肌

◆　解析关键

黑色字体为主要锻炼的肌肉

灰色字体为次要锻炼的肌肉

* 为深层肌肉

俯卧撑

❶ 身体呈俯卧姿势，双手、双脚撑于地面，双手与肩同宽，双脚并拢。腰背部保持挺直，身体呈一条直线。

❷ 保持核心收紧，双臂屈肘，身体向下。

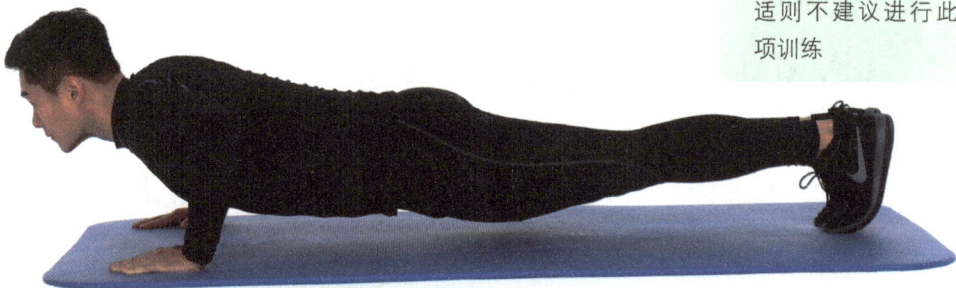

锻炼目标
- 手臂
- 胸部
- 核心

锻炼器械
- 瑜伽垫

级别
- 初级

呼吸提示
- 身体下降时吸气，上升时呼气

益处
- 提升上肢力量
- 增强核心稳定性

注意 ⚠
- 肩部或上肢存在不适则不建议进行此项训练

- **避免**

  臀部向下塌
  背部向上弓起

- **正确做法**

  核心收紧
  身体呈一条直线

❸ 双臂发力，将身体向上撑起，恢复至起始姿势。重复完成规定的次数。

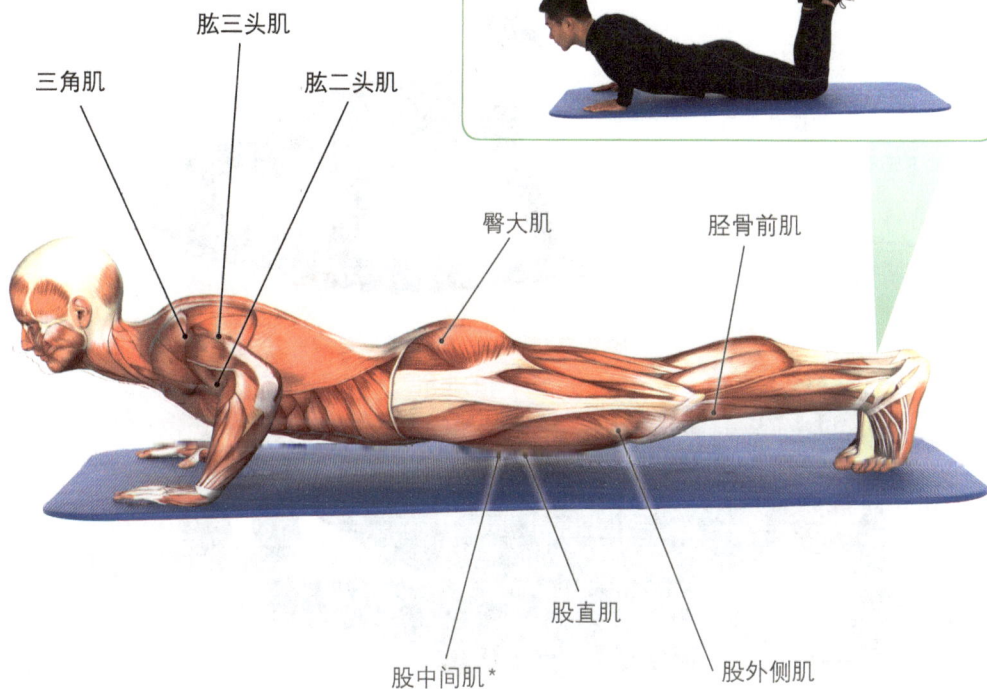

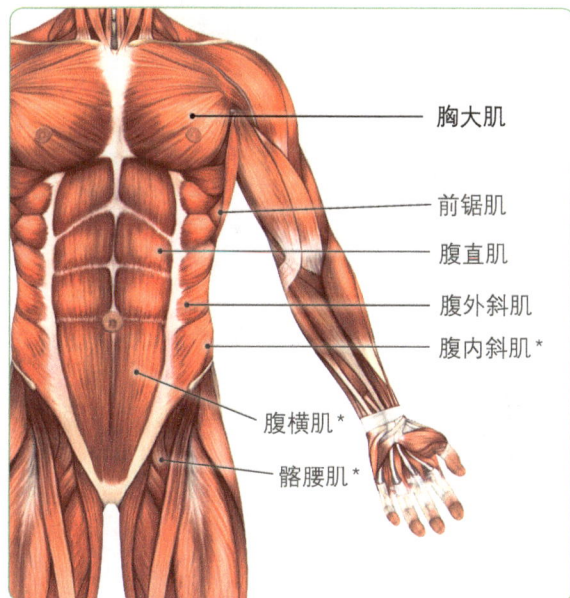

肱三头肌

三角肌

肱二头肌

臀大肌

胫骨前肌

股直肌

股中间肌*

股外侧肌

胸大肌

前锯肌

腹直肌

腹外斜肌

腹内斜肌*

腹横肌*

髂腰肌*

最佳锻炼部位

- 三角肌
- 肱三头肌
- 胸大肌
- 肱二头肌

◆ 解析关键

黑色字体为主要锻炼的肌肉

灰色字体为次要锻炼的肌肉

* 为深层肌肉

俯卧撑-宽距

- **避免**

  背部弯曲，臀部向上弓起

- **正确做法**

  核心收紧，背部保持平直
  身体下降至上臂与地面平行

❶ 呈俯卧姿势，双手、双脚撑地，双手的间距约为肩宽的两倍，手臂伸直，身体从头部到踝关节呈一条直线。

❷ 双臂屈肘，身体下降，至胸部几乎碰到地面，上臂与前臂的夹角约为90度。

❸ 双臂向上撑起，恢复至起始姿势。重复完成规定的次数。

锻炼目标
- 胸部
- 肩部
- 手臂

锻炼器械
- 瑜伽垫

级别
- 初级

呼吸提示
- 身体上升时呼气，下降时吸气

益处
- 增强胸部和双臂肌肉力量
- 增强核心稳定性

注意 ⚠
- 肩部或下背部若存在不适，则不建议进行此项训练

最佳锻炼部位

- 胸大肌
- 胸小肌*
- 三角肌前束和
  后束
- 肱三头肌
- 肱二头肌

◆ 解析关键

黑色字体为主要锻炼的
肌肉
灰色字体为次要锻炼的
肌肉
* 为深层肌肉

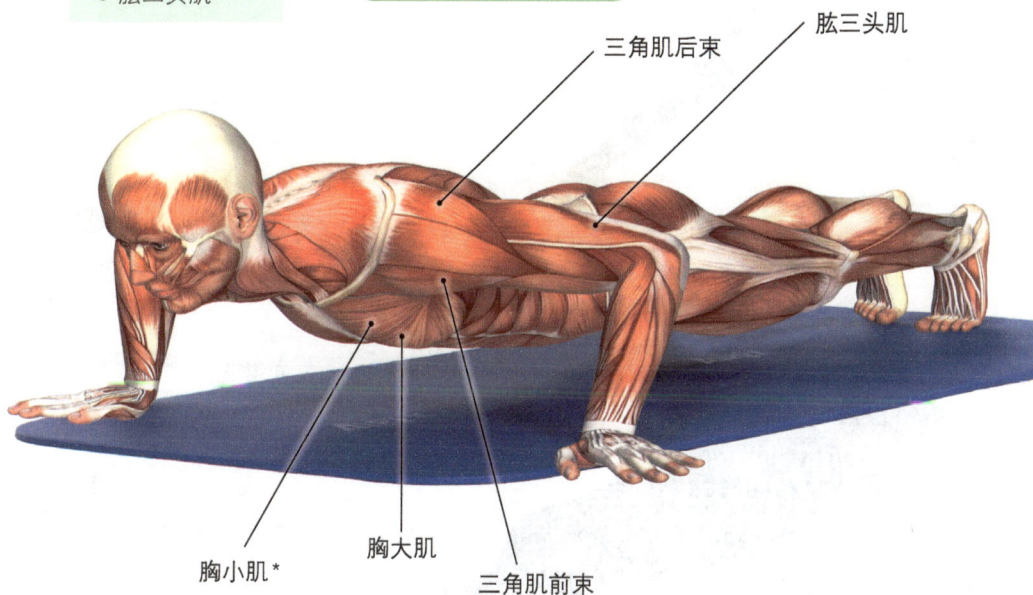

三角肌后束　肱三头肌

胸小肌*　　胸大肌　　三角肌前束

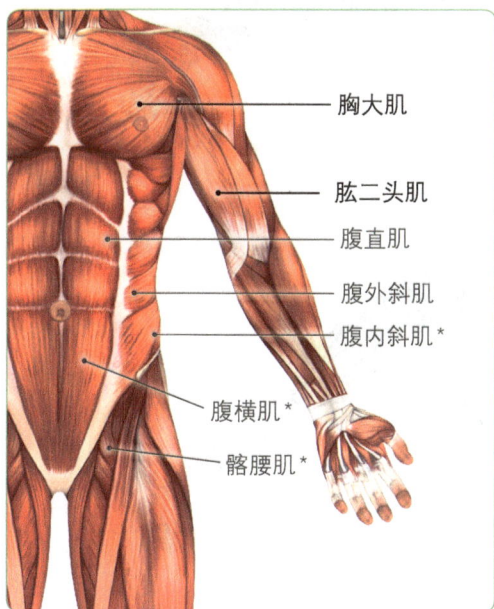

胸大肌

肱二头肌

腹直肌

腹外斜肌

腹内斜肌*

腹横肌*

髂腰肌*

☼ 小提示

躯干与腿部始终保持在同一平面内。

俯卧撑–上斜

① 呈俯卧姿势，双脚撑地，双手撑在训练椅上，双手距离略比肩宽，手臂伸直，身体从头部到踝关节呈一条直线。

② 双臂屈肘，身体下降，至胸部几乎碰到训练椅，上臂与前臂的夹角约为90度。

③ 双臂向上撑起，恢复至起始姿势。重复完成规定的次数。

锻炼目标
- 肩部
- 胸部
- 手臂
- 核心

锻炼器械
- 训练椅

级别
- 初级

呼吸提示
- 身体下沉时吸气，上升时呼气

益处
- 增强胸部和双臂肌肉力量
- 增强核心稳定性

注意 ⚠
- 肩部若存在不适，则不建议进行此项训练

- 避免

臀部向上弓起
双肩上耸

- 正确做法

核心收紧
身体呈一条直线

变式练习

双脚撑在训练椅上，双手撑地，双手距离略比肩宽，手臂伸直，身体从头部到踝关节呈一条直线。双臂屈肘向下，做俯卧撑动作。

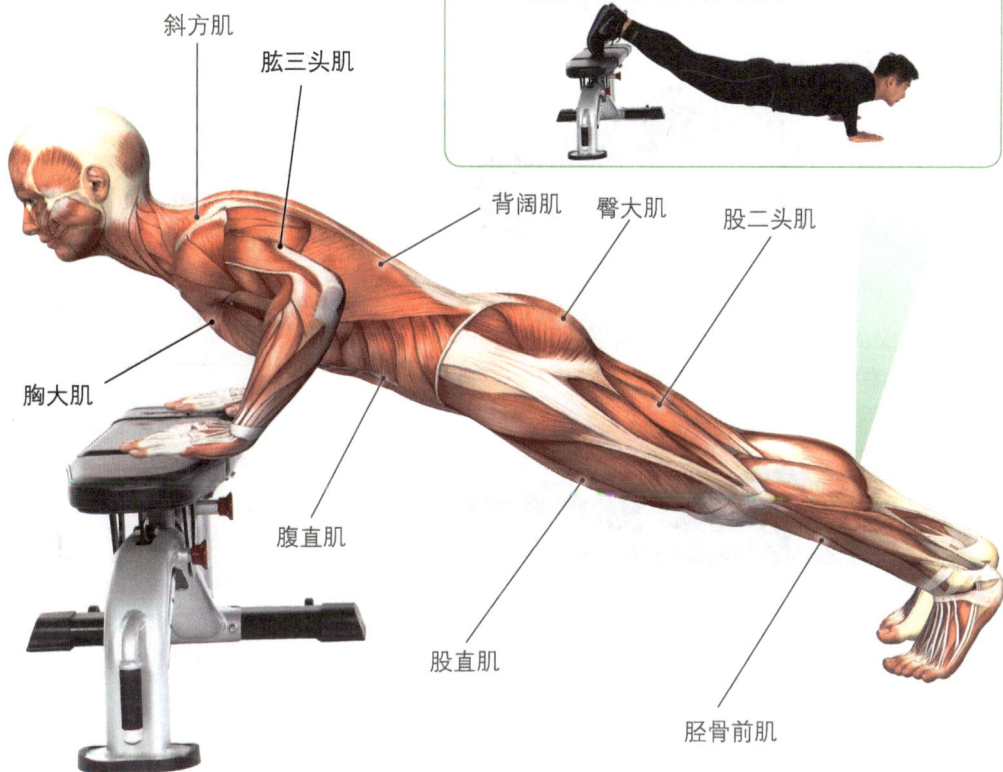

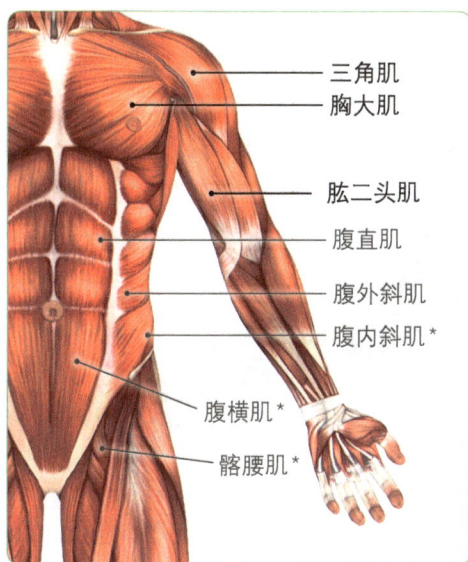

斜方肌

肱三头肌

背阔肌　臀大肌　股二头肌

胸大肌

腹直肌

股直肌

胫骨前肌

三角肌
胸大肌

肱二头肌

腹直肌

腹外斜肌

腹内斜肌*

腹横肌*

髂腰肌*

最佳锻炼部位

- 肱二头肌
- 肱三头肌
- 胸大肌
- 三角肌

◆　解析关键

黑色字体为主要锻炼的肌肉

灰色字体为次要锻炼的肌肉

* 为深层肌肉

俯卧撑-推起离地

① 呈俯卧姿势，双手、双脚撑于地面，双手与肩同宽，双脚分开。腰背部保持挺直，头部到踝关节呈一条直线。

② 保持核心收紧，双臂屈肘，身体下降至上臂与前臂的夹角约为90度。

③ 随即双臂迅速发力，将身体向上撑起离地，过程中身体保持挺直。有控制地落地后，重复完成规定的次数。

第3章

胸背部练习

锻炼目标
- 胸部
- 肩部
- 手臂
- 核心

锻炼器械
- 瑜伽垫

级别
- 高级

呼吸提示
- 推起时呼气，落地时吸气

益处
- 增强肩部稳定性
- 提高双臂爆发力

注意 ⚠
- 腕关节若存在不适，则不建议进行此项训练

● 避免

背部弓起

● 正确做法

核心收紧，腰背挺直
躯干处在中立位，保持稳定

肱三头肌

臀大肌

股二头肌

三角肌

肱二头肌

腹直肌

胸大肌

肱二头肌

腹直肌

腹外斜肌

腹内斜肌*

腹横肌*

髂腰肌*

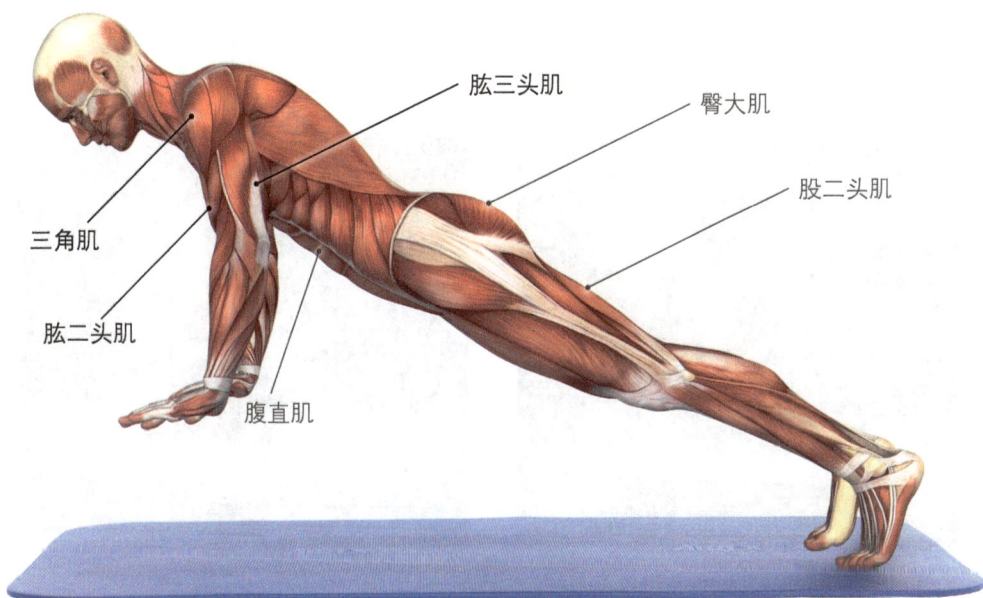

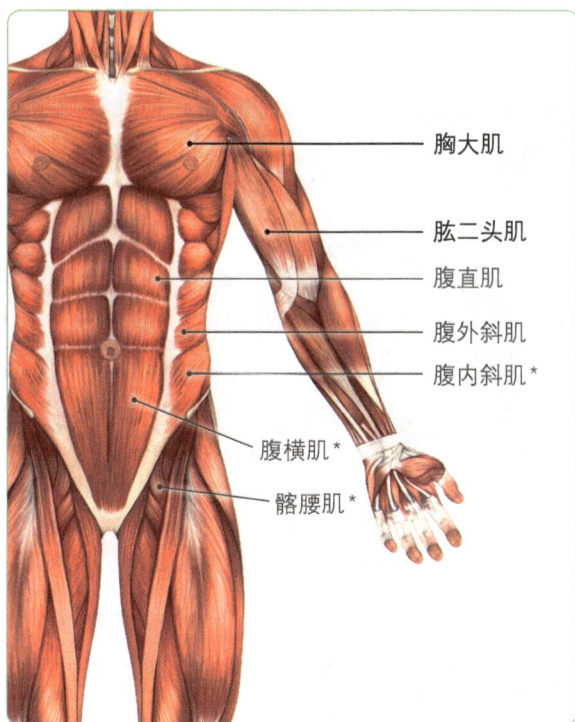

🏃 **最佳锻炼部位**

- 胸大肌
- 三角肌
- 肱二头肌
- 肱三头肌

◆　**解析关键**

黑色字体为主要锻炼的肌肉

灰色字体为次要锻炼的肌肉

* 为深层肌肉

划船

❶ 坐于划轮器上，双腿屈膝，双脚放于踏板上。双臂伸直，双手握把手，上身挺直。

❷ 双腿发力，推动身体向后移动，同时后拉把手，但保持上身挺直。

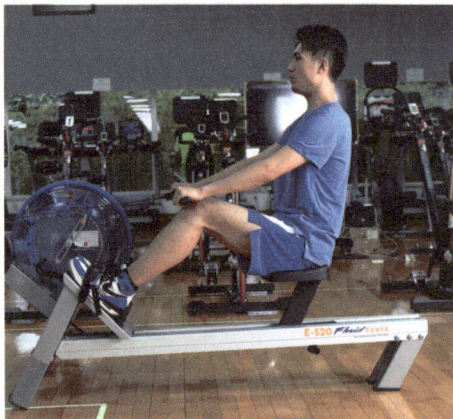

● **避免**
膝关节完全伸直
弯腰驼背

● **正确做法**
躯干保持挺直
双臂同时发力

❸ 后推至双腿基本伸直，双臂屈肘，挺胸收腹。恢复至起始姿势，重复完成规定的次数。

锻炼目标
● 手臂
● 背部
锻炼器械
● 划船机
级别
● 初级
呼吸提示　◐
● 双臂后拉时呼气，还原时吸气
益处
● 充分锻炼后背肌群
注意　⚠
● 膝关节若存在不适，则不建议进行此项训练

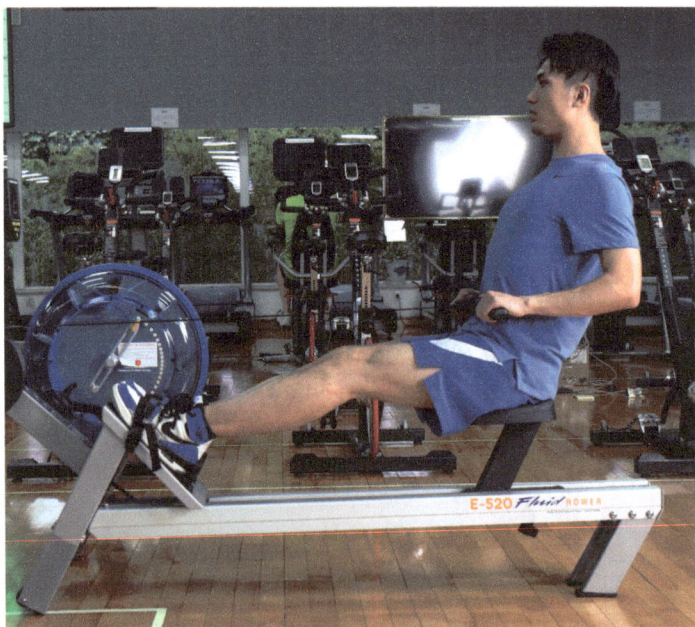

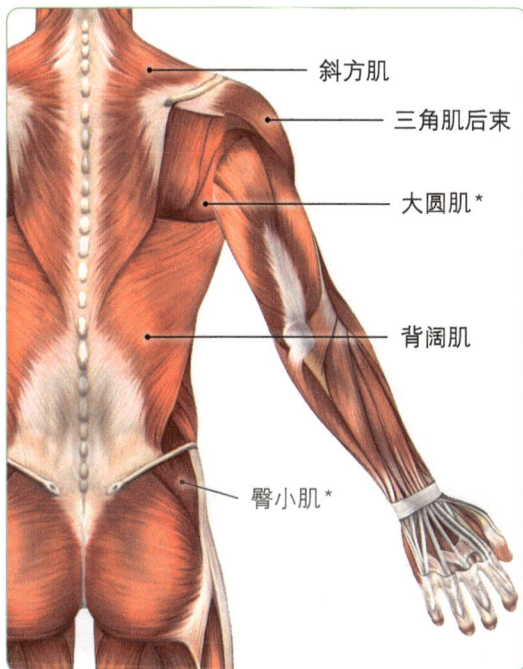

斜方肌

三角肌后束

大圆肌*

背阔肌

臀小肌*

最佳锻炼部位

- 斜方肌
- 肱二头肌
- 三角肌后束
- 大圆肌*
- 背阔肌

◆ **解析关键**

黑色字体为主要锻炼的肌肉
灰色字体为次要锻炼的肌肉
* 为深层肌肉

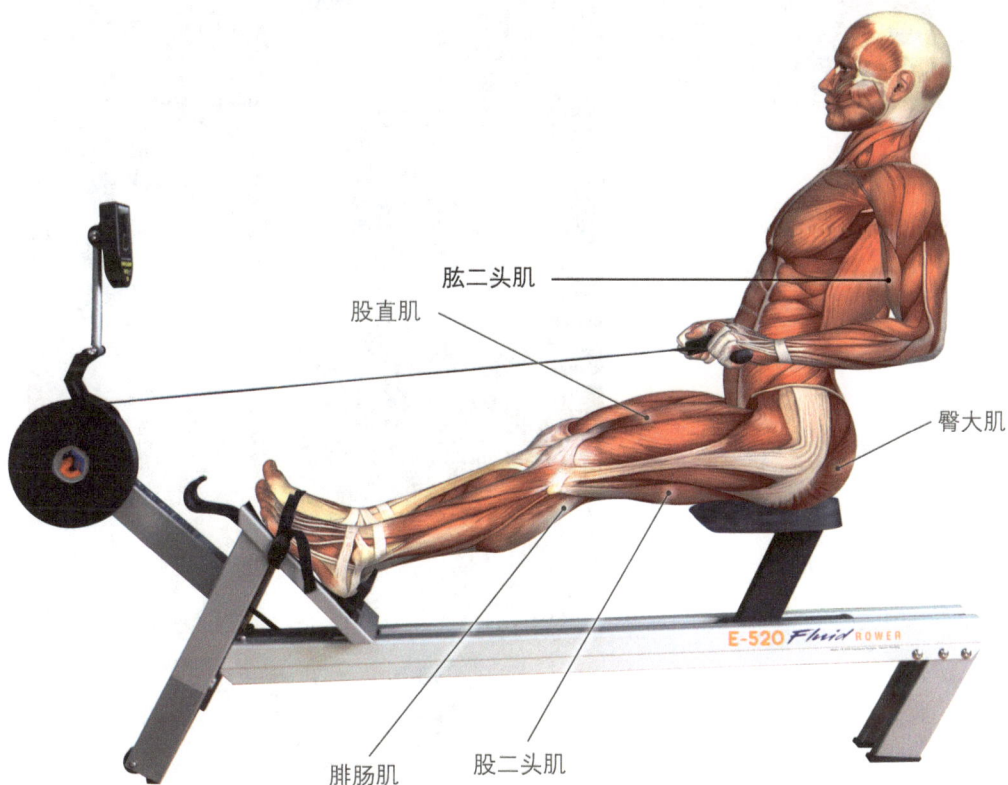

肱二头肌

股直肌

臀大肌

腓肠肌

股二头肌

绳索下拉

① 面向器械站立，双脚与肩同宽，双臂伸直，手握握把。双腿略微屈膝，上身微向前俯。

- 避免

  腕关节弯曲

  弯腰弓背

- 正确做法

  保持躯干挺直

  下肢保持稳定，手臂伸直

② 保持身体稳定，收缩背部肌肉，双臂伸直下拉握把至髋部后侧。缓慢恢复至起始姿势，重复完成规定的次数。

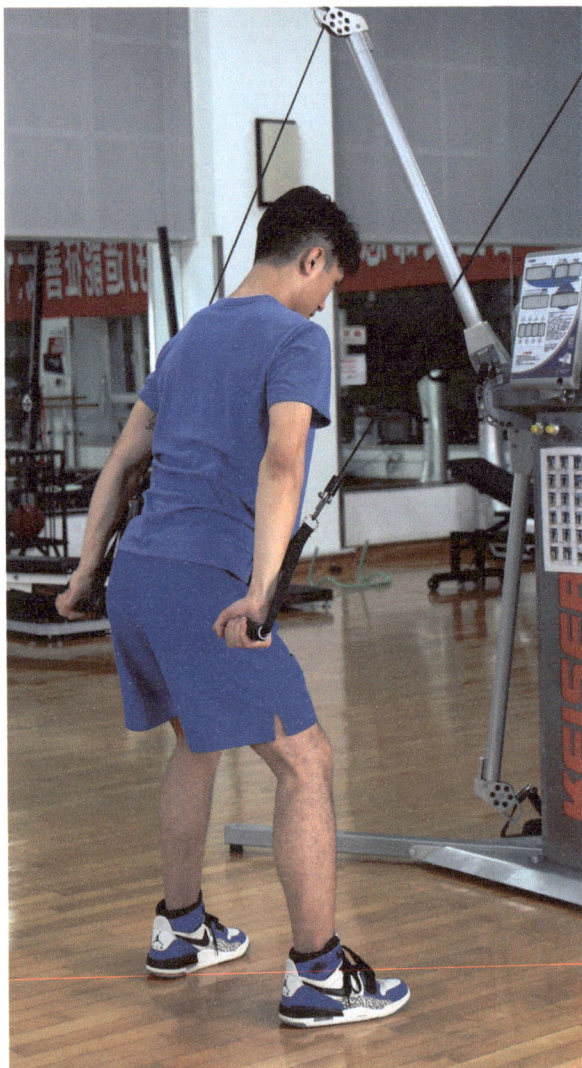

锻炼目标

- 背部

锻炼器械

- 三角机

级别

- 中级

呼吸提示

- 双臂下拉时呼气，还原时吸气

益处

- 充分锻炼背部肌肉

注意 ⚠

- 肩部若存在不适，则不建议进行此项训练

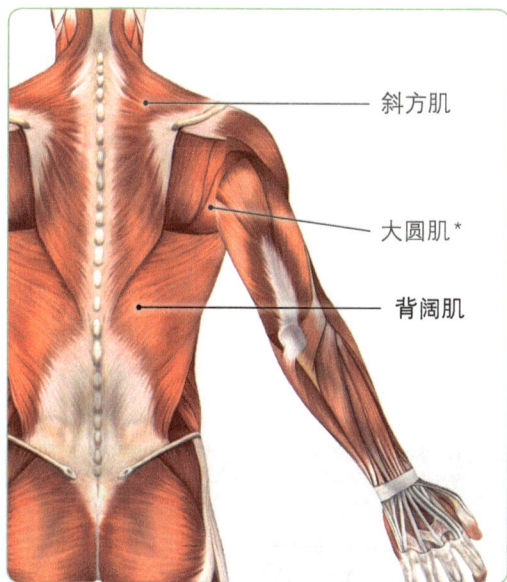

斜方肌

大圆肌 *

背阔肌

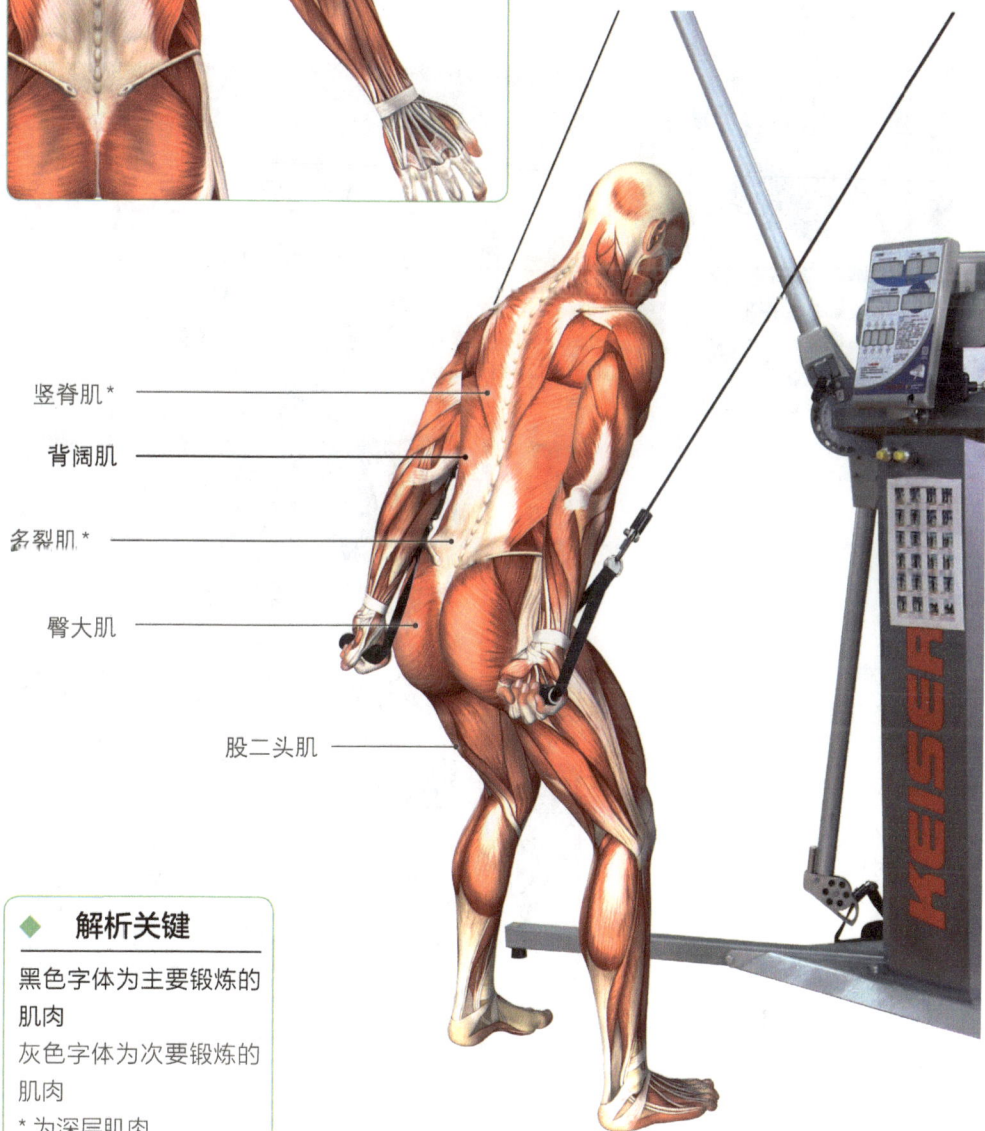

竖脊肌 *

背阔肌

多裂肌 *

臀大肌

股二头肌

◆　解析关键

黑色字体为主要锻炼的
肌肉
灰色字体为次要锻炼的
肌肉
* 为深层肌肉

KEISER

引体向上

① 站立在器械中间，双手上伸握住把手，双臂、双腿伸直，双腿悬空，身体悬挂。

• 避免

身体过度晃动

• 正确做法

保持身体稳定

② 双臂屈肘，拉起身体向上至下巴与把手等高位置，稍作停顿。缓慢恢复至起始姿势，重复完成规定的次数。

锻炼目标
- 手臂
- 背部

锻炼器械
- 多功能力量训练架

级别
- 中级

呼吸提示
- 拉起时呼气，还原时吸气

益处
- 增强背部和手臂力量

注意
- 肩部若存在不适，则不建议进行此项训练

第3章

胸背部练习

◆ 解析关键

黑色字体为主要锻炼的
肌肉

灰色字体为次要锻炼的
肌肉

* 为深层肌肉

最佳锻炼部位

● 背阔肌
● 肱二头肌

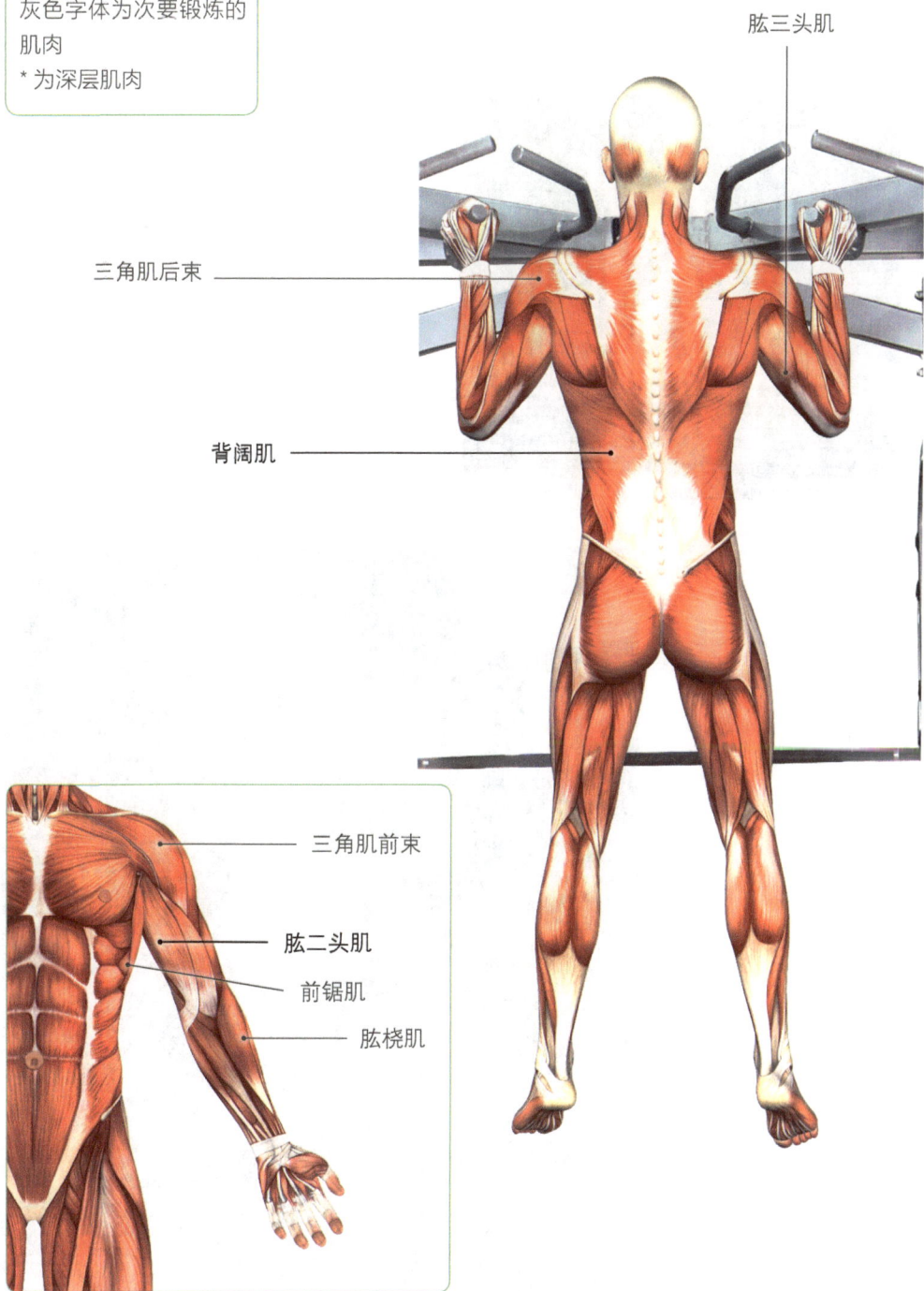

肱三头肌

三角肌后束

背阔肌

三角肌前束

肱二头肌

前锯肌

肱桡肌

杠铃硬拉

❶ 双脚与肩同宽，杠铃杆靠近小腿前侧。上身前俯，双臂伸直，膝关节微屈，双手握紧杠铃杆。

● **避免**

背部过度弯曲

● **正确做法**

躯干收紧且保持直立位

❷ 臀部收紧，上身直立，拉动杠铃向上，同时肩胛骨后缩，稍作停顿。恢复至起始姿势，重复完成规定的次数。

锻炼目标
● 全身
锻炼器械
● 杠铃
级别
● 高级
呼吸提示
● 拉起时呼气，还原时吸气
益处
● 提升躯干力量
● 增强膝关节稳定性
注意 ⚠️
● 膝关节若存在不适，则不建议进行此项训练

竖脊肌*

背阔肌

多裂肌*

臀大肌

半腱肌

股二头肌

三角肌前束
三角肌中束

肱二头肌

腹横肌*

长收肌

股直肌

股内侧肌

股外侧肌

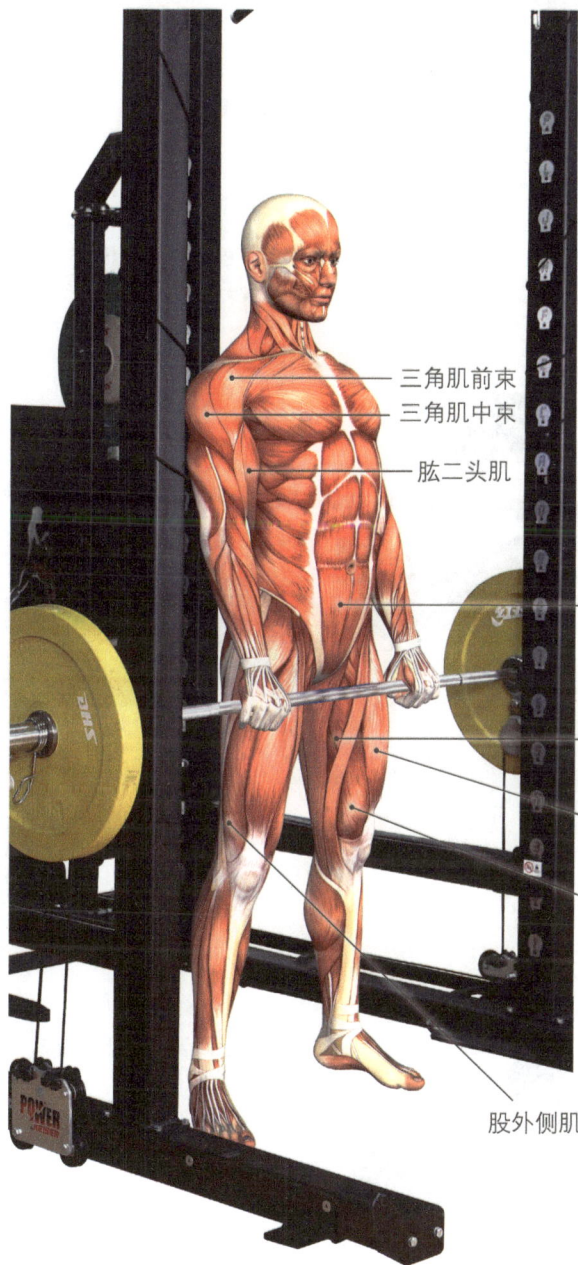

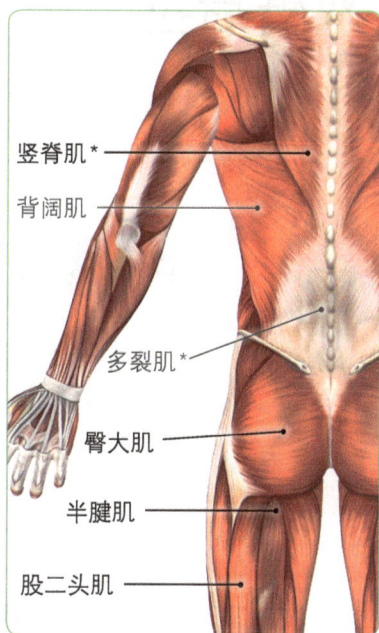

🏋 最佳锻炼部位

- 竖脊肌*
- 臀大肌
- 半腱肌
- 股二头肌

◆ 解析关键

黑色字体为主要锻炼的
肌肉
灰色字体为次要锻炼的
肌肉
* 为深层肌肉

双臂后拉

❶ 将训练椅调节为上斜30~45度，胸部、核心紧贴训练椅靠背，双手握哑铃自然下垂，掌心相对。

● **避免**

颈部和下巴过于紧张
肩部上耸

● **正确做法**

下巴始终贴于椅背
保持背部挺直

❷ 肘关节贴近身体，双臂同时向后拉哑铃至躯干两侧。

锻炼目标
● 背部
● 肩部
锻炼器械
● 哑铃、训练椅
级别
● 初级
呼吸提示　◐
● 后拉时呼气，还原时吸气
益处
● 增加后背肌肉的力量
● 提高肩部的稳定性
注意　⚠
● 肩部若存在不适，则不建议进行此项训练

❸ 恢复至起始姿势，重复完成规定的次数。

三角肌

肱二头肌

肘肌

最佳锻炼部位

- 斜方肌
- 菱形肌*
- 小圆肌*
- 背阔肌
- 三角肌

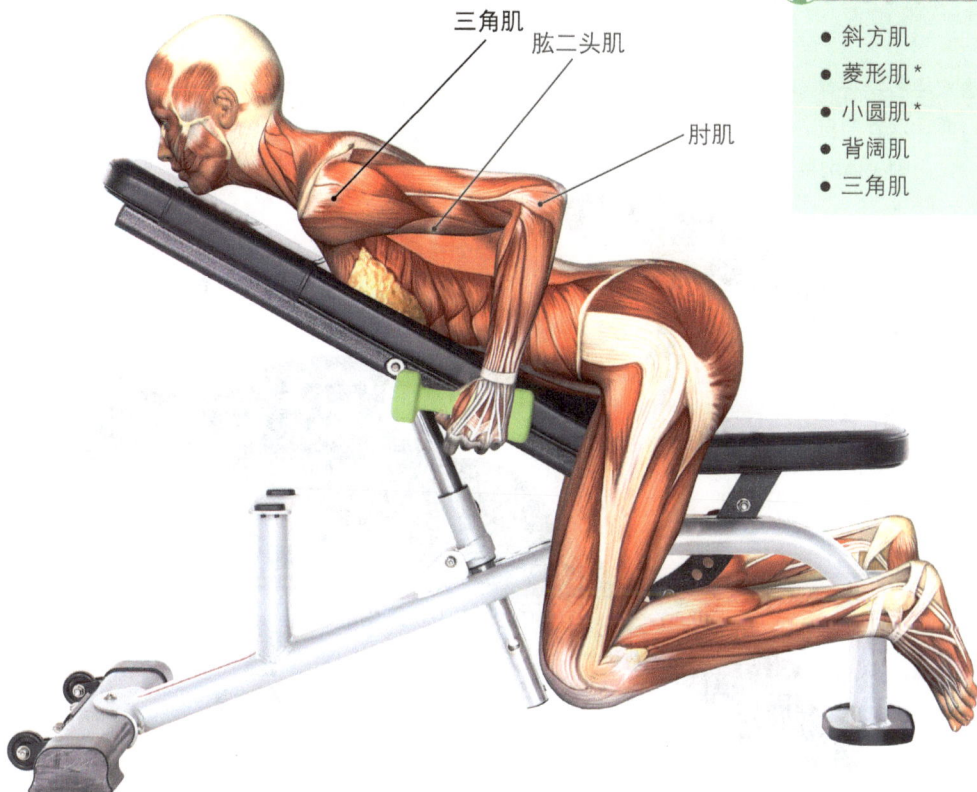

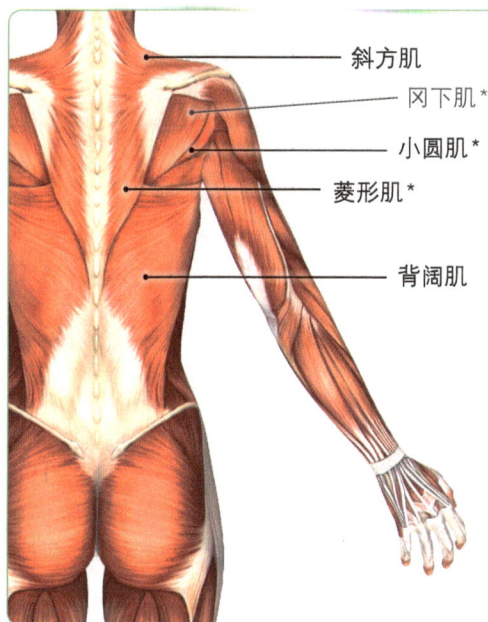

斜方肌

冈下肌*

小圆肌*

菱形肌*

背阔肌

解析关键

黑色字体为主要锻炼的肌肉

灰色字体为次要锻炼的肌肉

* 为深层肌肉

小提示

为了保护背部和肩部，训练结束后，应缓慢放下哑铃。

双臂交替后拉

① 双手各持一个壶铃并紧握把手支撑于地面，双臂伸直，垂直于地面，双脚分开，使用脚尖撑地且身体保持平板姿势。

- 避免

骨盆旋转

- 正确做法

保持骨盆中立位

② 保持身体姿势不变，单臂向上弯曲至肘关节超过背部，同时保持壶铃底部朝下。

③ 手臂下放，恢复至起始姿势。

④ 换另一侧手臂向上弯曲至肘关节超过背部，同时保持壶铃底部朝下。双臂交替进行，重复完成规定的次数。

锻炼目标
- 肩部
- 背部
- 核心

锻炼器械
- 壶铃

级别
- 高级

呼吸提示
- 全程均匀呼吸

益处
- 增强背部力量
- 增强肩部稳定性

注意 ⚠
- 背部若存在不适，则不建议进行此项训练

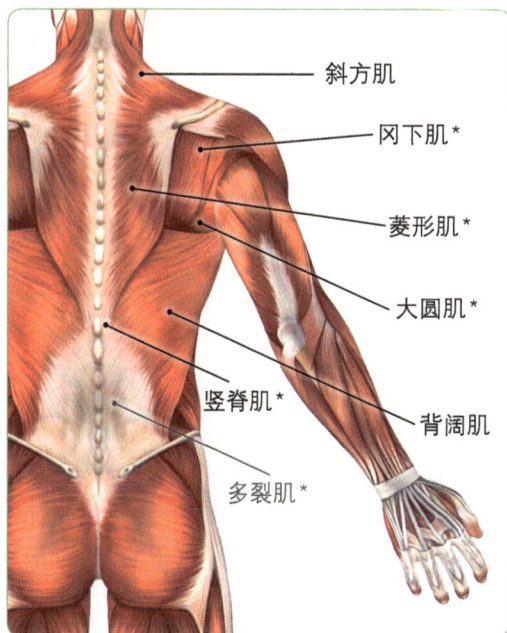

斜方肌

冈下肌*

菱形肌*

大圆肌*

竖脊肌*

背阔肌

多裂肌*

最佳锻炼部位

- 冈下肌*
- 大圆肌*
- 菱形肌*
- 斜方肌
- 背阔肌
- 竖脊肌*
- 三角肌后束

◆ 解析关键

黑色字体为主要锻炼的肌肉

灰色字体为次要锻炼的肌肉

* 为深层肌肉

第3章

胸背部练习

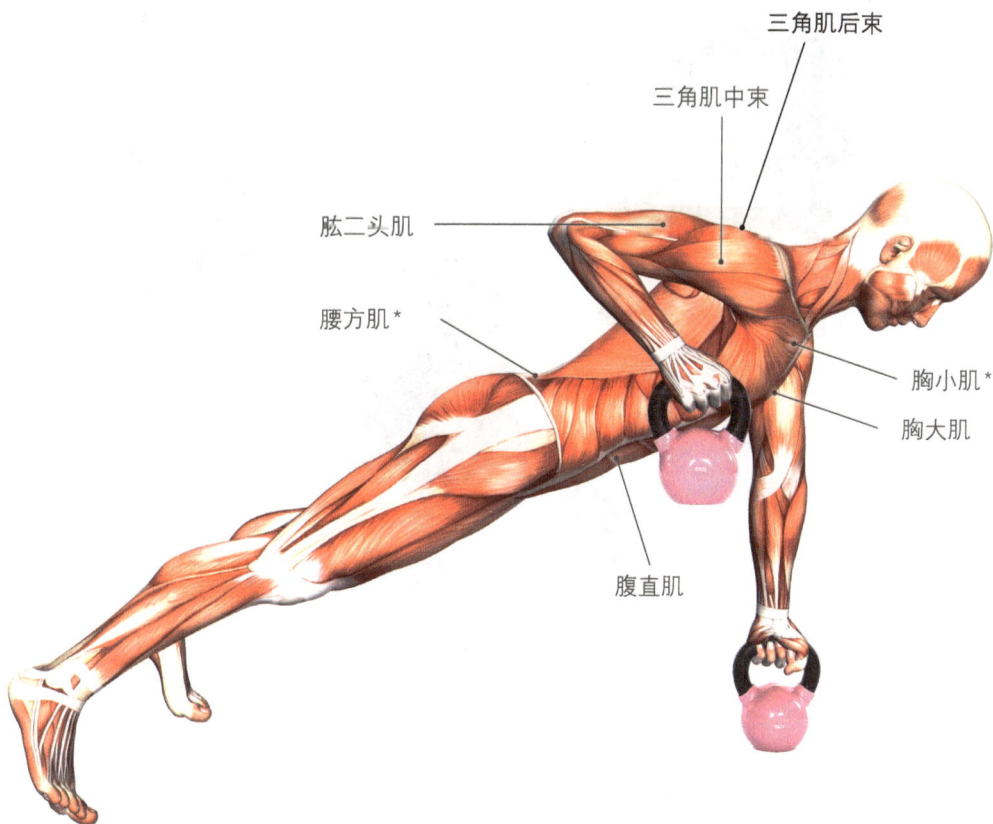

三角肌后束

三角肌中束

肱二头肌

腰方肌*

胸小肌*

胸大肌

腹直肌

哑铃单臂后拉

❶ 左侧手、膝撑在训练椅上,右脚撑于地面,右手握哑铃自然下垂。

❷ 右臂屈肘,向上提拉哑铃。

❸ 提拉哑铃至肘关节超过背部。恢复至起始姿势,重复完成规定的次数,对侧亦然。

● **避免**

凭借冲力将哑铃举起

● **正确做法**

上臂紧贴躯干
躯干保持挺直

锻炼目标
● 背部
● 手臂
● 肩部
锻炼器械
● 哑铃、训练椅
级别
● 初级
呼吸提示
● 向上提拉时呼气,还原时吸气
益处
● 增强肩部和背部力量
注意 ⚠
● 背部若存在不适,则不建议进行此项训练

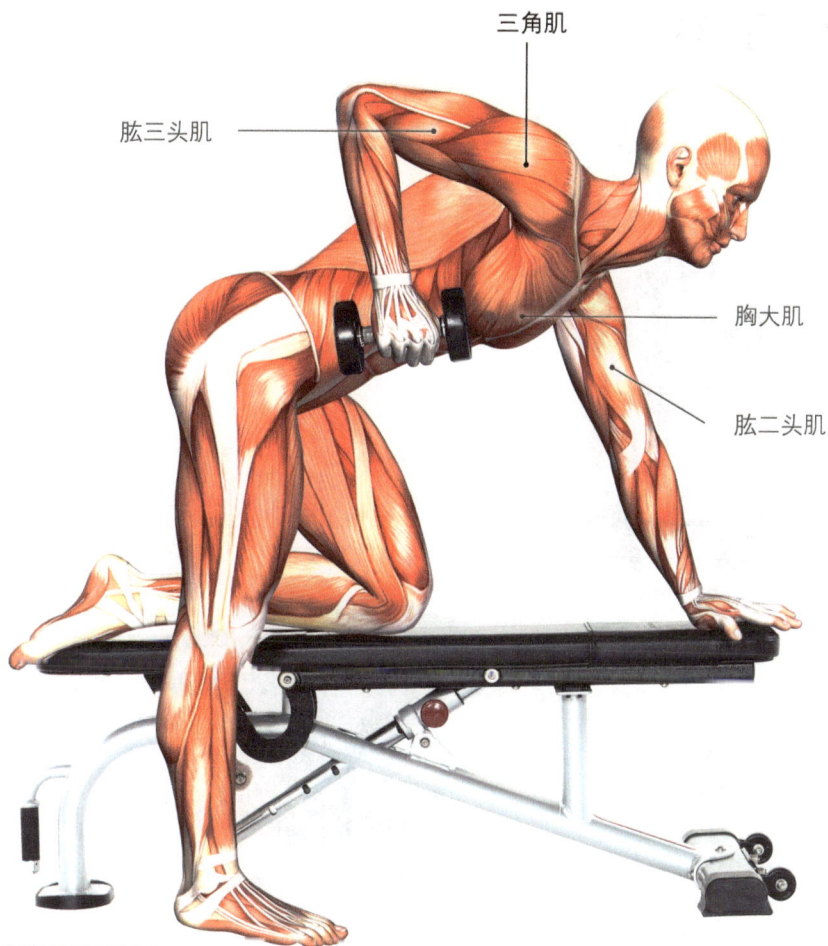

三角肌

肱三头肌

胸大肌

肱二头肌

最佳锻炼部位

- 斜方肌
- 菱形肌*
- 背阔肌
- 大圆肌*
- 三角肌
- 冈下肌*

◆ 解析关键

黑色字体为主要锻炼的
肌肉
灰色字体为次要锻炼的
肌肉
* 为深层肌肉

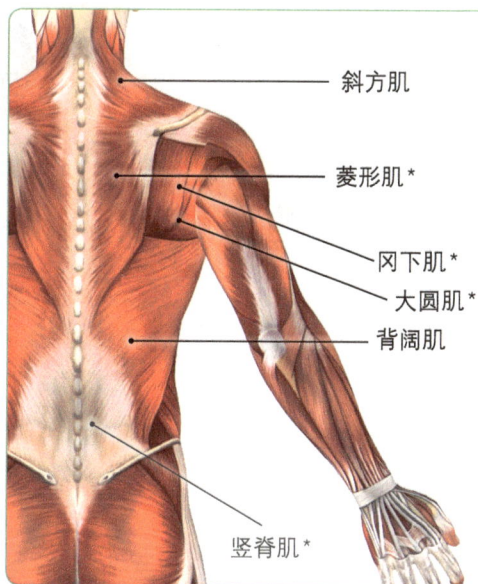

斜方肌

菱形肌*

冈下肌*

大圆肌*

背阔肌

竖脊肌*

双臂平举

❶ 坐在训练椅上，双手各握一只哑铃，手臂自然下垂，上半身向前屈使胸部与大腿接触。

- 避免

  身体晃动，双肩上耸

- 正确做法

  核心收紧，背部平直

❷ 双臂同时侧平举，肘关节轻微弯曲。

锻炼目标
- 背部
- 手臂
- 肩部

锻炼器械
- 哑铃、训练椅

级别
- 初级

呼吸提示
- 侧平举时呼气，还原时吸气

益处
- 强化背部和肩部肌肉

注意
- 肩部若存在不适，则不建议进行此项训练

❸ 手臂缓慢恢复至起始姿势，重复完成规定的次数。

第3章

胸背部练习

背阔肌

三角肌中束

三角肌后束

肱三头肌

肱桡肌

肱二头肌

斜方肌

冈上肌 *

冈下肌 *

肱三头肌

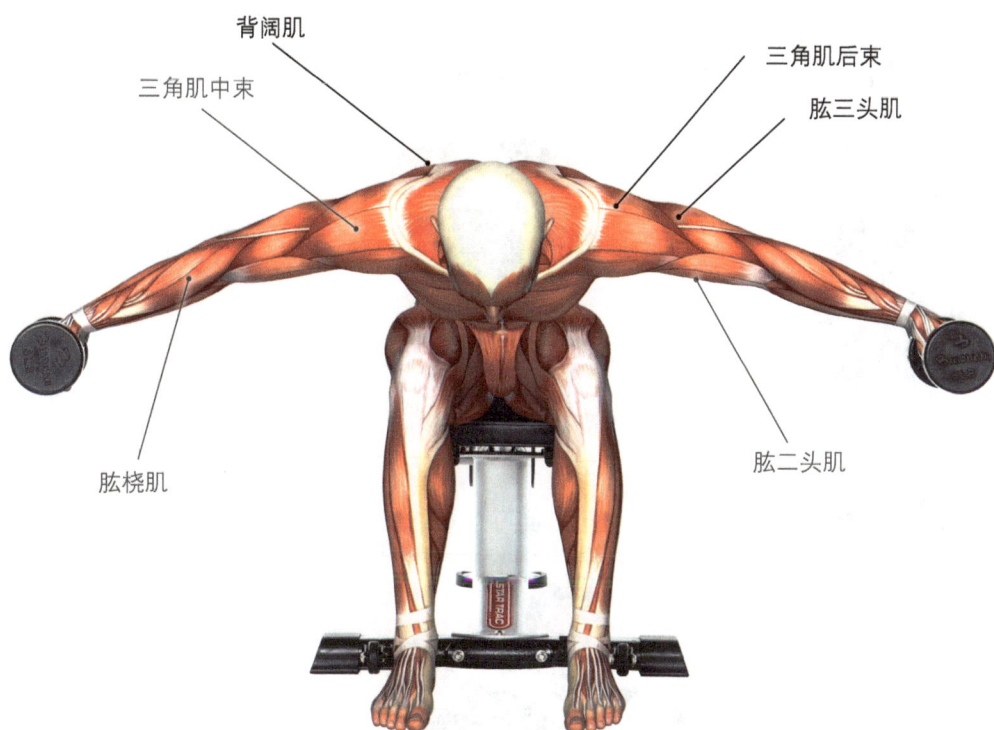

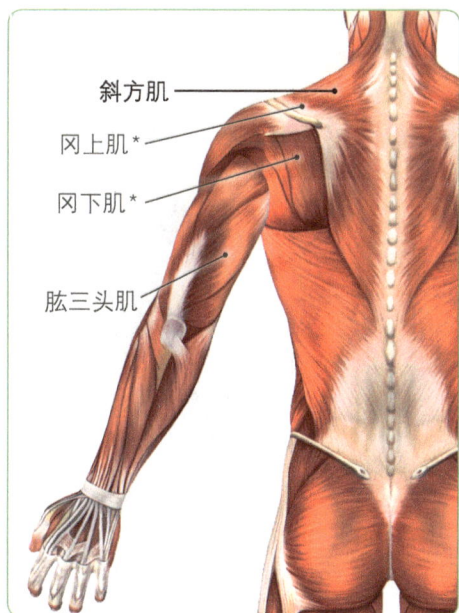

最佳锻炼部位

- 背阔肌
- 斜方肌
- 三角肌后束
- 肱三头肌

◆ 解析关键

黑色字体为主要锻炼的肌肉

灰色字体为次要锻炼的肌肉

* 为深层肌肉

双臂提拉

❶ 呈基本站姿，双手握哑铃自然垂于身体前，掌心向后。

❷ 双臂屈肘向上提拉哑铃。

• **避免**
  肩部上耸

• **正确做法**
  核心收紧

❸ 双臂提拉哑铃至靠近下巴位置。

❹ 双臂缓慢下放，恢复至起始姿势，重复完成规定的次数。

锻炼目标
• 肩部
• 手臂
锻炼器械
• 哑铃
级别
• 初级
呼吸提示
• 提拉时呼气，恢复时吸气
益处
• 增加肩部肌肉力量
• 提高肩部稳定性
注意 ⚠
• 肩部若存在不适，则不建议进行此项训练

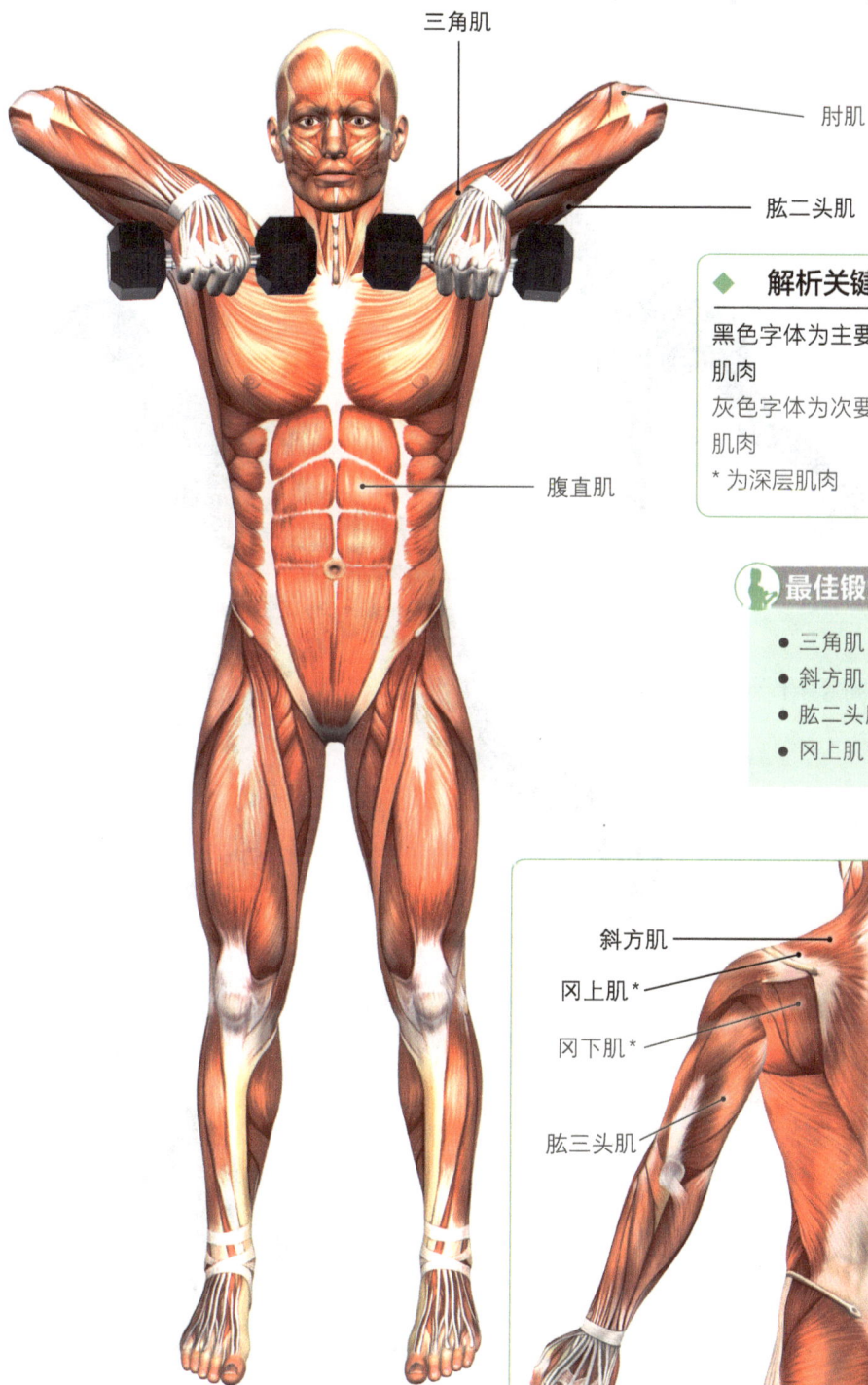

三角肌

肘肌

肱二头肌

◆　**解析关键**

黑色字体为主要锻炼的
肌肉
灰色字体为次要锻炼的
肌肉
* 为深层肌肉

腹直肌

最佳锻炼部位

- 三角肌
- 斜方肌
- 肱二头肌
- 冈上肌 *

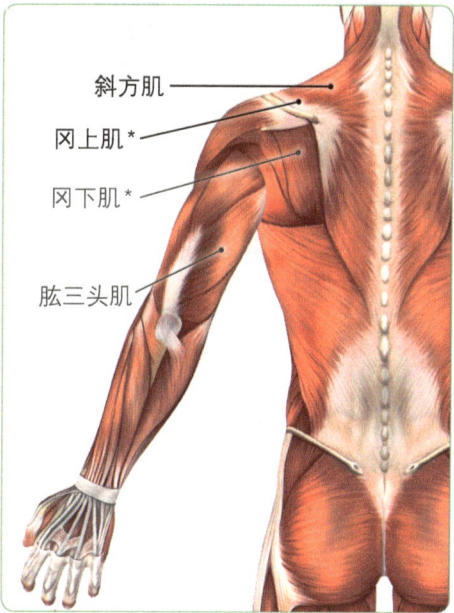

斜方肌

冈上肌 *

冈下肌 *

肱三头肌

壶铃单臂后拉

❶ 身体略微下蹲且左腿向前跨步，使双腿分开呈弓步姿势，右手紧握壶铃把手，保持壶铃底部朝下，右臂自然下垂，左手置于腰侧。

● **避免**

肘部外扩
动作速度过快

● **正确做法**

背部挺直
肘关节贴紧身体

❷ 右臂向上弯曲至上臂与地面平行，同时保持前臂竖直和壶铃底部朝下。

锻炼目标
● 肩部
● 背部
锻炼器械
● 壶铃
级别
● 中级
呼吸提示
● 全程均匀呼吸
益处
● 增强背部肌肉力量
● 增强肩部稳定性
注意 ⚠
● 背部若存在不适，则不建议进行此项训练

❸ 恢复至起始姿势，重复完成规定的次数，对侧亦然。

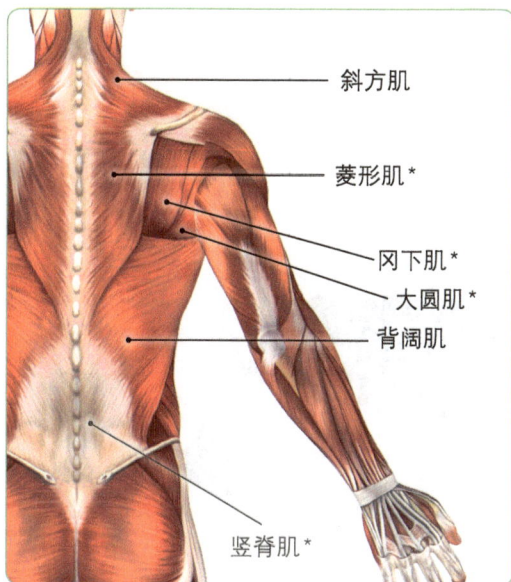

斜方肌

菱形肌*

冈下肌*

大圆肌*

背阔肌

竖脊肌*

🏃 最佳锻炼部位

- 斜方肌
- 菱形肌*
- 背阔肌
- 大圆肌*
- 三角肌
- 冈下肌*

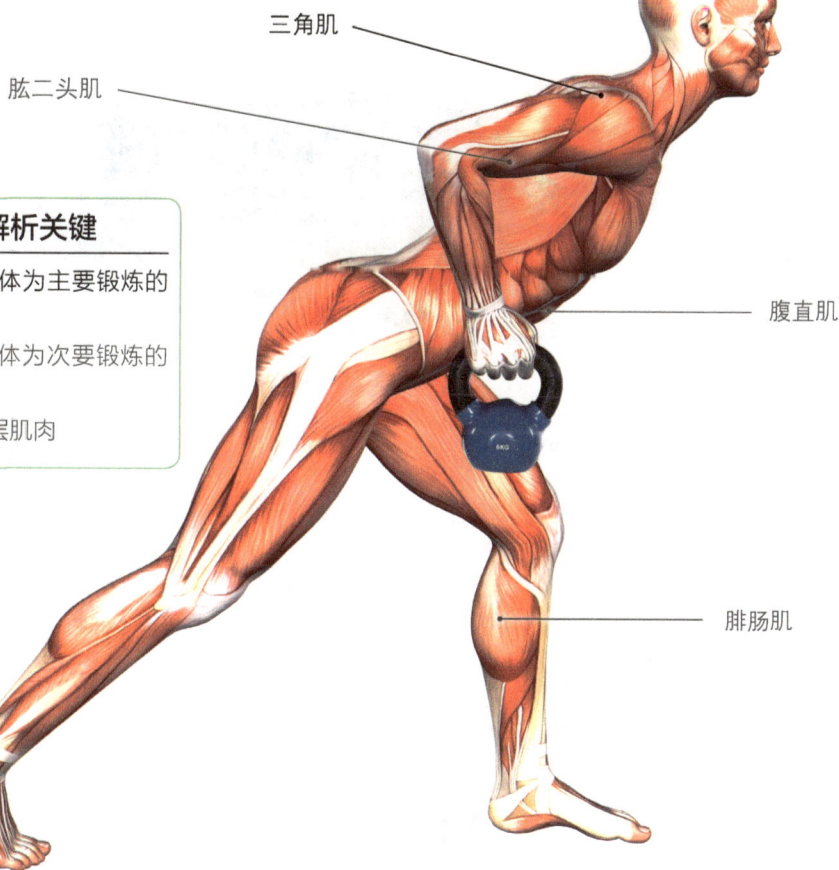

三角肌

肱二头肌

腹直肌

腓肠肌

◆ 解析关键

黑色字体为主要锻炼的
肌肉
灰色字体为次要锻炼的
肌肉
* 为深层肌肉

第3章

胸背部练习

| 127

基本上拉

锻炼目标
- 手臂
- 背部

锻炼器械
- 哑铃、训练椅

级别
- 初级

呼吸提示 ◐
- 抬起时呼气，放下时吸气

益处
- 增强背部力量

注意 ⚠
- 肩部若存在不适，则不建议进行此项训练

❶ 仰卧在训练椅上，双手托哑铃放于胸部正上方，手臂伸直。

❷ 保持手臂伸直，将哑铃向头顶方向移动，直至双臂与地面接近平行。

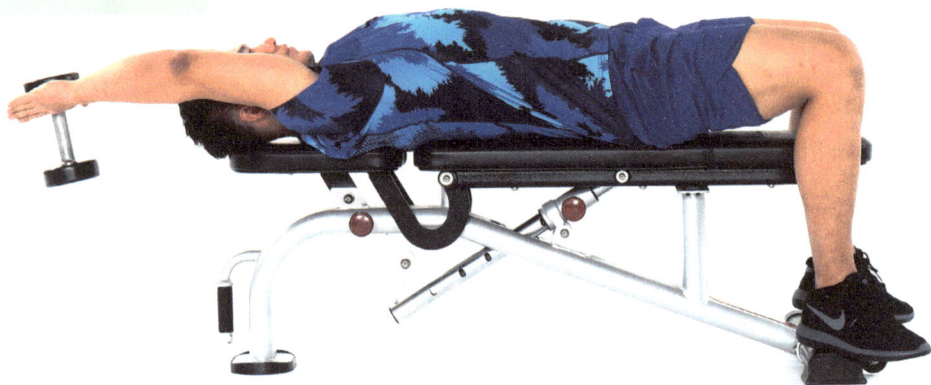

❸ 恢复至起始姿势，重复完成规定的次数。

- **避免**

  哑铃脱落，击中身体

- **正确做法**

  背部保持平直

最佳锻炼部位

- 背阔肌
- 前锯肌

◆ 解析关键

黑色字体为主要锻炼的肌肉

灰色字体为次要锻炼的肌肉

* 为深层肌肉

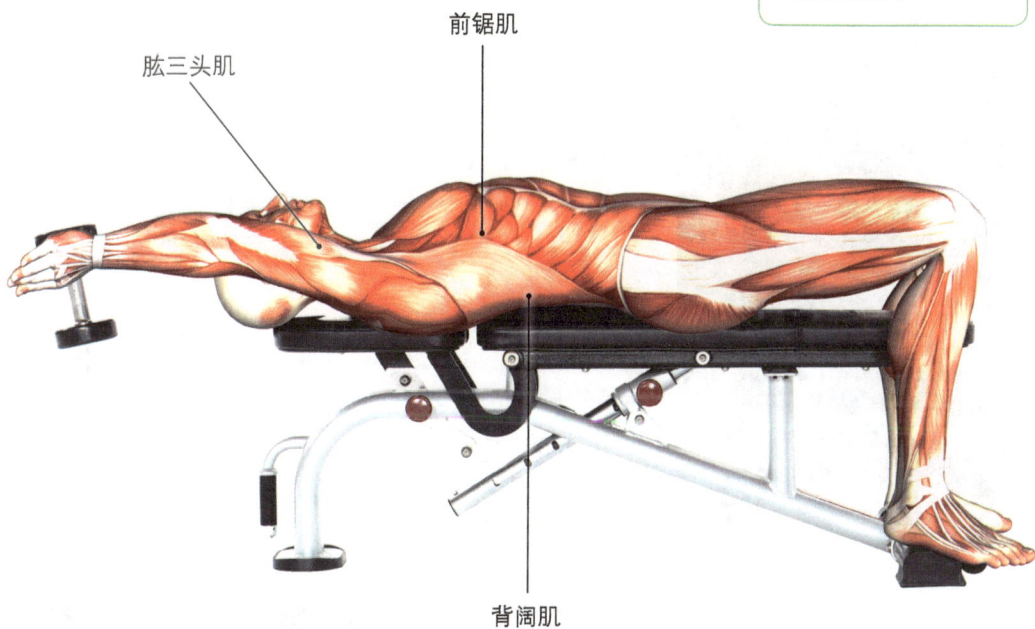

肱三头肌

前锯肌

背阔肌

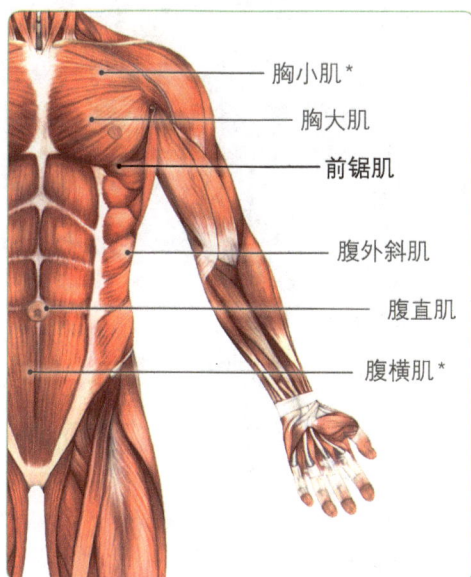

胸小肌*
胸大肌
前锯肌
腹外斜肌
腹直肌
腹横肌*

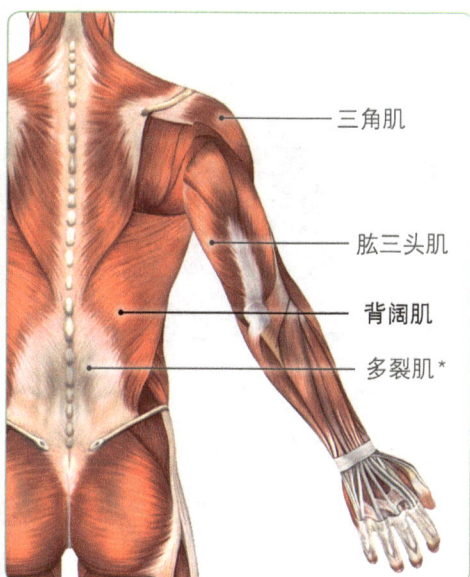

三角肌
肱三头肌
背阔肌
多裂肌*

坐式高位下拉

① 坐在训练椅上，上身挺直，双脚撑地，手握把手呈横把位，手腕直立。

- **避免**

  上身前俯，背部弯曲

- **正确做法**

  后背和臀部紧贴靠垫
  手臂发力，且手臂与躯干在同一平面

③ 双臂下拉把手至双手与肩部齐平。恢复至起始姿势，重复完成规定的次数。

锻炼目标
- 手臂
- 背部

锻炼器械
- 坐式高位下拉练习器

级别
- 初级

呼吸提示
- 手臂下拉时呼气，还原时吸气

益处
- 增加背部力量

注意 ⚠️
- 肩部若存在不适，则不建议进行此项训练

② 保持身体姿势，胸部前挺，双臂下拉把手。

腹直肌

肱二头肌

第3章

胸背部练习

变式练习

身体姿势保持不变，双手握把手呈竖把位，进行坐式高位下拉。

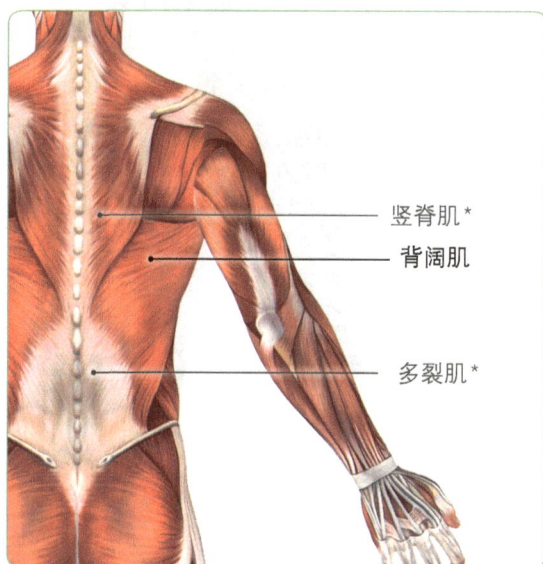

竖脊肌*

背阔肌

多裂肌*

◆ **解析关键**

黑色字体为主要锻炼的肌肉

灰色字体为次要锻炼的肌肉

* 为深层肌肉

最佳锻炼部位

- 肱二头肌
- 背阔肌

壶铃单臂高拉

❶ 双脚分开略比肩宽，脚尖朝前，单手紧握壶铃把手，身体下蹲，同时躯干向前倾斜。将壶铃置于双腿之间，未持壶铃的手臂自然后摆。

❷ 身体向上站起，手臂跟随身体移动向上提拉壶铃。

● 避免
核心肌群转动

● 正确做法
做爆发性连贯动作

锻炼目标
● 肩部
● 背部
锻炼器械
● 壶铃
级别
● 中级
呼吸提示
● 全程均匀呼吸
益处
● 增强中背部力量
● 增强全身力量
注意 ⚠
● 肩部若存在不适，则不建议进行此项训练

❸ 向上提拉至壶铃位于头部一侧。恢复至起始姿势，重复完成规定的次数，对侧亦然。

三角肌前束

斜方肌

菱形肌*

冈下肌*

大圆肌*

背阔肌

多裂肌*

竖脊肌*

腹外斜肌

肱二头肌

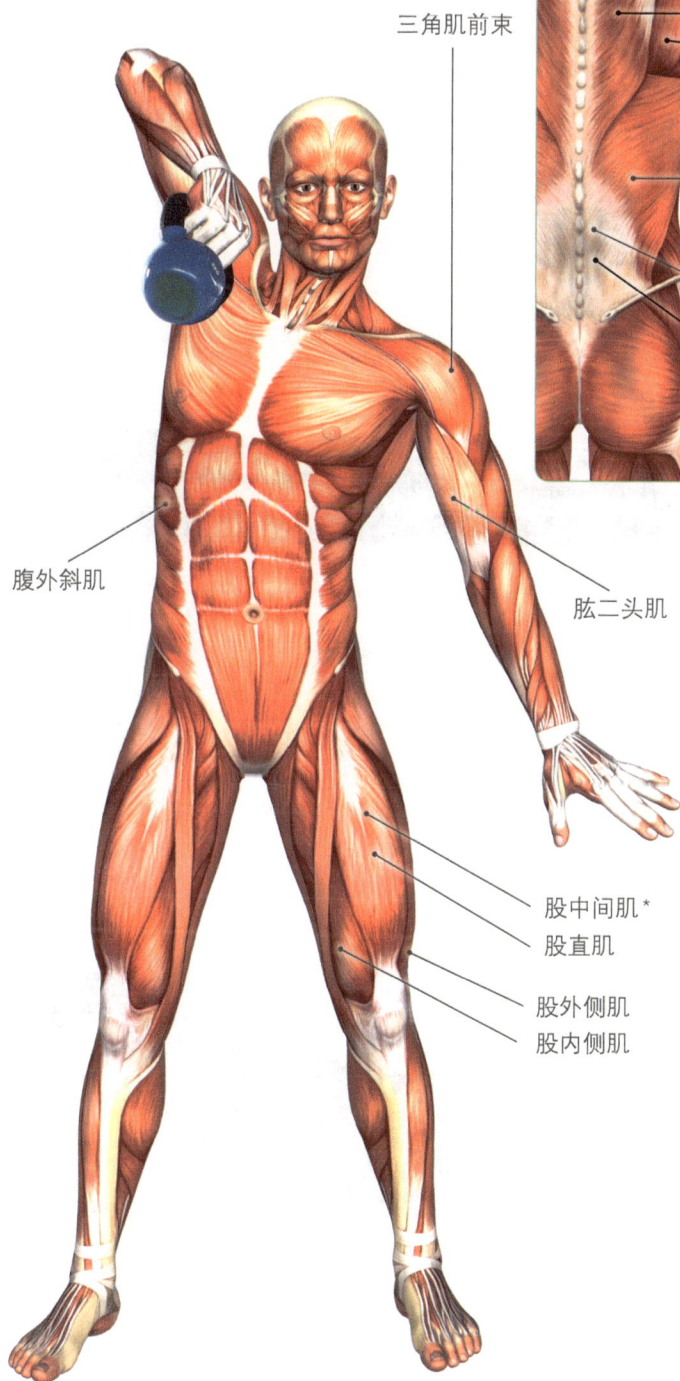

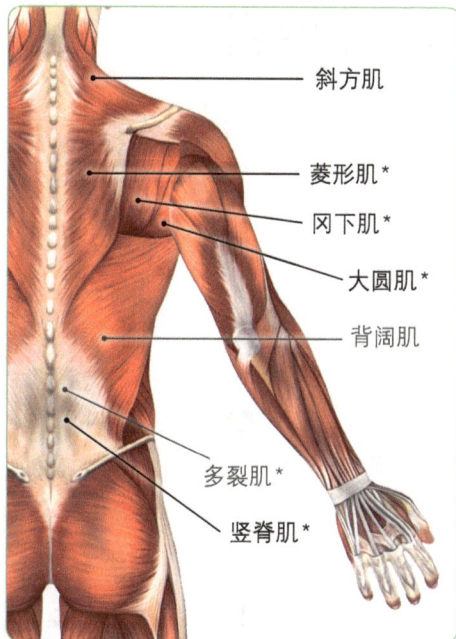

最佳锻炼部位

- 冈下肌*
- 大圆肌*
- 斜方肌
- 菱形肌*
- 竖脊肌*

股中间肌*

股直肌

股外侧肌

股内侧肌

◆ **解析关键**

黑色字体为主要锻炼的
肌肉
灰色字体为次要锻炼的
肌肉
* 为深层肌肉

| 133

俯卧挺身

锻炼目标
- 背部
- 臀部

锻炼器械
- 瑜伽垫

级别
- 中级

呼吸提示
- 全程均匀呼吸

益处
- 增加核心力量
- 锻炼背部肌肉

注意 ⚠
- 背部若存在不适，则不建议进行此项训练

- ● 避免

俯身时身体完全放松
肩部上耸
双脚离地

- ● 正确做法

双臂始终贴近双耳并与身体同步移动
重点体会竖脊肌的收缩发力

❶ 呈俯卧姿势，身体保持平直，双手扶于耳侧。

❷ 双腿保持不动，上身向上挺起至最高点，稍作停顿。恢复至起始姿势，重复完成规定的次数。

竖脊肌*

臀大肌

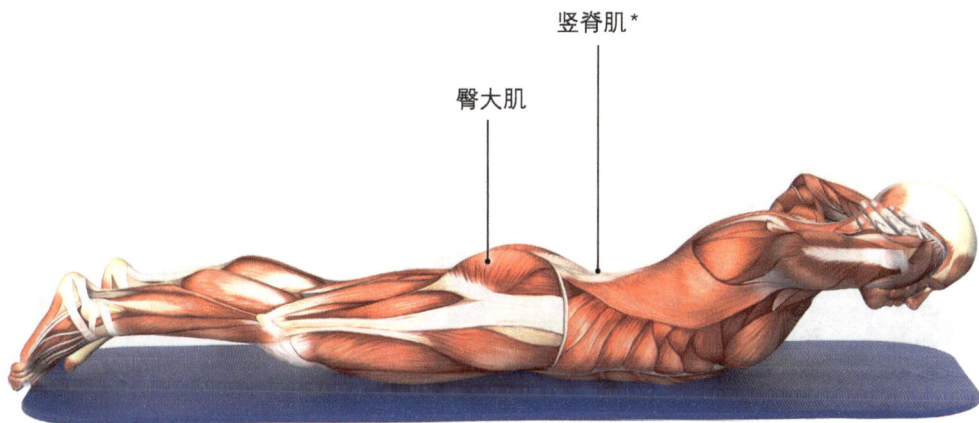

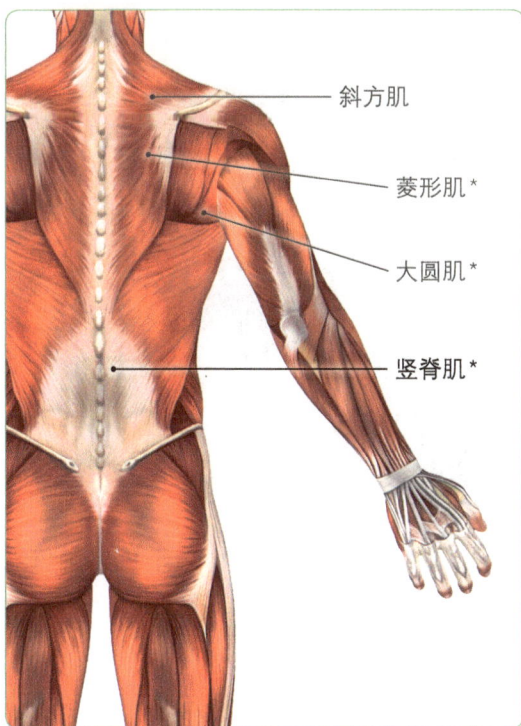

斜方肌

菱形肌*

大圆肌*

竖脊肌*

☼ 小提示

运动过程中，双腿始终保持紧
张状态。

俯卧两头起

- **避免**

  使用爆发力进行
  头部过度后仰

- **正确做法**

  体会臀大肌、竖脊肌收缩发力
  双臂始终保持伸直状态

锻炼目标
- 背部
- 臀部

锻炼器械
- 瑜伽垫

级别
- 高级

呼吸提示
- 全程均匀呼吸

益处
- 充分锻炼腰部位置

注意 ⚠️
- 背部若存在不适，则不仅以进行此项训练

① 俯卧于瑜伽垫，双臂向头部上方伸展，双腿伸直。

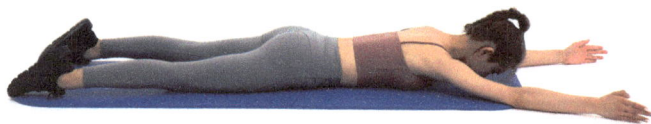

② 配合呼吸，呼气时，双臂和双腿同时向上抬离地面，稍作停顿，吸气恢复起始姿势。重复完成规定的次数。

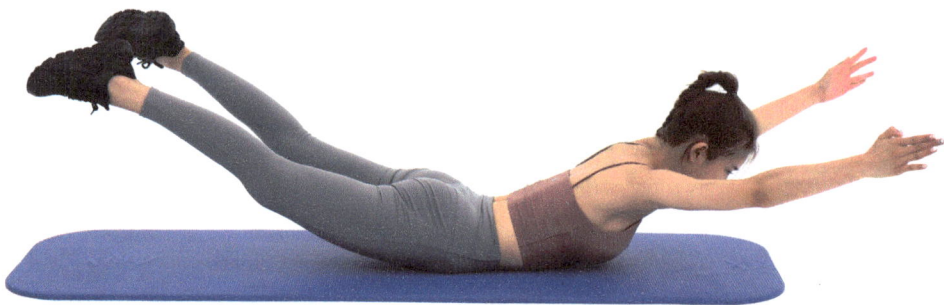

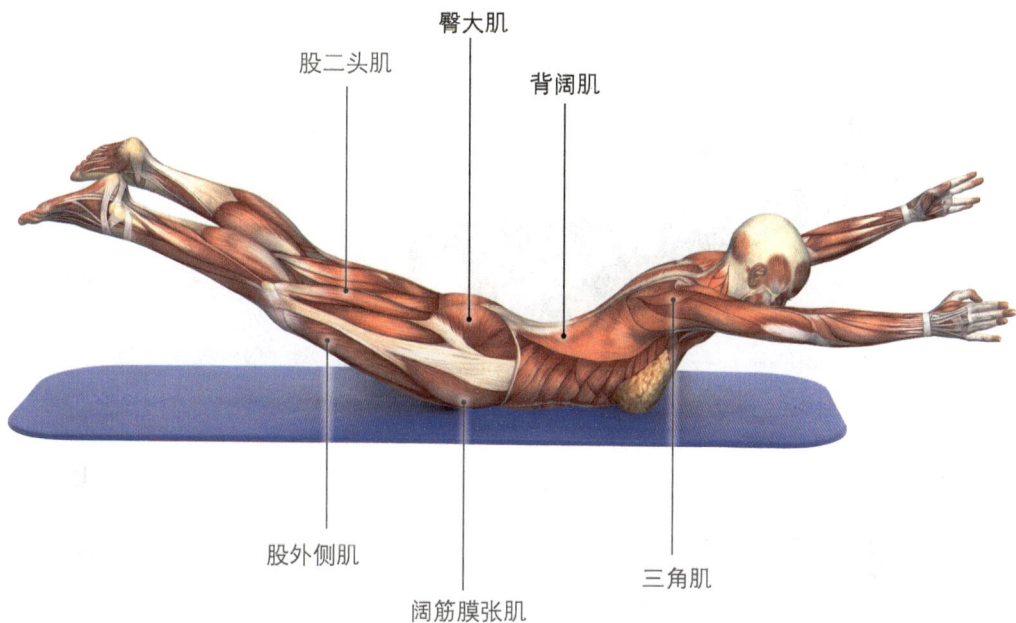

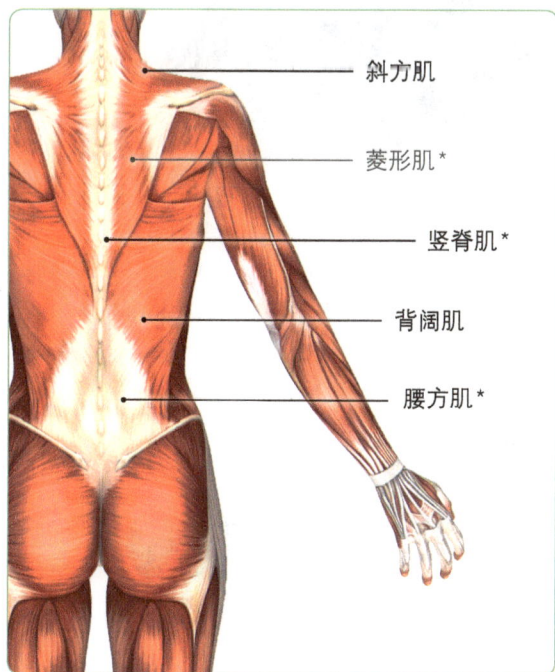

股二头肌

臀大肌

背阔肌

股外侧肌

阔筋膜张肌

三角肌

斜方肌

菱形肌 *

竖脊肌 *

背阔肌

腰方肌 *

◆ **解析关键**

黑色字体为主要锻炼的肌肉

灰色字体为次要锻炼的肌肉

* 为深层肌肉

最佳锻炼部位

- 斜方肌
- 竖脊肌 *
- 背阔肌
- 臀大肌
- 腰方肌 *

俯卧YTW伸展

❶ 身体呈俯卧姿势，双臂与身体大致呈"Y"字形，双手握拳，大拇指朝上。

第3章

胸背部练习

锻炼目标
- 肩部
- 背部

锻炼器械
- 瑜伽垫

级别
- 初级

呼吸提示
- 发力时呼气，还原时吸气

益处
- 充分锻炼背部肌肉

注意 ⚠
- 肩部若存在不适，则不建议进行此项训练

❷ 保持姿势，拇指用力上举，同时向后打开手臂至与身体呈"T"字形，感受中背部肌肉发力。

- 避免

头部上抬
肩部上耸

- 正确做法

躯干保持挺直
头部保持中立位
拇指向上，手臂与躯干在同一平面

❸ 手臂后缩至与身体呈"W"字形，双肘内收，挤压背部。重复完成规定的次数。

最佳锻炼部位

- 菱形肌*
- 冈下肌*
- 背阔肌
- 三角肌后束
- 大圆肌*

◆ 解析关键

黑色字体为主要锻炼的
肌肉

灰色字体为次要锻炼的
肌肉

* 为深层肌肉

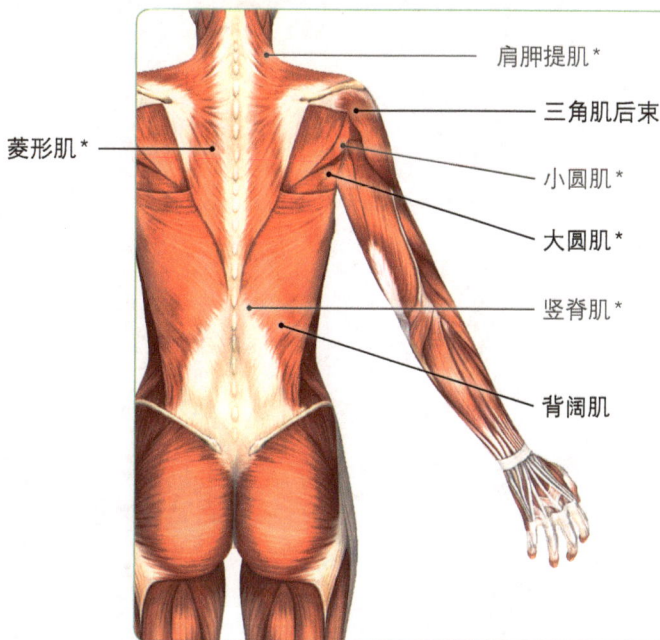

肩胛提肌*

三角肌后束

小圆肌*

大圆肌*

竖脊肌*

背阔肌

菱形肌*

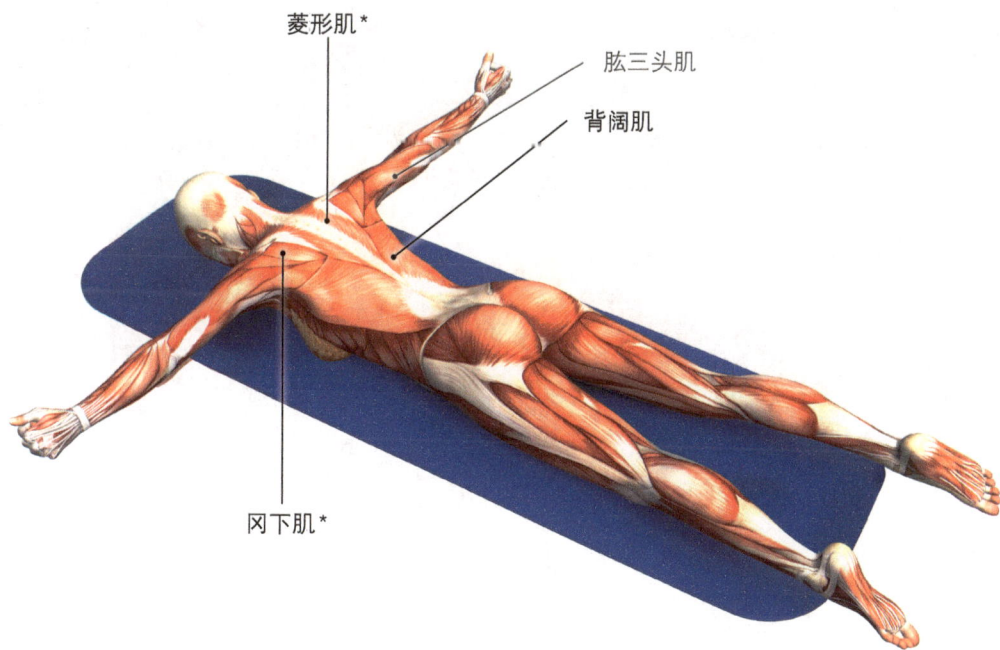

菱形肌*

肱三头肌

背阔肌

冈下肌*

04

CHAPTER FOUR

第4章
核心部位练习

平板支撑

第4章

核心部位练习

锻炼目标
- 核心
- 肩部
- 手臂

锻炼器械
- 瑜伽垫

级别
- 初级

呼吸提示
- 全程均匀呼吸

益处
- 强化核心肌群
- 增强肩部稳定性

注意 ⚠
- 若肩部存在不适，则不建议进行此项训练

● 避免

臀部下陷，肩关节、中背部松垮下垂

● 正确做法

身体从头到脚呈一条直线
核心收紧

呈俯卧撑姿势，双臂伸直支撑于肩部正下方，背部平直，核心收紧。双手与肩同宽，双脚略分开支撑于地面。保持姿势至规定的时间。

最佳锻炼部位

- 三角肌
- 菱形肌*
- 腹直肌
- 肱三头肌
- 前锯肌
- 腹内斜肌*
- 腹外斜肌

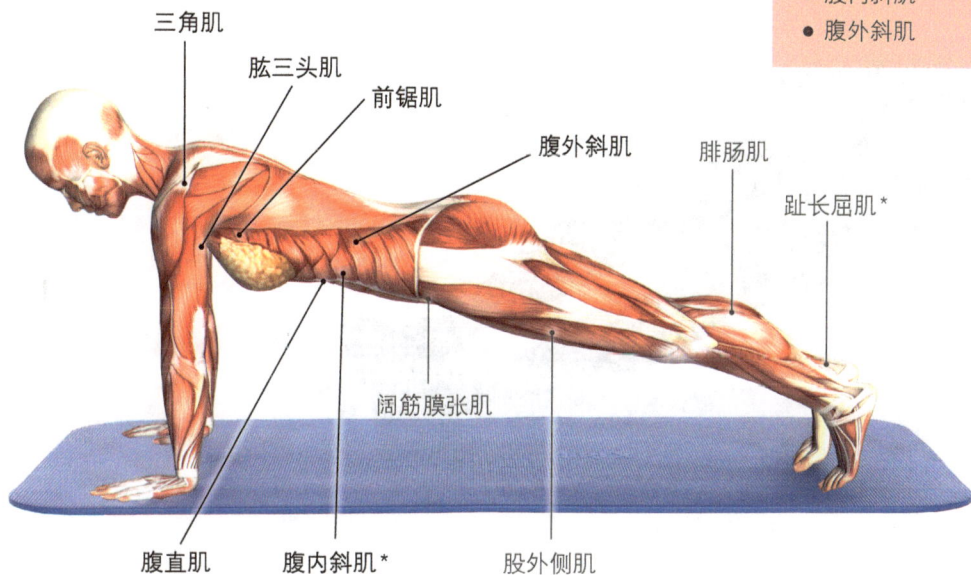

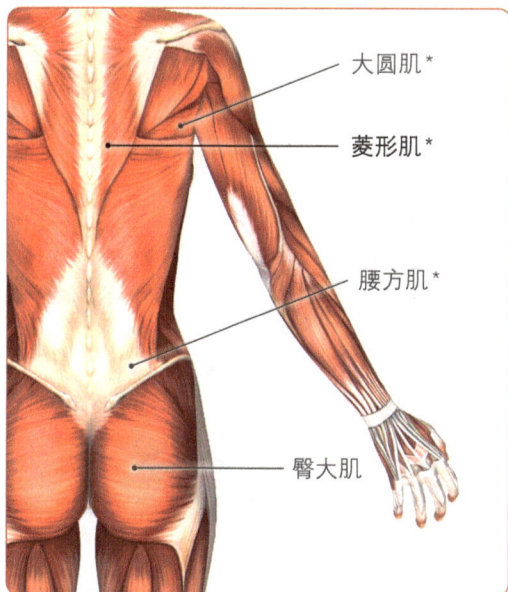

三角肌

肱三头肌

前锯肌

腹外斜肌

腓肠肌

趾长屈肌*

阔筋膜张肌

腹直肌

腹内斜肌*

股外侧肌

大圆肌*

菱形肌*

腰方肌*

臀大肌

☀ 小提示

在保持头部不上抬的情况下将颈
部尽可能拉长。

第4章

核心部位练习

侧平板支撑

- 避免
  髋关节下沉

- 正确做法
  双腿保持挺直
  核心收紧，背部挺直

锻炼目标
- 核心

锻炼器械
- 瑜伽垫

级别
- 初级

呼吸提示
- 全程均匀呼吸

益处
- 锻炼核心、强化肩部肌群

注意 ⚠
- 肩部或背部若存在不适，则不建议进行此项训练

身体呈侧卧姿势，双脚并拢支撑于地面，右臂伸直，支撑于肩部正下方，左手扶腰。保持背部平直，核心收紧，身体躯干呈一条直线。保持姿势至规定的时间，对侧亦然。

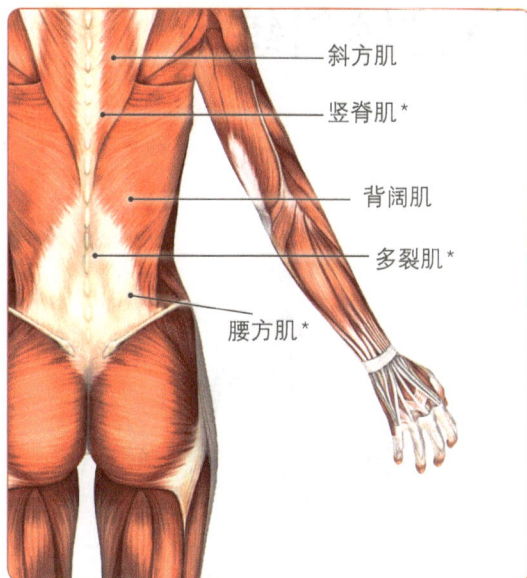

斜方肌
竖脊肌 *
背阔肌
多裂肌 *
腰方肌 *

最佳锻炼部位

- 腹直肌
- 腹内斜肌 *
- 腹外斜肌

◆ 解析关键

黑色字体为主要锻炼的肌肉

灰色字体为次要锻炼的肌肉

* 为深层肌肉

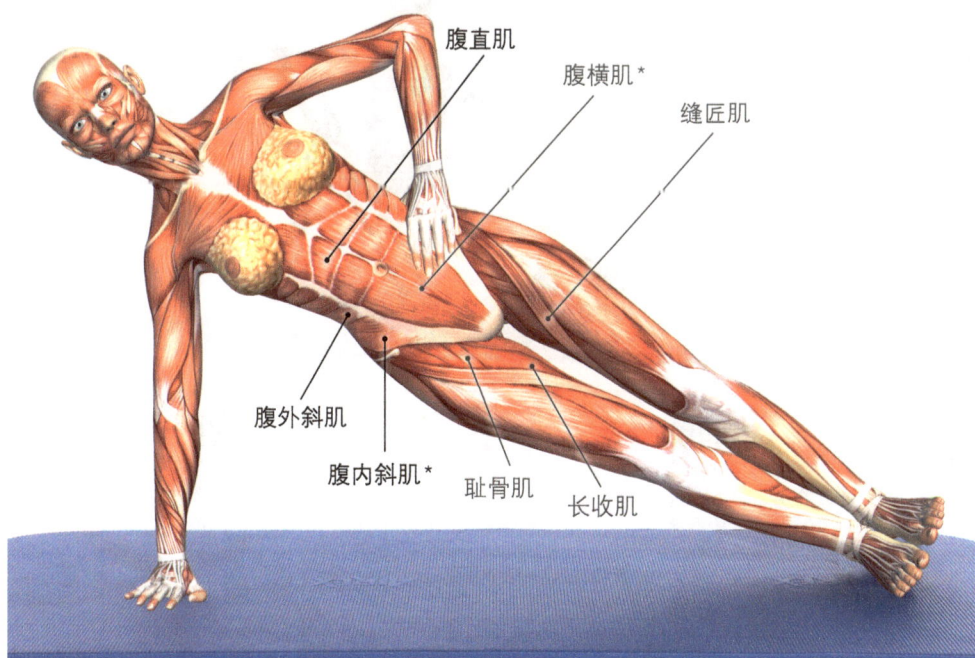

腹直肌
腹横肌 *
缝匠肌
腹外斜肌
腹内斜肌 *
耻骨肌
长收肌

第 4 章
核心部位练习

骨盆倾斜练习

❶ 将半泡沫轴平面朝上置于训练椅前部，坐于半泡沫轴上，挺胸抬头，双腿弯曲，双脚压于另一个半泡沫轴上。双臂伸展，双手扶于体侧的半泡沫轴上。

锻炼目标
- 核心
- 臀部

锻炼器械
- 半泡沫轴、训练椅、瑜伽垫

级别
- 初级

呼吸提示
- 全程均匀呼吸

益处
- 强化骨盆周围肌群，并增加其稳定性

注意 ⚠
- 骨盆位置若存在不适，则不建议进行此项训练

- **避免**
  弯腰弓背
  身体躯干转动

- **正确做法**
  上身挺直
  核心收紧

❷ 身体略微后仰，使骨盆向前倾斜。

❸ 保持身体稳定，恢复至起始姿势。

❹ 身体前倾，骨盆向后倾斜。重复完成规定的次数。

第4章

核心部位练习

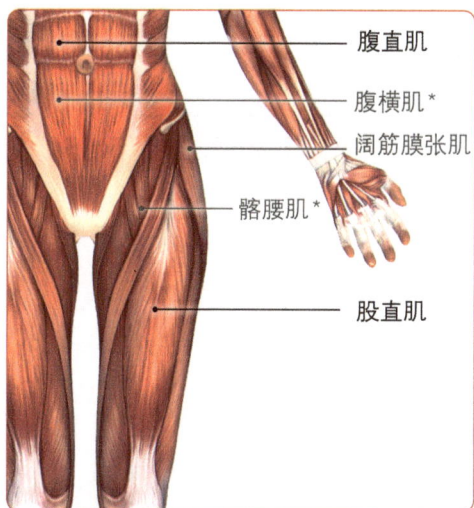

腹直肌

腹横肌*

阔筋膜张肌

髂腰肌*

股直肌

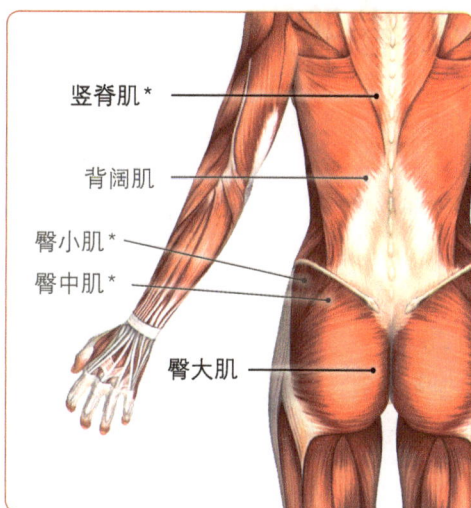

竖脊肌*

背阔肌

臀小肌*

臀中肌*

臀大肌

最佳锻炼部位

- 腹直肌
- 臀大肌
- 竖脊肌*
- 股直肌

◆ 解析关键

黑色字体为主要锻炼的肌肉

灰色字体为次要锻炼的肌肉

* 为深层肌肉

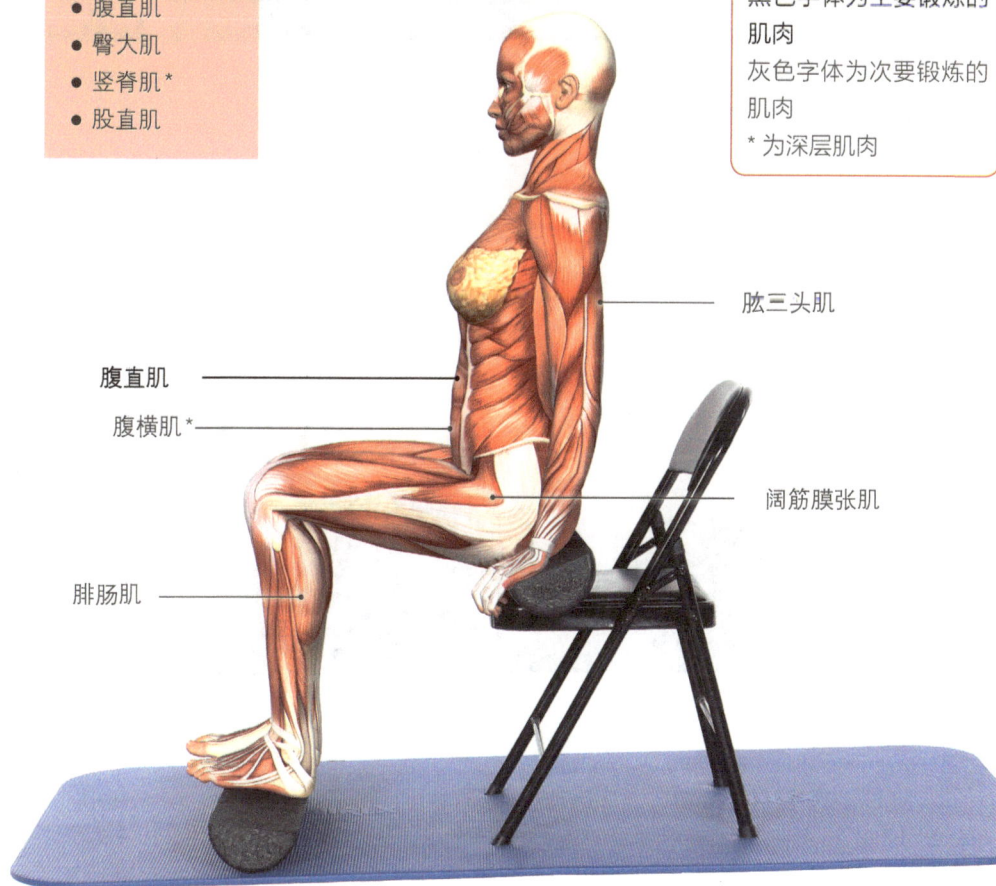

肱三头肌

腹直肌

腹横肌*

阔筋膜张肌

腓肠肌

侧卷腹

锻炼目标
- 核心

锻炼器械
- 瑜伽垫

级别
- 高级

呼吸提示
- 全程均匀呼吸

益处
- 锻炼核心肌肉
- 增强核心稳定性

注意 ⚠️
- 腰部若存在不适，则不建议进行此项训练

- **避免**

颈部过于紧张

上身前倾

- **正确做法**

保持核心收紧

保持躯干的中立位，不要旋转

❶ 侧卧在瑜伽垫上，左臂伸直扶于地面。右臂屈肘，右手扶头，双腿屈膝并拢。

❷ 右侧核心收紧，拉近右肘与大腿的距离，稍作停顿。恢复至起始姿势，重复完成规定的次数，对侧亦然。

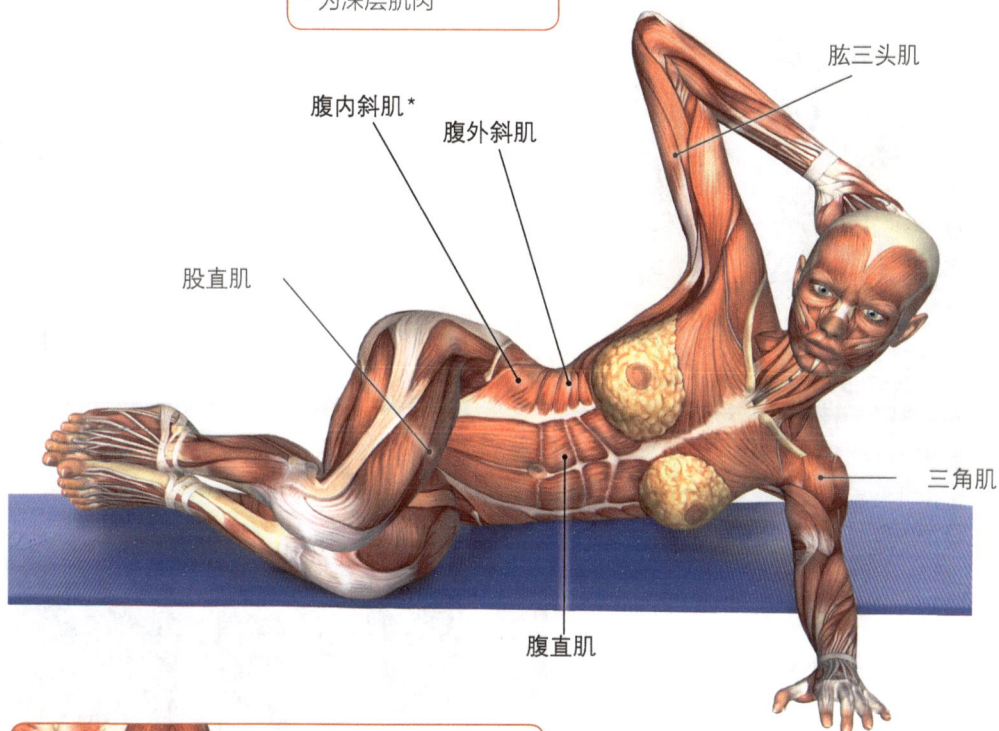

最佳锻炼部位

- 腹外斜肌
- 腹内斜肌 *
- 腹直肌

◆ **解析关键**

黑色字体为主要锻炼的肌肉
灰色字体为次要锻炼的肌肉
* 为深层肌肉

肱三头肌

腹内斜肌 *

腹外斜肌

股直肌

三角肌

腹直肌

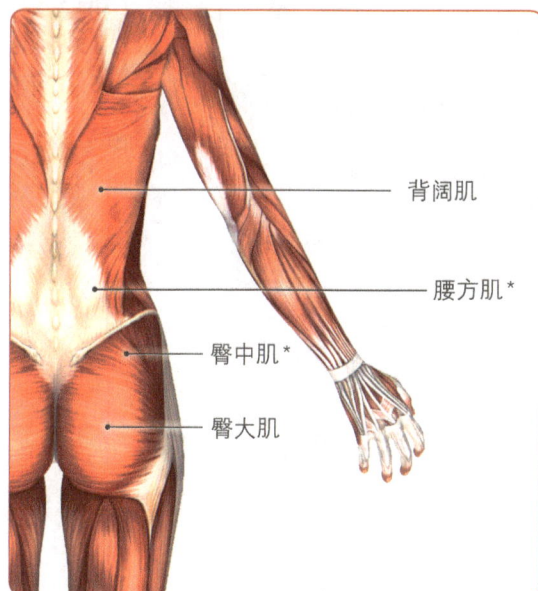

背阔肌

腰方肌 *

臀中肌 *

臀大肌

☀ **小提示**

卷腹时呼气，恢复时吸气。

绳索跪式卷腹

① 呈跪姿，双手握紧绳索，置于肩部前方，上身挺直，略微屈髋。

② 双腿保持不动，上身下俯，下拉绳索，背部弯曲。

- **避免**
头颈代偿

- **正确做法**
使用核心力量

③ 下俯至动作最低处，感受核心肌肉收缩，稍作停顿。恢复至起始姿势，重复完成规定的次数。

锻炼目标
● 核心

锻炼器械
● 龙门架

级别
● 初级

呼吸提示
● 躯干屈曲时呼气，还原时吸气

益处
● 增强腹部的力量

注意 ⚠
● 背部若存在不适，则不建议进行此项训练

腹内斜肌 *

腹外斜肌

腹直肌

阔筋膜张肌

股直肌

胸小肌 *
胸大肌
前锯肌
肱二头肌

腹直肌

缝匠肌

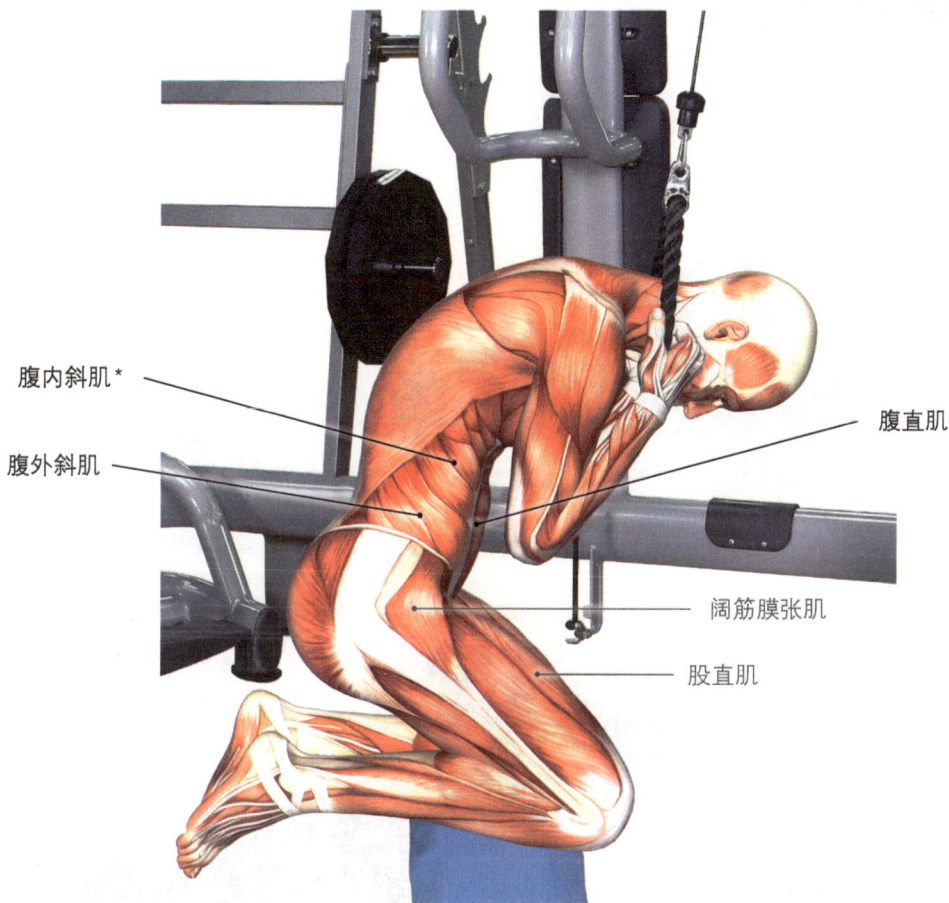

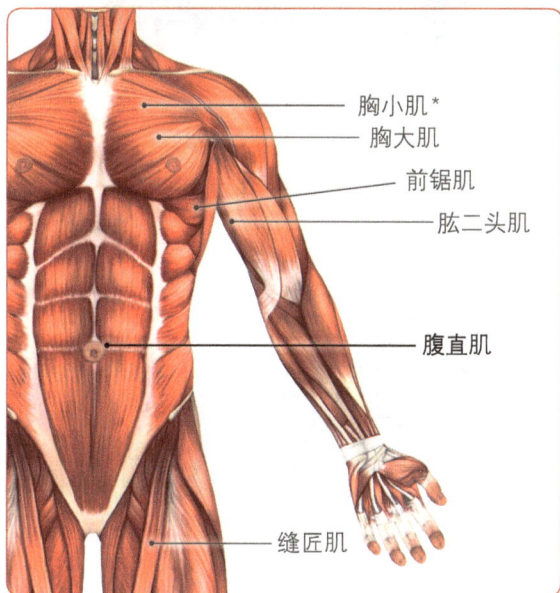

最佳锻炼部位

- 腹直肌
- 腹内斜肌 *
- 腹外斜肌

◆　解析关键

黑色字体为主要锻炼的肌肉

灰色字体为次要锻炼的肌肉

* 为深层肌肉

151

反向卷腹

① 仰卧在瑜伽垫上，双腿屈膝，膝关节间夹一只哑铃。双臂
打开放在身体两侧，双脚放在瑜伽垫上。

② 屈髋，双腿上抬至大腿垂直于地面。

锻炼目标
- 核心
- 臀部

锻炼器械
- 哑铃、瑜伽垫

级别
- 中级

呼吸提示
- 抬起时呼气，恢复
  时吸气

益处
- 强化核心肌肉
- 利于核心肌肉塑形

注意
- 髋关节不稳，则不
  建议进行此项训练

- **避免**

下背部或颈部从地面抬起
凭借冲力完成动作

- **正确做法**

利用腹肌带动下肢
双臂平放于地面

③ 恢复至起始姿势，重复完成规定的次数。

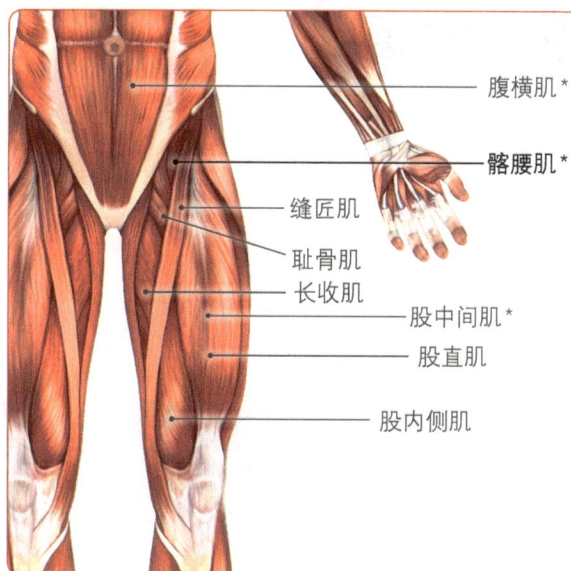

最佳锻炼部位

- 腹直肌
- 髂腰肌 *

◆ 解析关键

黑色字体为主要锻炼的
肌肉
灰色字体为次要锻炼的
肌肉
* 为深层肌肉

腹横肌 *

髂腰肌 *

缝匠肌

耻骨肌

长收肌

股中间肌 *

股直肌

股内侧肌

第4章

核心部位练习

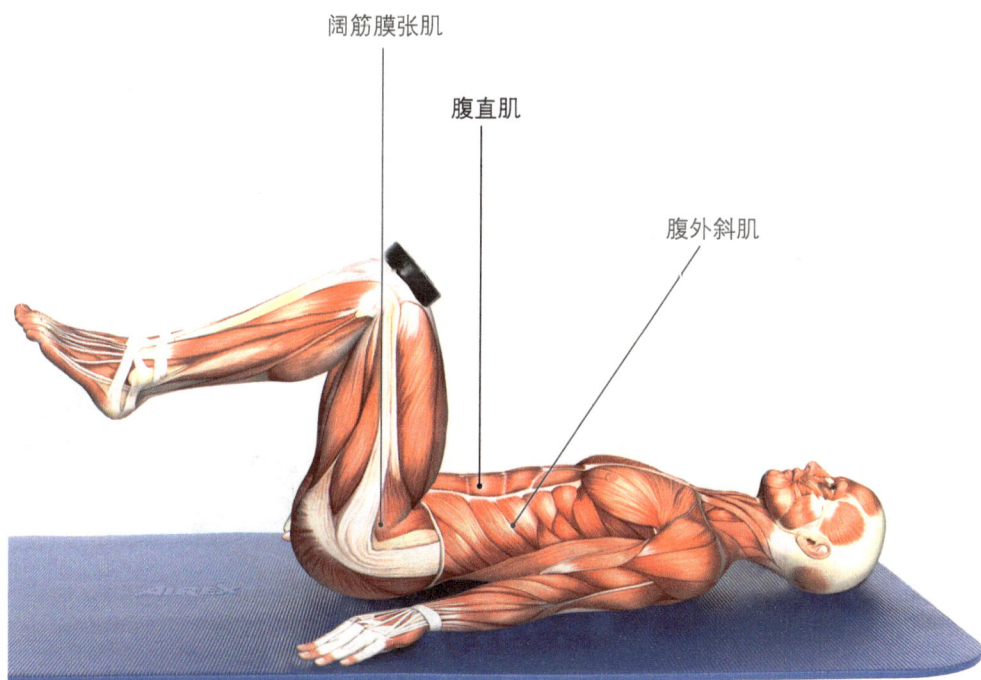

阔筋膜张肌

腹直肌

腹外斜肌

球上卷腹

① 仰卧于瑞士球上，背部紧贴球面，挺髋的同时屈膝呈90度角，使躯干、大腿与地面大致平行。双手持哑铃，双臂伸直上举。

- **避免**

  背部脊柱弯曲
  肩部放松，双臂晃动

- **正确做法**

  核心收紧，背部保持平直
  双脚紧贴地面

第 4 章

核心部位练习

锻炼目标
- 核心
- 肩部

锻炼器械
- 哑铃、瑞士球

级别
- 高级

呼吸提示
- 身体下降时吸气，上推时呼气

益处
- 锻炼核心肌群
- 提高核心稳定性

注意 ⚠
- 腰部若存在不适，则不建议进行此项训练

② 臀部及背部自然贴住瑞士球，腹肌收紧，躯干弯曲，肩部推起，卷腹上推。有控制地恢复至起始姿势，重复动作至规定的次数。

背阔肌

腰方肌 *

臀大肌

股外侧肌

最佳锻炼部位
- 腹直肌
- 腹横肌 *
- 三角肌

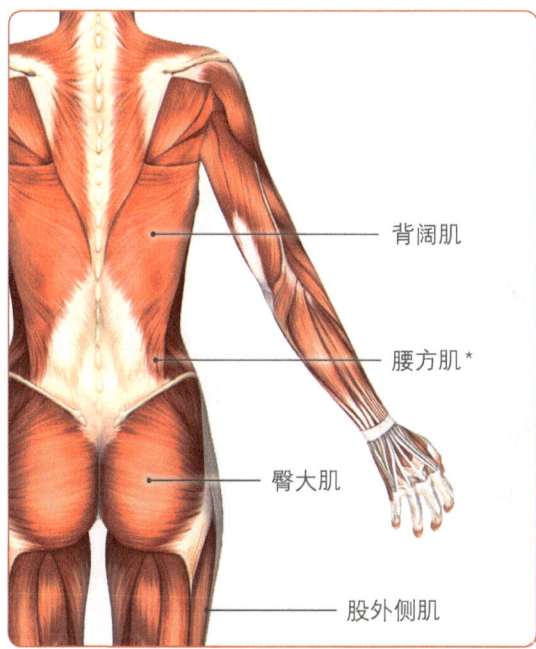

◆　解析关键

黑色字体为主要锻炼的
肌肉
灰色字体为次要锻炼的
肌肉
* 为深层肌肉

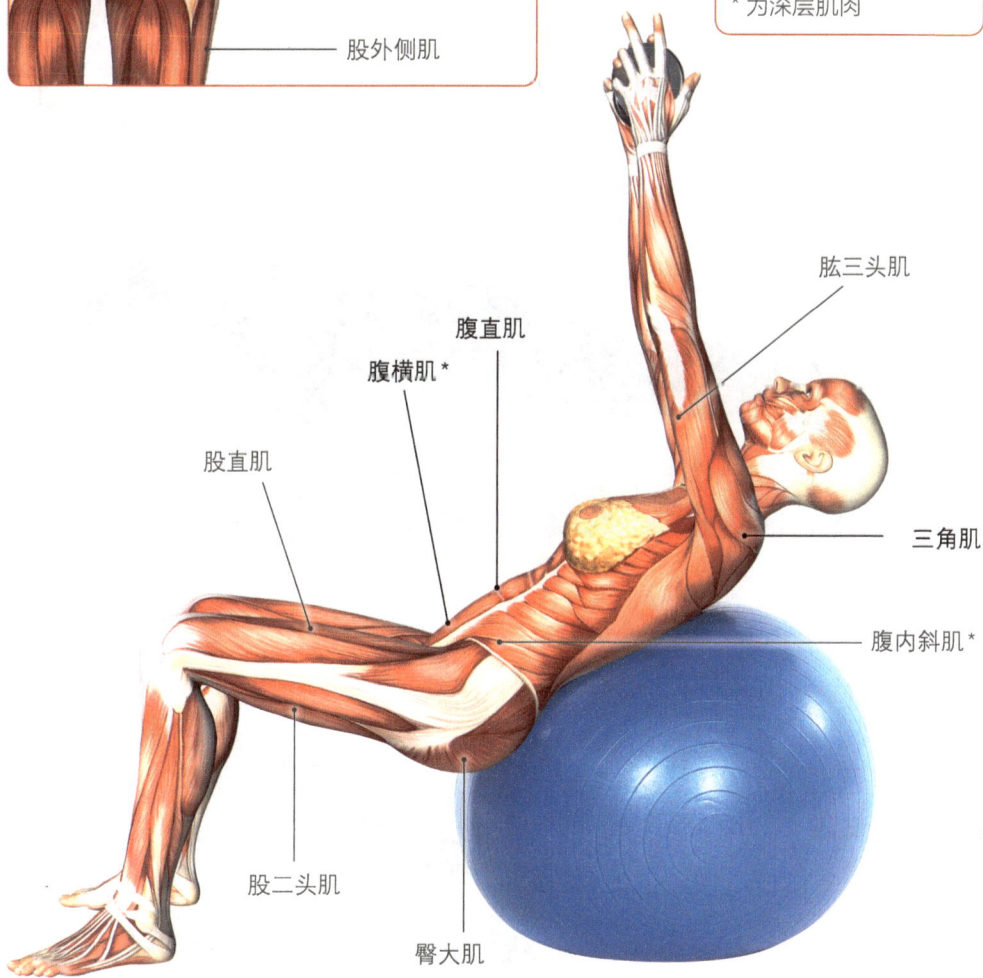

肱三头肌

腹直肌

腹横肌 *

股直肌

三角肌

腹内斜肌 *

股二头肌

臀大肌

第 4 章

核心部位练习

壶铃俯卧撑

❶ 呈俯卧撑姿势，将两个壶铃以与肩同宽的距离放置在身前，双手按住壶身，双臂伸直撑起身体，双脚分开，使用脚尖支撑，身体保持挺直。

锻炼目标
• 肩部
• 腹部
• 手臂

锻炼器械
• 壶铃、瑜伽垫

级别
• 中级

呼吸提示
• 全程均匀呼吸

益处
• 提升上肢力量
• 增强核心稳定性

注意 ⚠
• 若腕关节或肩部存在不适，则不建议进行此项训练

❷ 保持身体姿势不变，双臂弯曲使身体向下做俯卧撑动作。

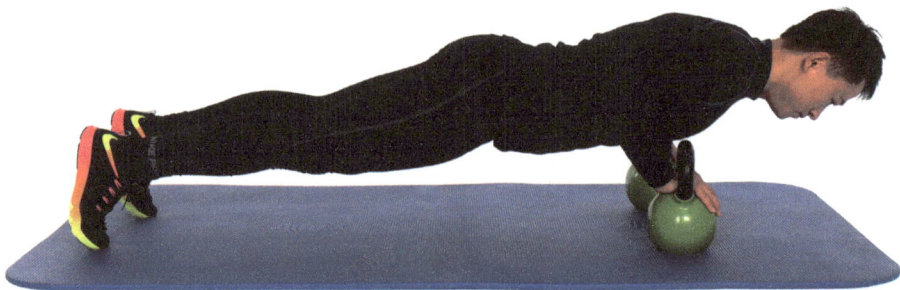

• **避免**

肩部放松下垂
背部弓起

• **正确做法**

背部始终挺直
颈部到踝关节呈一条直线

❸ 恢复至起始姿势，重复完成规定的次数。

背阔肌

肱三头肌

三角肌前束

臀大肌

股二头肌

胫骨前肌

肱二头肌

股外侧肌

股直肌

阔筋膜张肌

胸大肌

前锯肌

腹直肌

腹外斜肌

腹内斜肌 *

腹横肌 *

髂腰肌 *

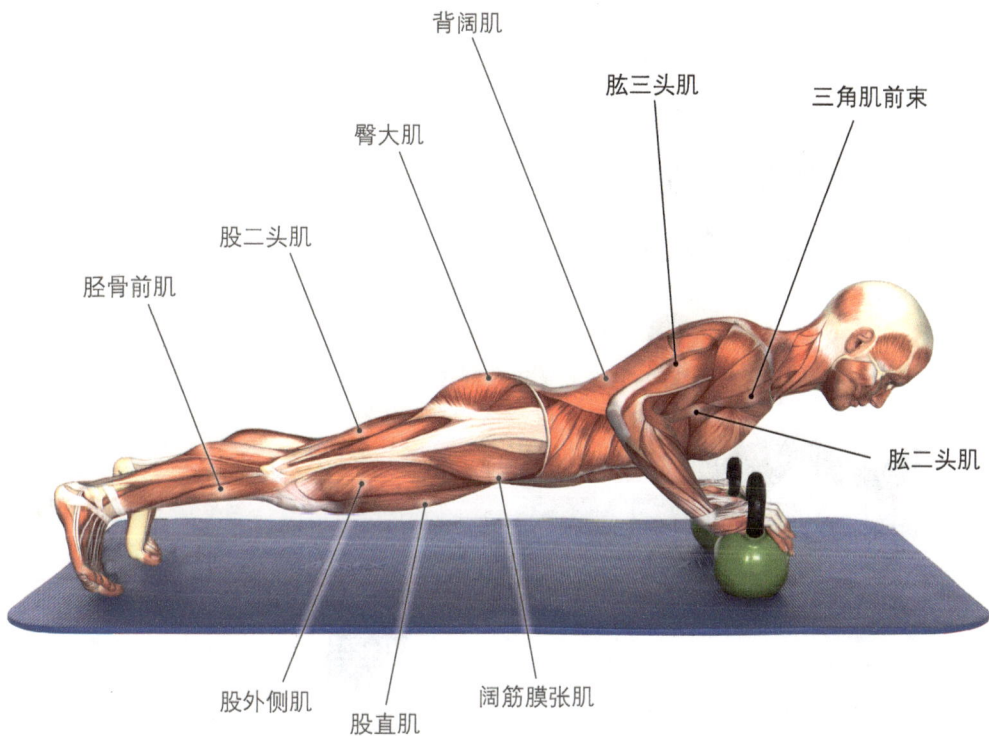

最佳锻炼部位

- 三角肌前束
- 腹直肌
- 肱二头肌
- 肱三头肌

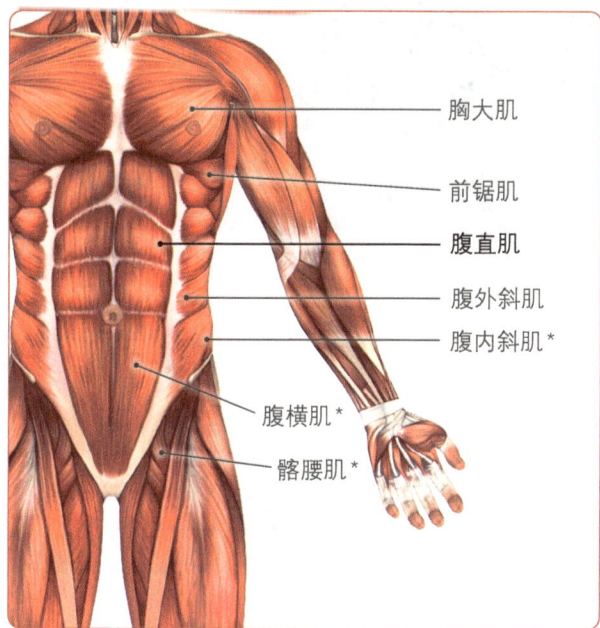

◆ **解析关键**

黑色字体为主要锻炼的肌肉

灰色字体为次要锻炼的肌肉

* 为深层肌肉

俄罗斯转体

① 呈坐姿，臀部支撑身体。屈髋、屈膝抬起双腿，双手分别持握一只哑铃的两端，屈肘将其置于胸前，下背部挺直。

② 下半身姿势保持不变，上身向右侧转动，同时将哑铃移至身体右侧，稍作停顿。

锻炼目标
● 核心
锻炼器械
● 哑铃、瑜伽垫
级别
● 中级
呼吸提示
● 旋转发力时呼气，还原时吸气
益处
● 锻炼核心肌肉
● 提高核心稳定性
注意 ⚠
● 腰部若存在不适，则不建议进行此项运动

③ 下半身姿势保持不变，上身向左扭转，同时将哑铃移至身体左侧，稍作停顿。

● **避免**
上身过度后仰

● **正确做法**
背部挺直，核心收紧
肩部和手臂固定

④ 恢复至起始姿势，重复完成规定的次数。

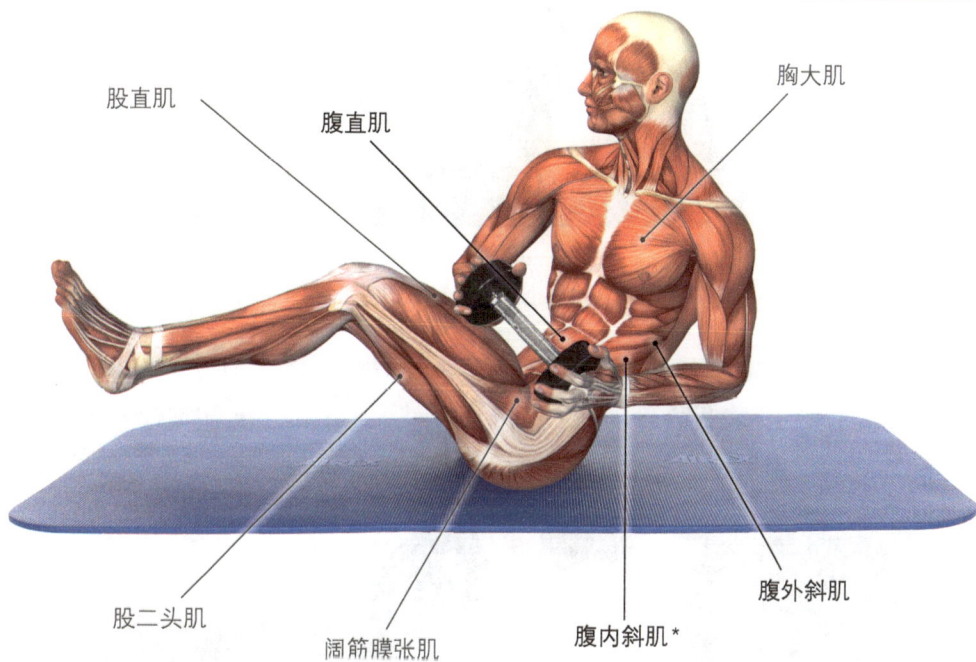

股直肌

腹直肌

胸大肌

股二头肌

阔筋膜张肌

腹内斜肌*

腹外斜肌

第4章

核心部位练习

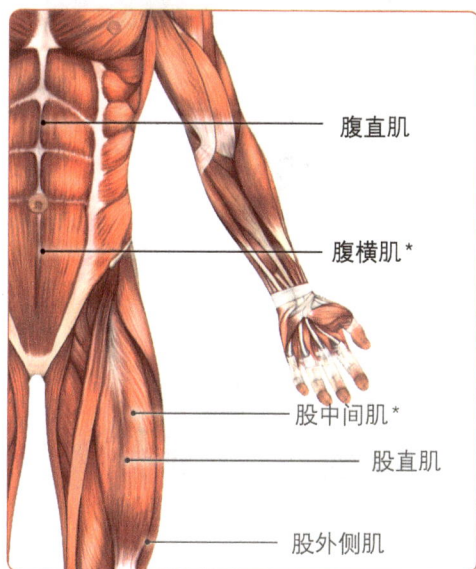

腹直肌

腹横肌*

股中间肌*

股直肌

股外侧肌

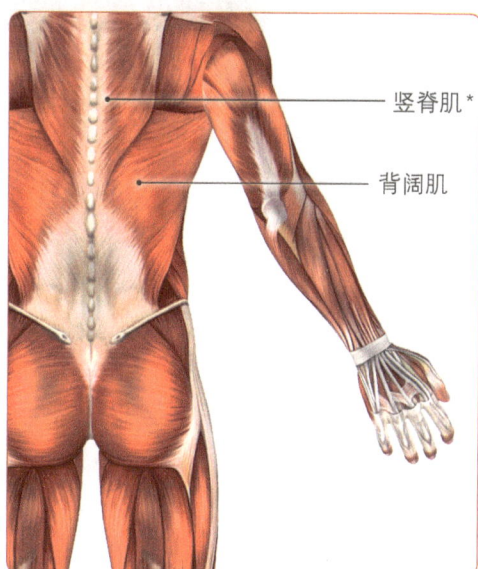

竖脊肌*

背阔肌

瑞士球前推

❶ 跪在瑞士球前，双手置
于球上，双手位置与髋
同高。双腿分开，双膝
间距与肩同宽。

核心部位练习

❷ 慢慢将瑞士球向前滚动，同
时伸展身体至最大幅度，保
持背部挺直，膝盖保持稳定。

锻炼目标
● 核心
● 背部

锻炼器械
● 瑞士球、瑜伽垫

级别
● 中级

呼吸提示
● 身体下降时吸气，上升时呼气

益处
● 增强核心稳定性
● 锻炼核心肌肉

注意 ⚠
● 肩部若存在不适，则不建议进行此项训练

● **避免**

臀部向上拱起
背部向上弓起

● **正确做法**

脚尖始终紧贴地面
背部保持平直，核心收紧

❸ 利用核心和下背部肌
肉将球拉回至起始姿
势。重复完成规定的
次数。

最佳锻炼部位

- 腹直肌
- 前锯肌
- 背阔肌

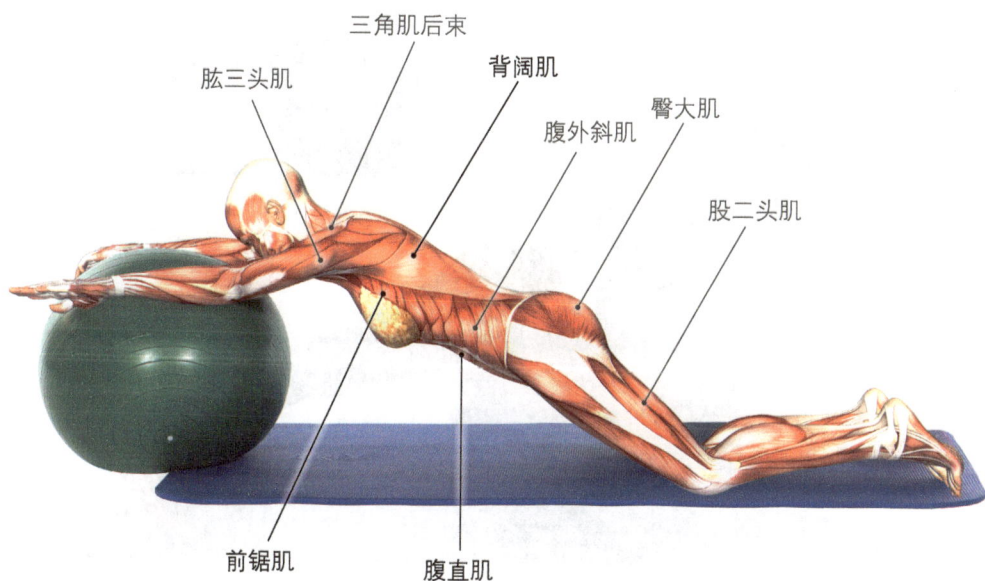

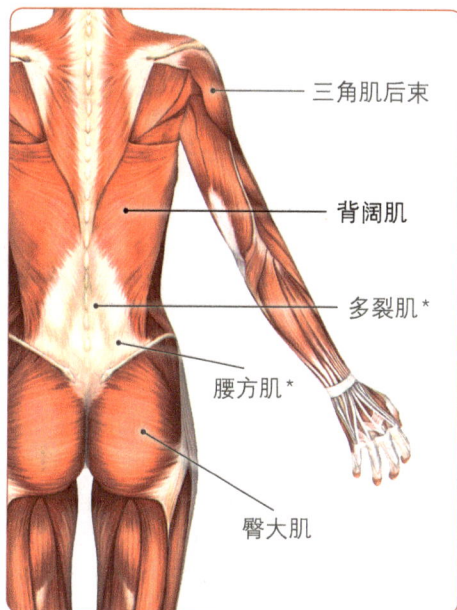

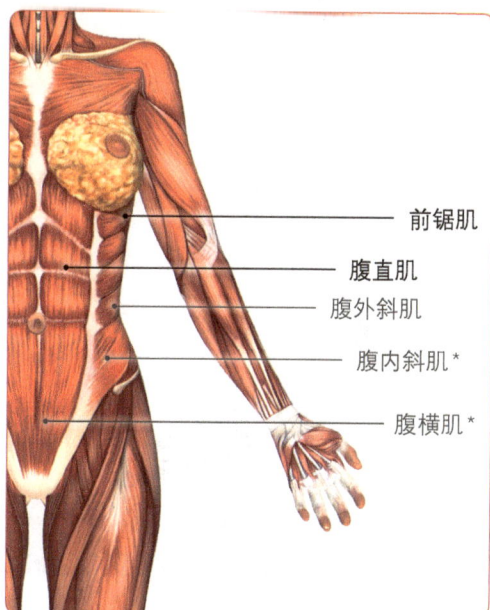

肱三头肌　三角肌后束　背阔肌　臀大肌

腹外斜肌

股二头肌

前锯肌　腹直肌

三角肌后束

背阔肌

多裂肌 *

腰方肌 *

臀大肌

前锯肌

腹直肌

腹外斜肌

腹内斜肌 *

腹横肌 *

第 4 章

核心部位练习

转肩

- **避免**

  双脚移动

  背部弯曲

❶ 俯卧于瑞士球上，背部挺直，胸部不能贴在球上，双手置于头后。双脚分开，与肩同宽，脚尖撑地。

- **正确做法**

  臀部收紧

  背部挺直

❷ 保持挺胸直背，躯干向左侧旋转至最大限度。

❸ 向右侧扭转身体至最大限度。恢复至起始姿势，重复完成规定的次数。

锻炼目标	
● 核心	
● 背部	
锻炼器械	
● 瑞士球、瑜伽垫	
级别	
● 中级	
呼吸提示	◐
● 全程均匀呼吸	
益处	
● 强化核心肌群	
● 强化背部肌群	
注意	⚠
● 背部若存在不适，则不建议进行此项训练	

三角肌后束
冈下肌*
菱形肌*
背阔肌
竖脊肌*

三角肌前束
胸大肌
前锯肌
腹直肌
腹外斜肌
腹横肌*
腹内斜肌*
髂腰肌*

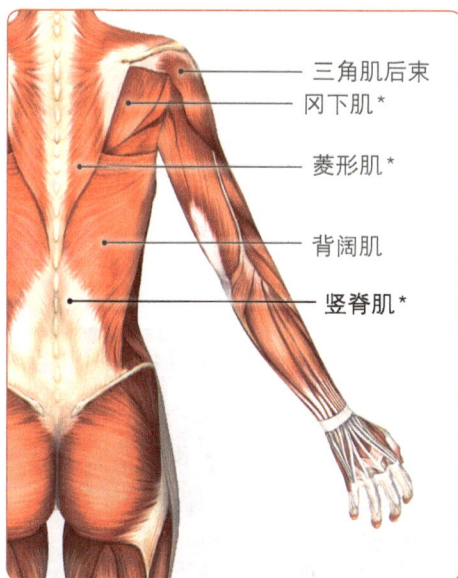

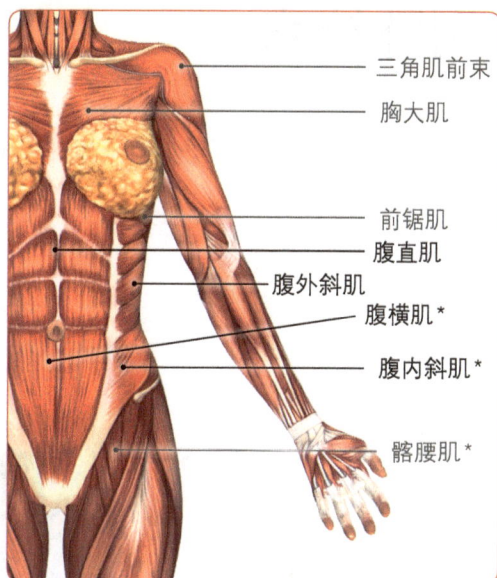

最佳锻炼部位

- 竖脊肌*
- 腹外斜肌
- 腹横肌*
- 腹直肌
- 腹内斜肌*

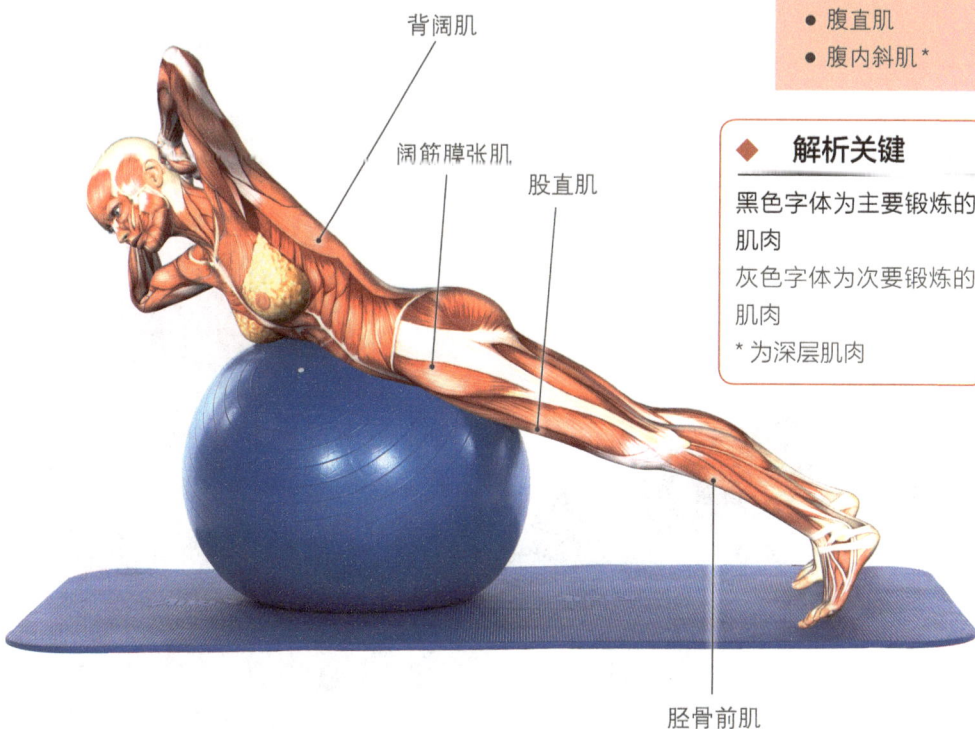

◆ **解析关键**

黑色字体为主要锻炼的
肌肉
灰色字体为次要锻炼的
肌肉
* 为深层肌肉

背阔肌
阔筋膜张肌
股直肌

胫骨前肌

侧卧转肩

锻炼目标

- 核心

锻炼器械

- 瑞士球

级别

- 高级

呼吸提示

- 全程均匀呼吸

益处

- 锻炼核心肌肉
- 提高身体稳定性

注意 ⚠

- 腰部、核心若存在不适，则不建议进行此项训练

❶ 呈侧卧姿势，核心侧面支撑于瑞士球上，双脚前后分开固定在墙边，处于上面的脚在后，另一只脚在前，双腿伸直，双臂侧平举，保持身体从头部至髋部呈一条直线。

- **避免**

躯干后仰

肩部上耸

- **正确做法**

背部挺直，核心收紧

双臂保持伸直

❷ 保持腿部稳定，躯干扭转至面部朝上，双臂始终保持侧平举姿势。恢复至起始姿势，重复完成规定的次数，对侧亦然。

胸大肌

腹直肌

腹横肌*

股直肌

腹外斜肌　**腹内斜肌*** 阔筋膜张肌

股外侧肌

背阔肌

竖脊肌*

腰方肌*

臀中肌*

臀大肌

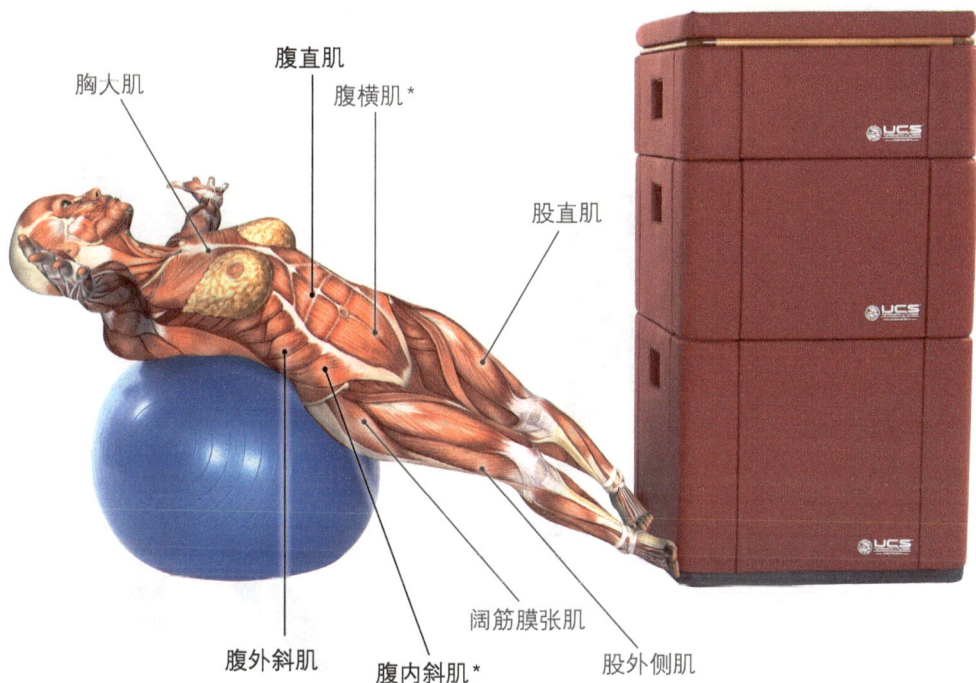

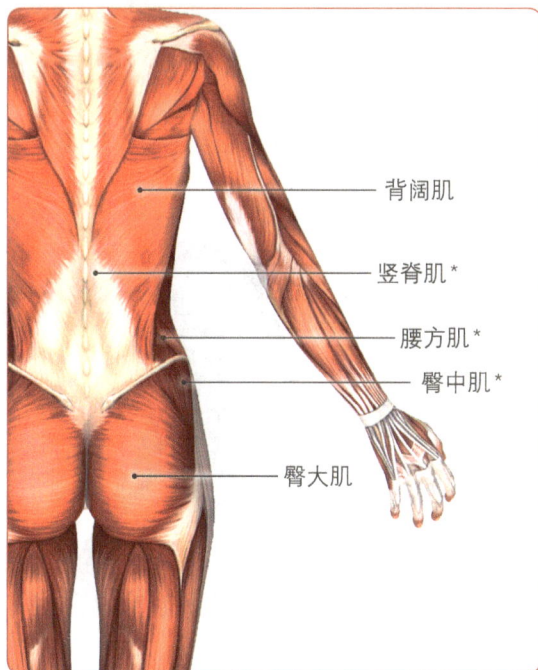

最佳锻炼部位

- 腹直肌
- 腹外斜肌
- 腹内斜肌*

◆ **解析关键**

黑色字体为主要锻炼的肌肉

灰色字体为次要锻炼的肌肉

* 为深层肌肉

侧向下砍

❶ 呈站姿，双脚分开略比肩宽，双手紧握药球，手臂略微弯曲，将药球置于腹部前方。

❷ 保持双脚位置不变，向左侧转身，双臂顺势向左上方推举药球至头顶左侧。

锻炼目标
● 核心
锻炼器械
● 药球、瑜伽垫
级别
● 初级
呼吸提示
● 砸球时呼气
益处
● 锻炼核心肌群
注意 ⚠
● 背部或肩部若存在不适，则不建议进行此项训练

❸ 核心发力，向右侧转身，双臂随之向右下方砸药球。重复完成规定的次数，对侧亦然。

● **正确做法**
核心收紧，躯干挺直

● **避免**
背部扭曲幅度过大

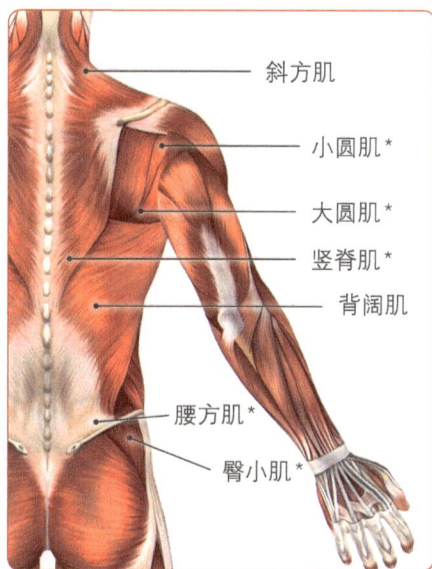

斜方肌

小圆肌*

大圆肌*

竖脊肌*

背阔肌

腰方肌*

臀小肌*

- 腹外斜肌
- 腹内斜肌*

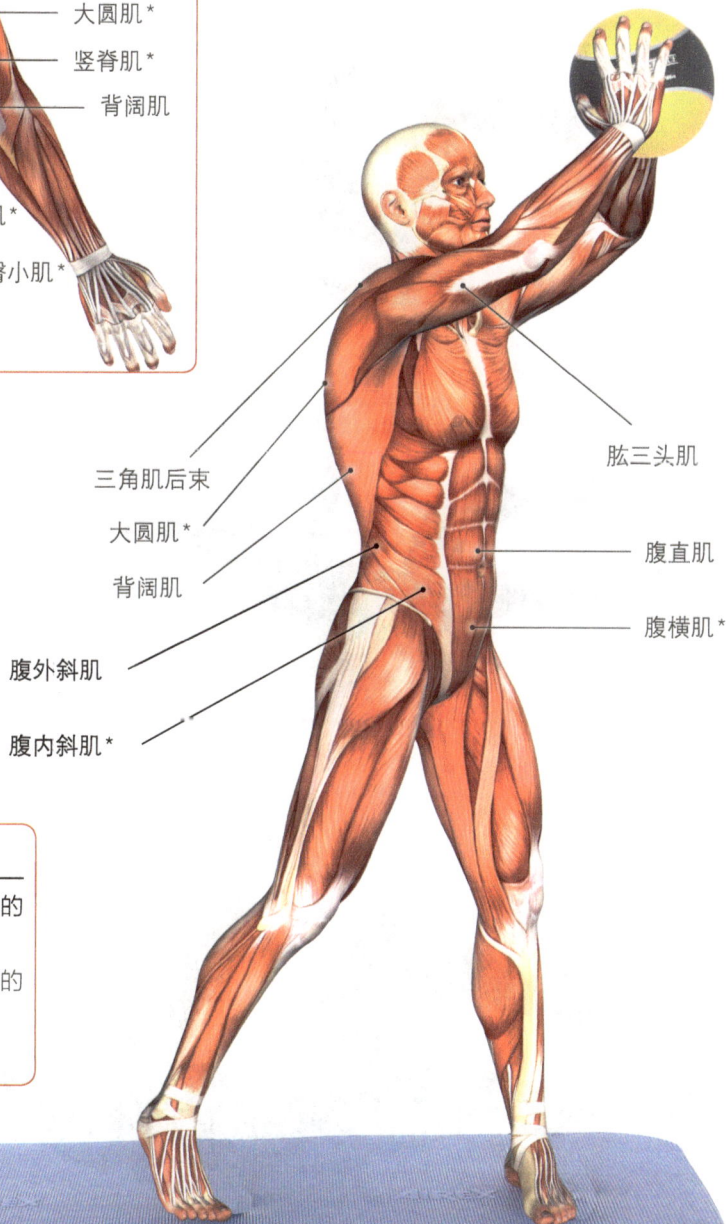

肱三头肌

腹直肌

腹横肌*

三角肌后束

大圆肌*

背阔肌

腹外斜肌

腹内斜肌*

◆ 解析关键

黑色字体为主要锻炼的
肌肉
灰色字体为次要锻炼的
肌肉
* 为深层肌肉

第4章

核心部位练习

死虫式

① 仰卧于BOSU球曲面，核心收紧，屈髋、屈膝呈90度角。双臂于胸前伸直。

② 右侧手向头顶移动，左侧腿伸直。

③ 保持身体稳定，换至对侧。双侧交替，重复完成规定的次数。

锻炼目标
- 核心

锻炼器械
- BOSU 球

级别
- 高级

呼吸提示
- 全程均匀呼吸

益处
- 强化核心肌群

注意 ⚠
- 腰背部若存在不适，则不建议进行此项训练

● **避免**

交换速度过快
身体向两侧偏转

● **正确做法**

核心收紧，背部保持平直

◆ **解析关键**

黑色字体为主要锻炼的肌肉

灰色字体为次要锻炼的肌肉

* 为深层肌肉

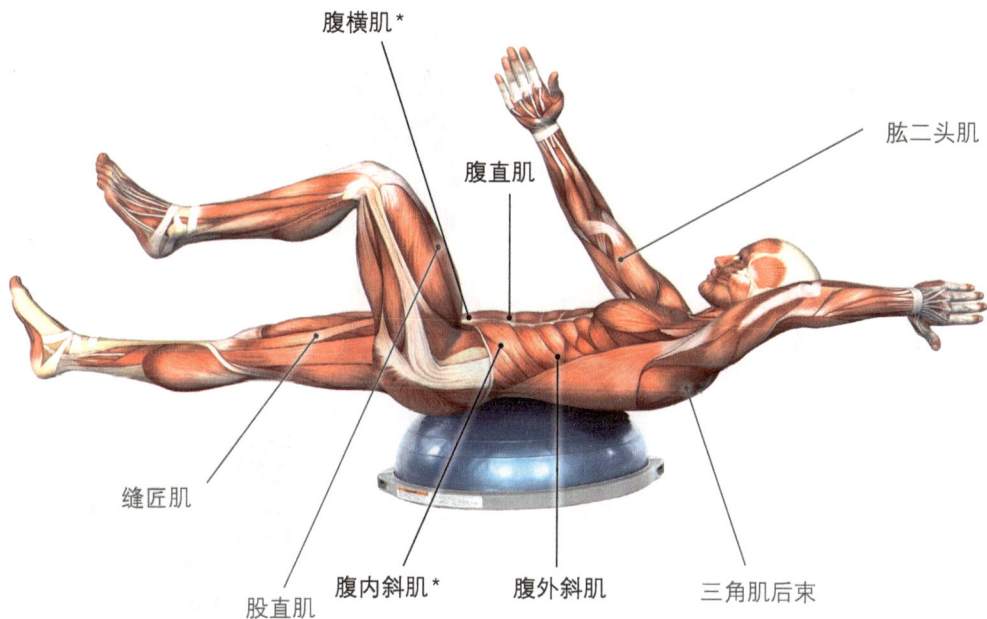

腹横肌 *

腹直肌

肱二头肌

缝匠肌

股直肌

腹内斜肌 *

腹外斜肌

三角肌后束

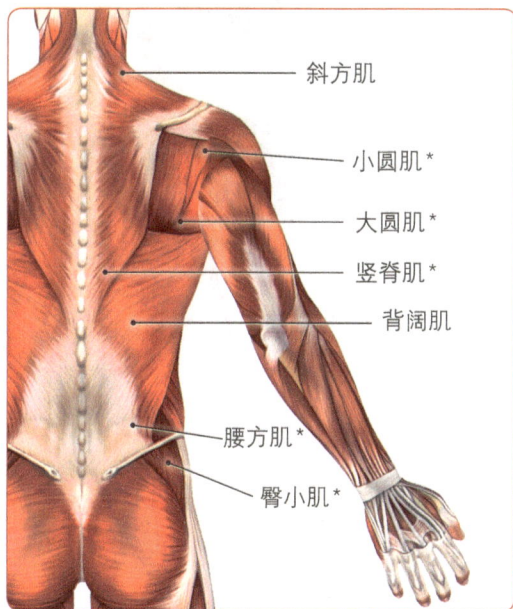

斜方肌

小圆肌 *

大圆肌 *

竖脊肌 *

背阔肌

腰方肌 *

臀小肌 *

☀ **小提示**

若难以完成动作，可适当减小四肢动作幅度。

双臂旋转上提

❶ 呈站姿，双脚开立，与肩同宽。右脚踩住弹力带中间位置，同时双手交叉握紧弹力带两端，上身向弹力带侧扭转。

❷ 保持双臂伸展，身体转动至面朝前方，目视前方，双臂随之拉伸弹力带至胸前。

锻炼目标
- 核心
- 肩部

锻炼器械
- 弹力带

级别
- 中级

呼吸提示 ◑
- 旋转上提时呼气，恢复时吸气

益处
- 提高核心肌肉力量

注意 ⚠
- 下背部或肩部若存在不适，则不建议进行此项训练

● 避免
双臂上举过高
肩部上耸

● 正确做法
双臂伸直
核心收紧

❸ 上身继续扭转至左侧，双臂随之向斜上方45度拉伸弹力带。恢复至起始姿势，重复完成规定的次数，对侧亦然。

胸小肌 *

前锯肌

腹直肌

胸大肌

三角肌

腹外斜肌

背阔肌

腹内斜肌 *

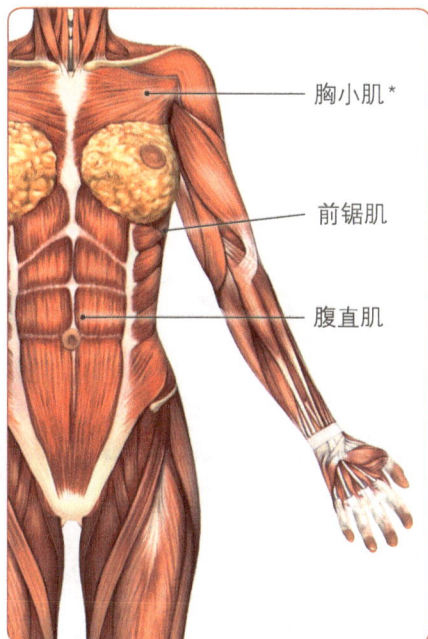

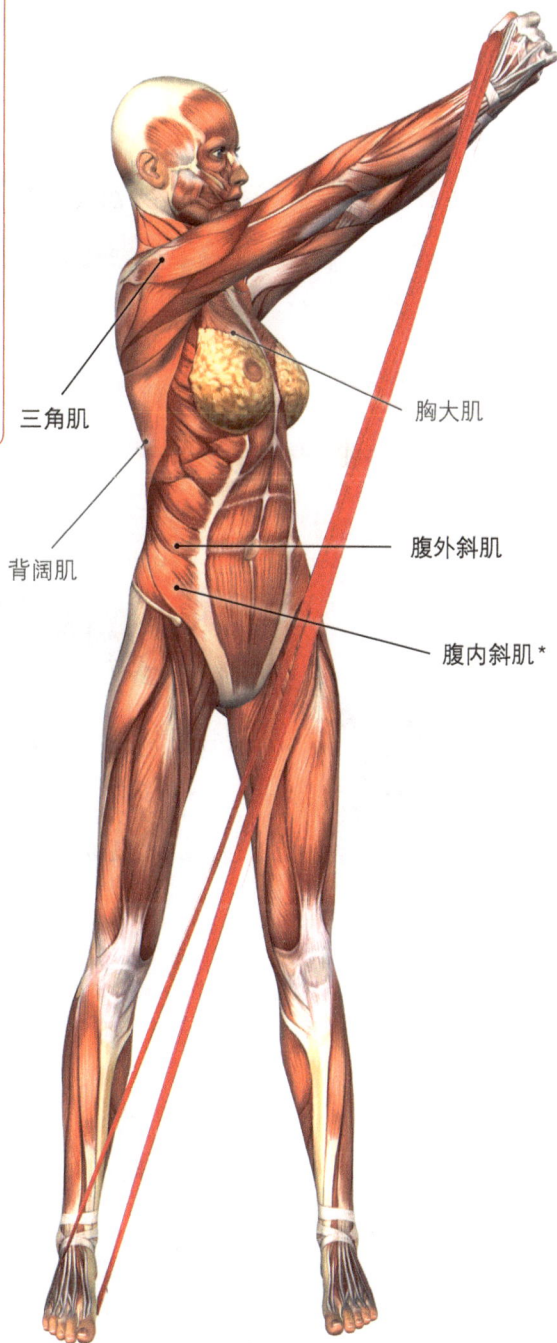

最佳锻炼部位

- 腹外斜肌
- 腹内斜肌 *
- 三角肌

◆　解析关键

黑色字体为主要锻炼的肌肉

灰色字体为次要锻炼的肌肉

* 为深层肌肉

登山者

锻炼目标
- 大腿
- 核心

锻炼器械
- 瑜伽垫

级别
- 初级

呼吸提示
- 发力时呼气，还原时吸气

益处
- 增强腹部和髋部的肌肉

注意 ⚠️
- 肩部或背部若存在不适，则不建议进行此项训练

❶ 呈俯卧撑姿势，双臂伸直支撑于肩部正下方，背部保持平直，核心收紧。双手距离与肩同宽，双脚并拢支撑于瑜伽垫上。

❷ 保持身体稳定，右腿屈髋、屈膝向上抬起至髋部下方。

❸ 动作不停，右腿还原，左腿屈膝、屈髋向上抬起至髋部下方，双腿交替运动，重复完成规定的次数。

- **避免**

  背部发生偏转
  腕部压力过大

- **正确做法**

  双腿交替动作连贯
  核心收紧

◆ 解析关键

黑色字体为主要锻炼的
肌肉
灰色字体为次要锻炼的
肌肉
* 为深层肌肉

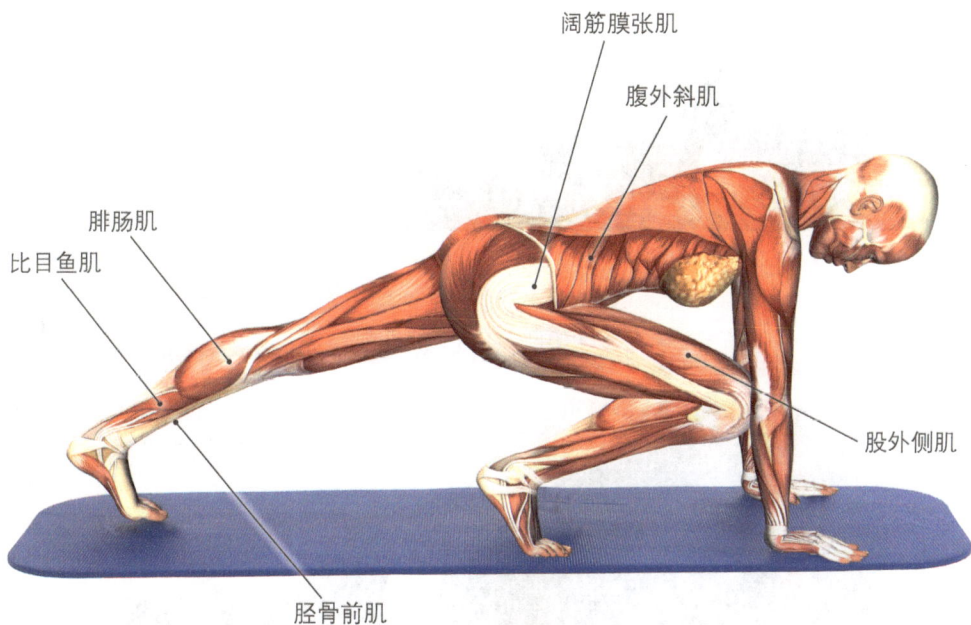

阔筋膜张肌

腹外斜肌

腓肠肌

比目鱼肌

股外侧肌

胫骨前肌

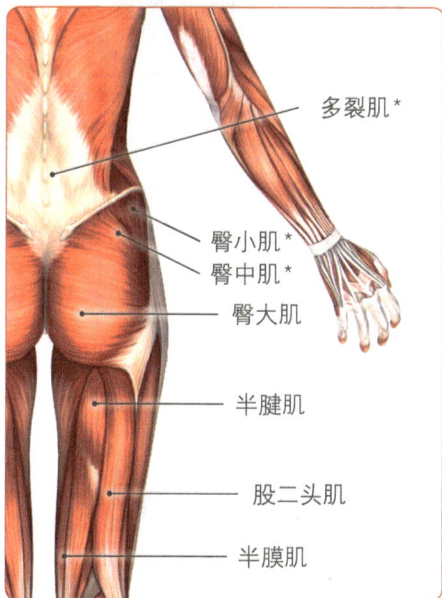

多裂肌*

臀小肌*
臀中肌*

臀大肌

半腱肌

股二头肌

半膜肌

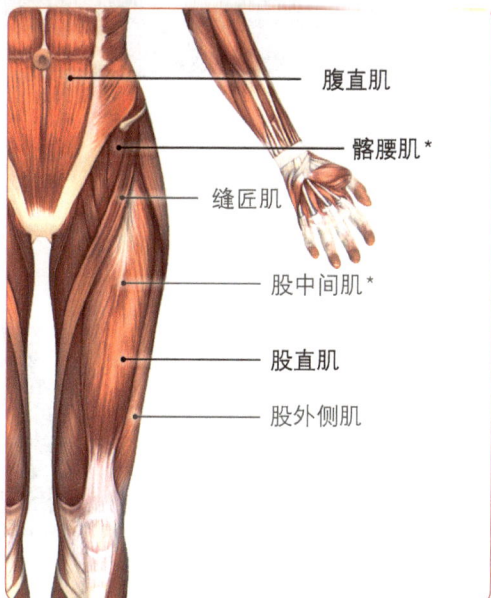

腹直肌

髂腰肌*

缝匠肌

股中间肌*

股直肌

股外侧肌

抬腿转髋

① 呈仰卧姿势，双腿分开与肩同宽将瑞士球夹在脚跟与腘绳肌之间。双臂置于身体两侧，掌心向下。

第4章

核心部位练习

② 双腿夹球向左转动髋部至最大幅度，上身保持不动。

锻炼目标
● 核心
● 背部

锻炼器械
● 瑞士球、瑜伽垫

级别
● 中级

呼吸提示
● 全程均匀呼吸

益处
● 增强核心肌群稳定性
● 锻炼核心肌肉

注意 ⚠
● 腰部若存在不适，则不建议进行此项训练

③ 恢复至起始姿势后，向右侧转髋。两侧交替，重复完成规定的次数。

● **避免**

头部抬离地面
强迫肩胛骨紧贴地面

● **正确做法**

肩部保持放松
核心收紧，背部保持平直

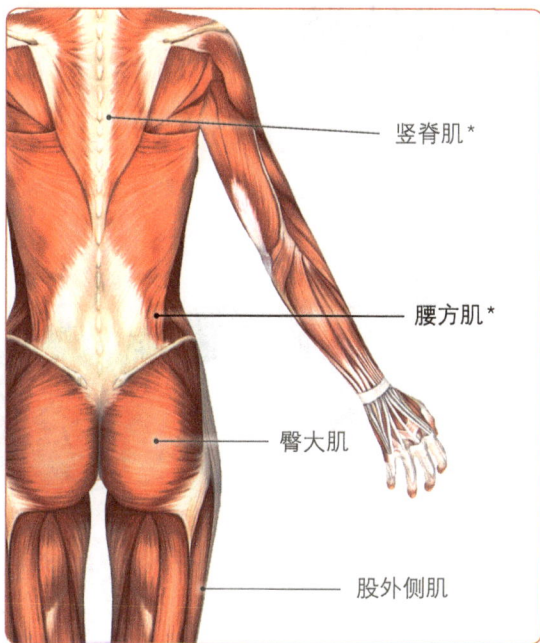

👶最佳锻炼部位

- 腰方肌 *
- 腹直肌
- 腹外斜肌
- 腹内斜肌 *

◆ 解析关键

黑色字体为主要锻炼的
肌肉

灰色字体为次要锻炼的
肌肉

* 为深层肌肉

竖脊肌 *

腰方肌 *

臀大肌

股外侧肌

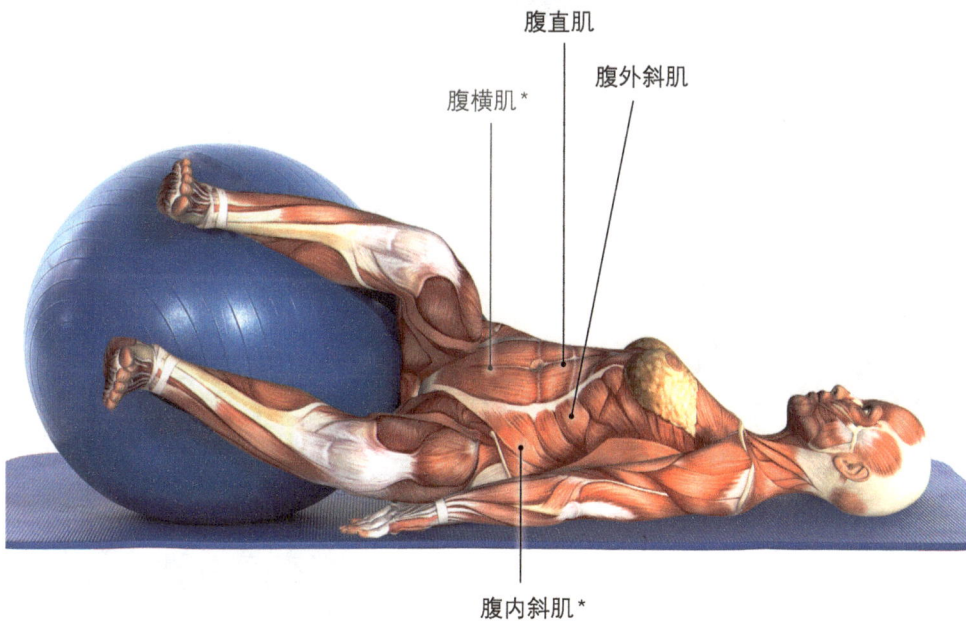

腹直肌

腹外斜肌

腹横肌 *

腹内斜肌 *

夹球转髋

❶ 双侧小腿置于瑞士球两侧偏上位置，双手撑地呈俯卧撑姿势，双手支撑于肩部正下方，保持身体从头到脚大致呈一条直线。

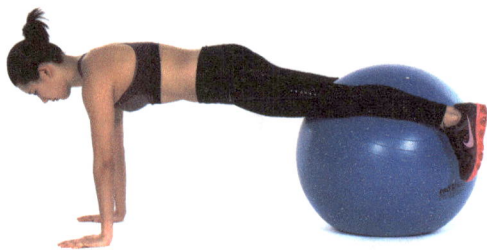

❷ 保持双臂不动，髋部与双腿向右侧旋转约45度。

锻炼目标	
● 核心	
● 肩部	
锻炼器械	
● 瑞士球	
级别	
● 高级	
呼吸提示	◑
● 全程均匀呼吸	
益处	
● 锻炼核心肌肉	
● 提高身体稳定性	
注意	⚠
● 髋部若存在不适，则不建议进行此项训练	

❸ 保持身体稳定，身体向右侧转髋。两侧交替，重复完成规定的次数。

● 避免

转髋幅度过大
腕部压力过大

● 正确做法

核心收紧
背部保持平直

背阔肌

前锯肌

腹外斜肌

臀大肌

股二头肌

三角肌

肱桡肌

腹直肌

腹内斜肌 *

股外侧肌

三角肌

胸大肌

肱二头肌

腹外斜肌

腹直肌

腹内斜肌 *

腹横肌 *

髂腰肌 *

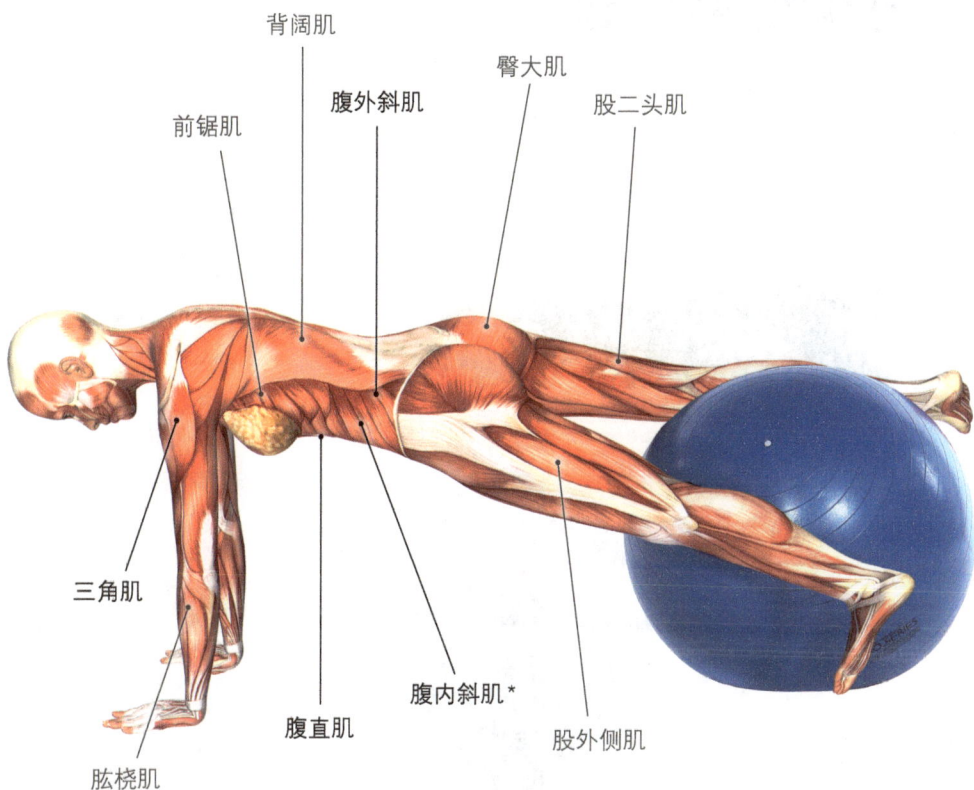

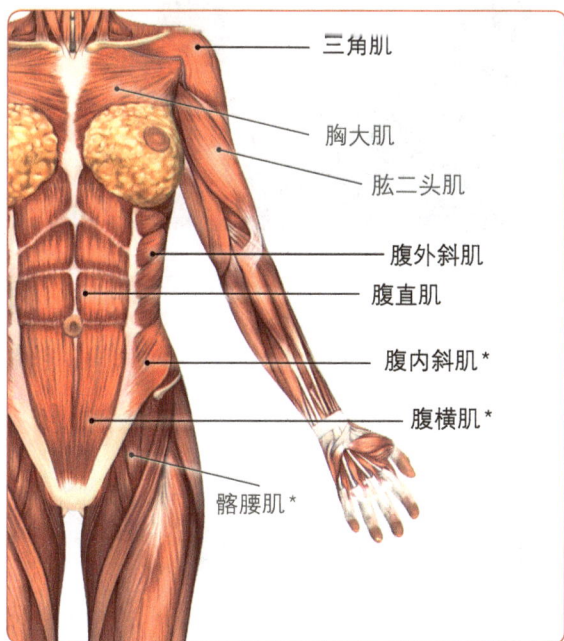

最佳锻炼部位

- 腹外斜肌
- 腹内斜肌 *
- 腹直肌
- 腹横肌 *
- 三角肌

◆ **解析关键**

黑色字体为主要锻炼的肌肉

灰色字体为次要锻炼的肌肉

* 为深层肌肉

| 177

夹球仰卧两头起

❶ 仰卧于地板上，双腿伸直，将瑞士球夹在双脚之间，双臂伸直置于头顶。

❷ 同时抬起双腿与上半身，让手脚尽量靠近，双手扶球。

❸ 将瑞士球从双腿传至双手，四肢放回地面，双臂伸直置于头顶。双手传到双脚重复完成规定的次数。

锻炼目标
• 核心
• 髋部
• 腿部
锻炼器械
• 瑞士球、瑜伽垫
级别
• 中级
呼吸提示
• 全程均匀呼吸
益处
• 提高身体协调性
• 增强核心稳定性
注意
• 下背部若存在不适，则不建议进行此项训练

• **避免**

身体使用冲力完成动作
双腿屈膝

• **正确做法**

核心收紧
下背部紧贴地面

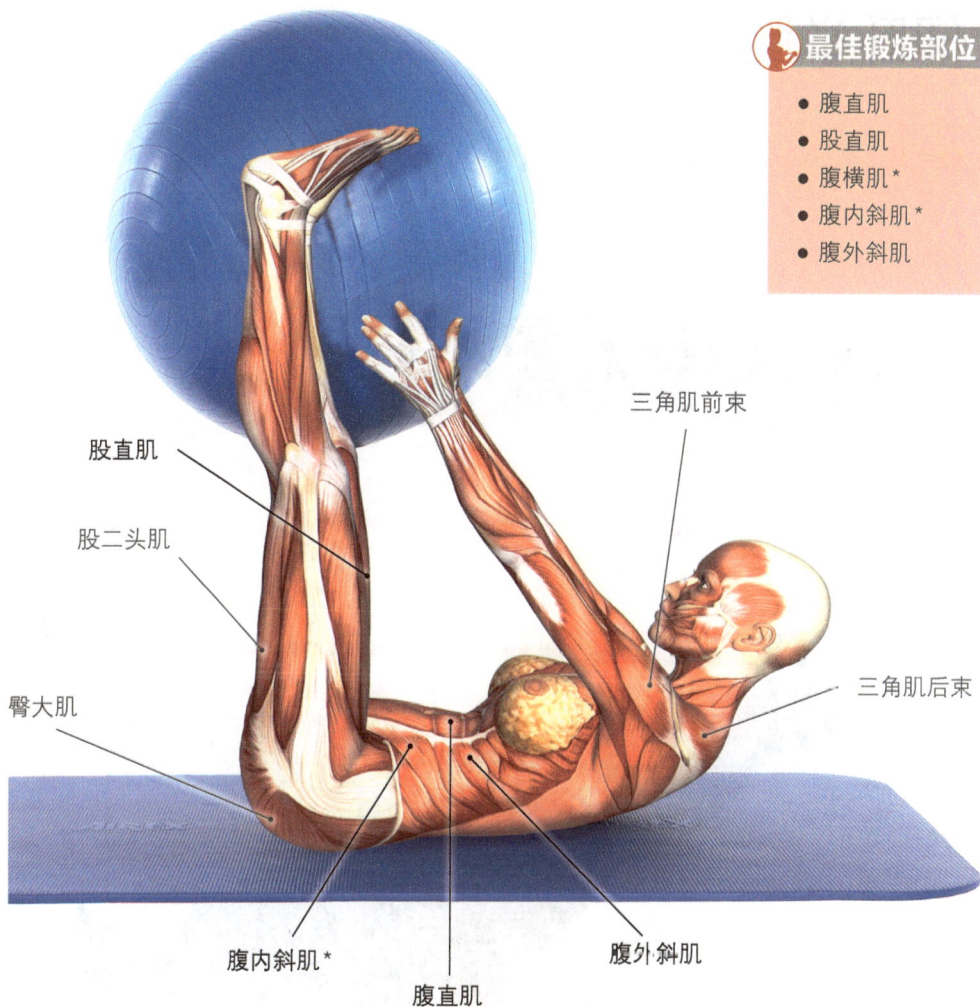

最佳锻炼部位
- 腹直肌
- 股直肌
- 腹横肌*
- 腹内斜肌*
- 腹外斜肌

三角肌前束

股直肌

股二头肌

臀大肌

三角肌后束

腹内斜肌*

腹直肌

腹外斜肌

第 4 章

核心部位练习

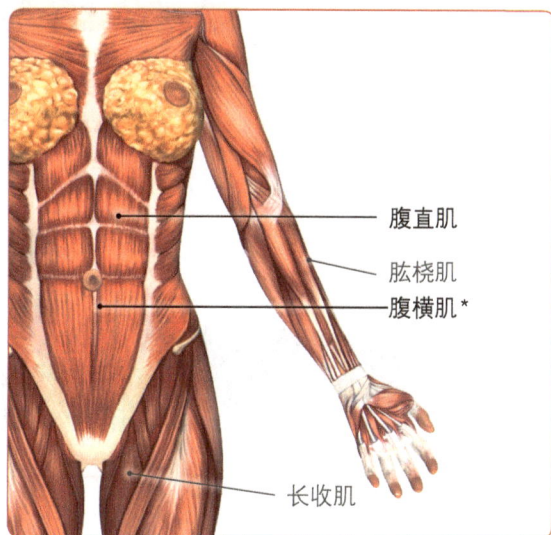

腹直肌

肱桡肌

腹横肌*

长收肌

◆ 解析关键

黑色字体为主要锻炼的
肌肉
灰色字体为次要锻炼的
肌肉
* 为深层肌肉

仰卧举腿

① 仰卧在瑜伽垫上，双脚间夹一哑铃，放于地面上。双手放在身体两侧。

锻炼目标
- 核心
- 大腿

锻炼器械
- 哑铃、瑜伽垫

级别
- 中级

呼吸提示
- 抬起时呼气，放下时吸气

益处
- 强化核心肌肉

注意 ⚠
- 腰背部若存在不适，则不建议进行此项训练

② 保持膝关节伸直，向上抬腿至与地面约呈45度角的位置，稍作停顿。

③ 恢复至起始姿势，重复完成规定的次数。

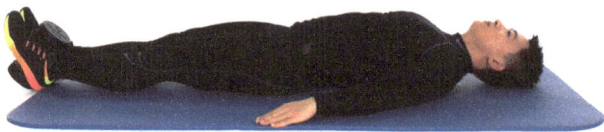

● 避免
过猛地举放双腿

● 正确做法
核心收紧
双腿保持伸直

第4章

核心部位练习

最佳锻炼部位

- 腹直肌
- 股直肌

◆ 解析关键

黑色字体为主要锻炼的
肌肉
灰色字体为次要锻炼的
肌肉
* 为深层肌肉

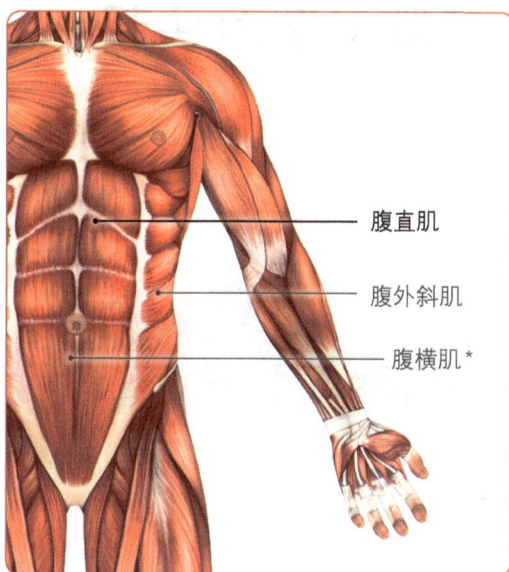

腹直肌

腹外斜肌

腹横肌 *

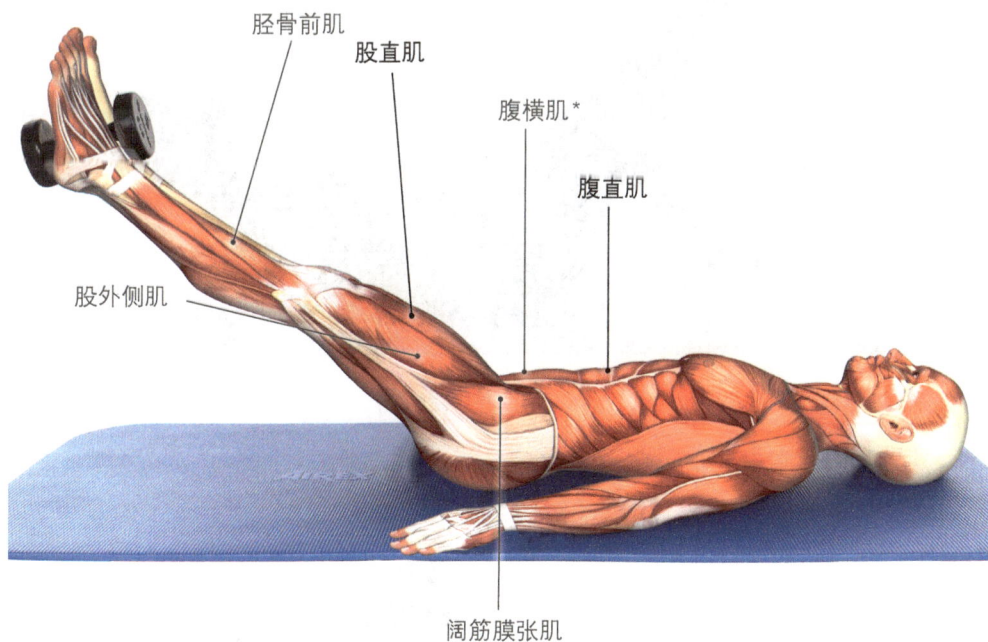

胫骨前肌

股直肌

腹横肌 *

腹直肌

股外侧肌

阔筋膜张肌

单腿V字两头起

① 仰卧在瑜伽垫上，双手握哑铃置于头顶，手臂伸直放在地面上。右侧下肢屈髋、屈膝支撑身体。

② 向上卷腹，抬起左腿，与身体呈V字形。

锻炼目标
- 核心
- 腿部

锻炼器械
- 哑铃、瑜伽垫

级别
- 高级

呼吸提示
- 全程均匀呼吸

益处
- 强化核心力量
- 增强身体稳定性

注意 ⚠
- 腰部、肩部若存在不适，则不建议进行此项训练

- **避免**
  肩部上耸
  背部弓起

- **正确做法**
  核心收紧
  双臂伸直

③ 缓慢恢复至起始姿势，重复完成规定的次数，对侧亦然。

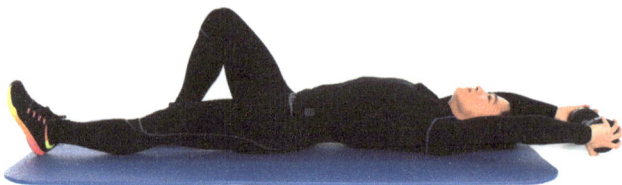

第4章

核心部位练习

🏃 **最佳锻炼部位**

- 腹直肌
- 股直肌
- 股内侧肌
- 股外侧肌
- 股中间肌 *

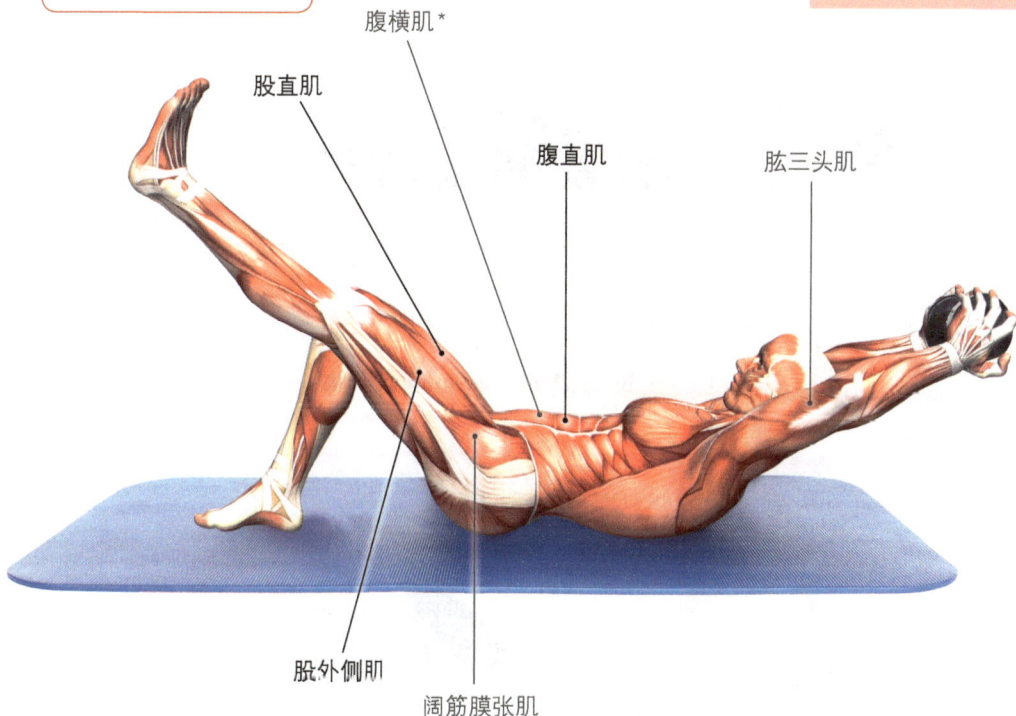

腹横肌 *

股直肌

腹直肌

肱三头肌

股外侧肌

阔筋膜张肌

第4章

核心部位练习

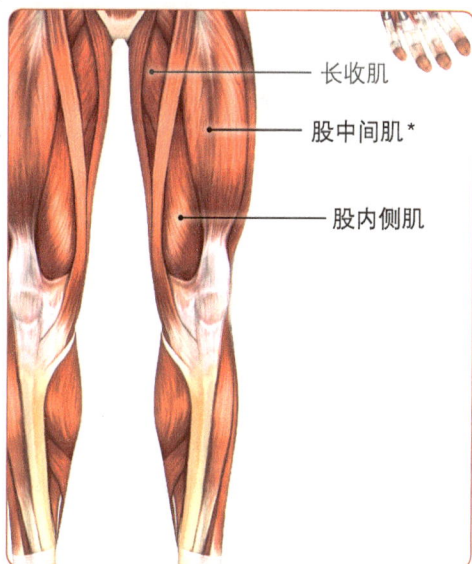

长收肌

股中间肌 *

股内侧肌

☀ **小提示**

做动作时保证均匀呼吸。

仰卧两头起

① 身体呈仰卧姿势，双腿伸直向两侧打开，并向上略微抬起，双臂伸直上抬于头部上方。

锻炼目标

- 核心
- 大腿

锻炼器械

- 瑜伽垫

级别

- 中级

呼吸提示

- 手脚举起时呼气，还原时吸气

益处

- 强化核心肌肉
- 提高身体稳定性

注意 ⚠

- 下背部若存在不适，则不建议进行此项训练

• **避免**

双腿膝关节弯曲
动作速度过快

• **正确做法**

核心收紧
四肢保持悬空，协调一致

② 核心收紧，双腿和双臂同时向上方抬起，双手接触小腿。恢复至起始姿势，重复完成规定的次数。

◆ **解析关键**

黑色字体为主要锻炼的肌肉

灰色字体为次要锻炼的肌肉

* 为深层肌肉

最佳锻炼部位

- 腹直肌
- 股直肌

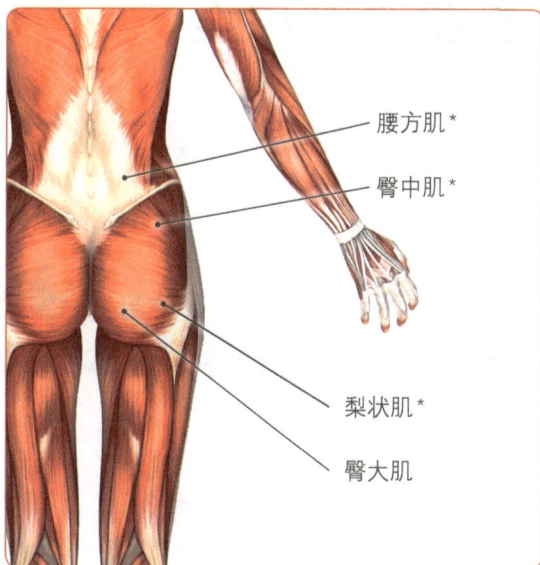

腰方肌 *

臀中肌 *

梨状肌 *

臀大肌

股外侧肌

股直肌

阔筋膜张肌

肱三头肌

背阔肌

腹横肌 *

腹内斜肌 *

腹直肌

香蕉式自行车

① 身体呈仰卧姿势，双腿伸直，并向上略微抬起。双臂伸直上抬于头部上方。

② 核心收紧，双腿屈膝向上方抬起，同时上身抬起，双手扶于头部两侧。

③ 上身向左侧扭转，右手手肘与左侧膝盖接触，双腿做蹬车动作。

④ 上身向右侧扭转，左手肘与右侧膝盖接触。两侧交替，重复完成规定的次数。

锻炼目标
- 核心

锻炼器械
- 瑜伽垫

级别
- 中级

呼吸提示
- 全程均匀呼吸

益处
- 提高核心稳定性

注意 ⚠
- 背部若存在不适，则不建议进行此项训练

- **避免**
  双腿速度过快

- **正确做法**
  核心收紧
  手脚保持悬空

第 4 章

核心部位练习

股外侧肌

股二头肌

前锯肌

腹直肌

腹内斜肌*

腹外斜肌

股内侧肌

缝匠肌

大收肌*

腹直肌

腹外斜肌

腹横肌*

阔筋膜张肌

长收肌

股直肌

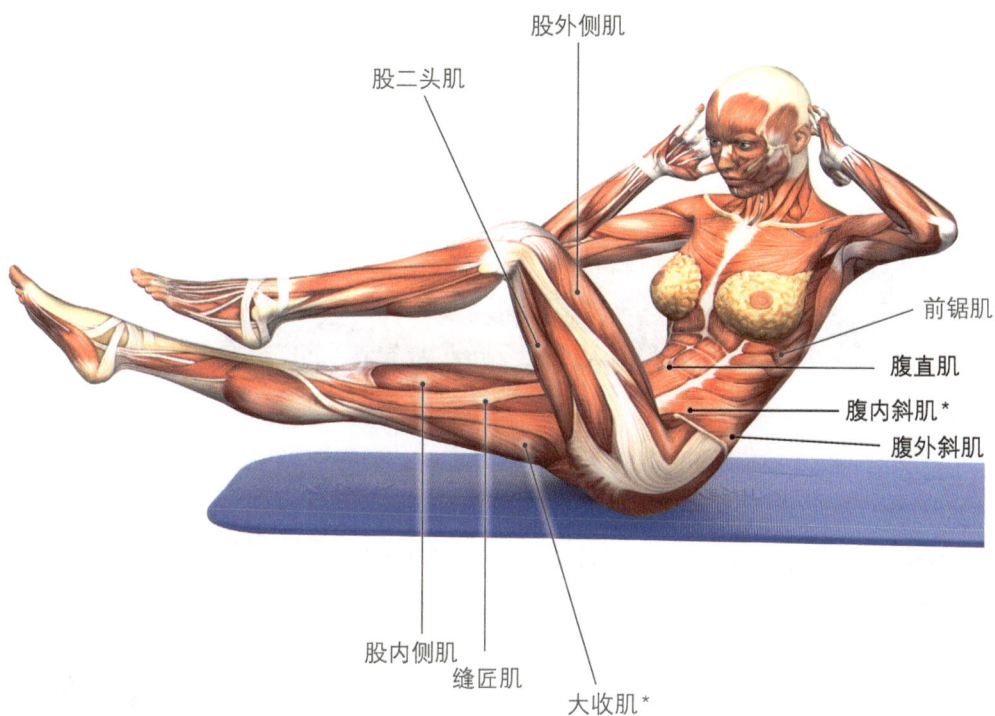

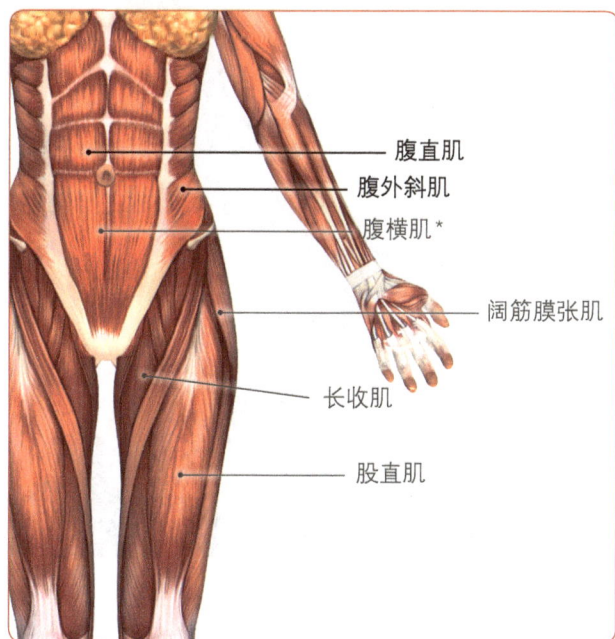

最佳锻炼部位

● 腹直肌
● 腹内斜肌*
● 腹外斜肌

◆ **解析关键**

黑色字体为主要锻炼的
肌肉
灰色字体为次要锻炼的
肌肉
* 为深层肌肉

直腿举腿

① 由仰卧姿势开始，平躺在瑜伽垫上，双腿伸直并拢，双臂落于身体两侧。

锻炼目标
- 核心
- 大腿

锻炼器械
- 瑜伽垫

级别
- 初级

呼吸提示
- 举腿时呼气，还原时吸气

益处
- 提高身体稳定性
- 增强核心力量

注意 ⚠
- 颈部若存在不适，则不建议进行此项训练

• 避免
双腿下落时利用惯性
身体左右摇晃

• 正确做法
膝关节保持伸直
下落时控制双腿运动速度

② 核心发力，双腿伸直向上抬起，同时下背部离开地面，稍作停顿。双腿有控制地下落至起始姿势，重复完成规定的次数。

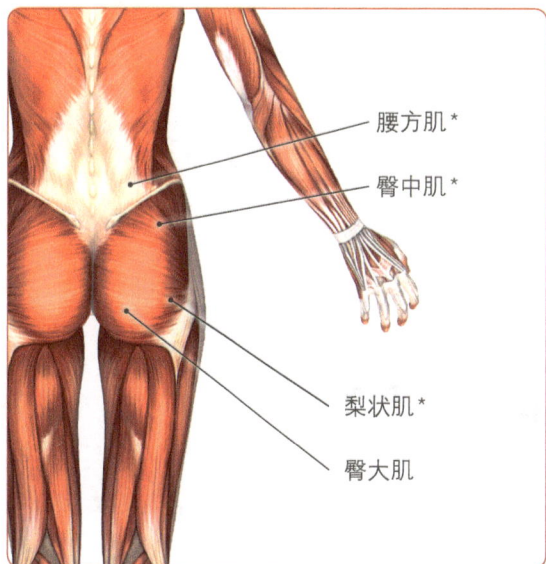

腰方肌 *

臀中肌 *

梨状肌 *

臀大肌

◆ **解析关键**

黑色字体为主要锻炼的
肌肉
灰色字体为次要锻炼的
肌肉
* 为深层肌肉

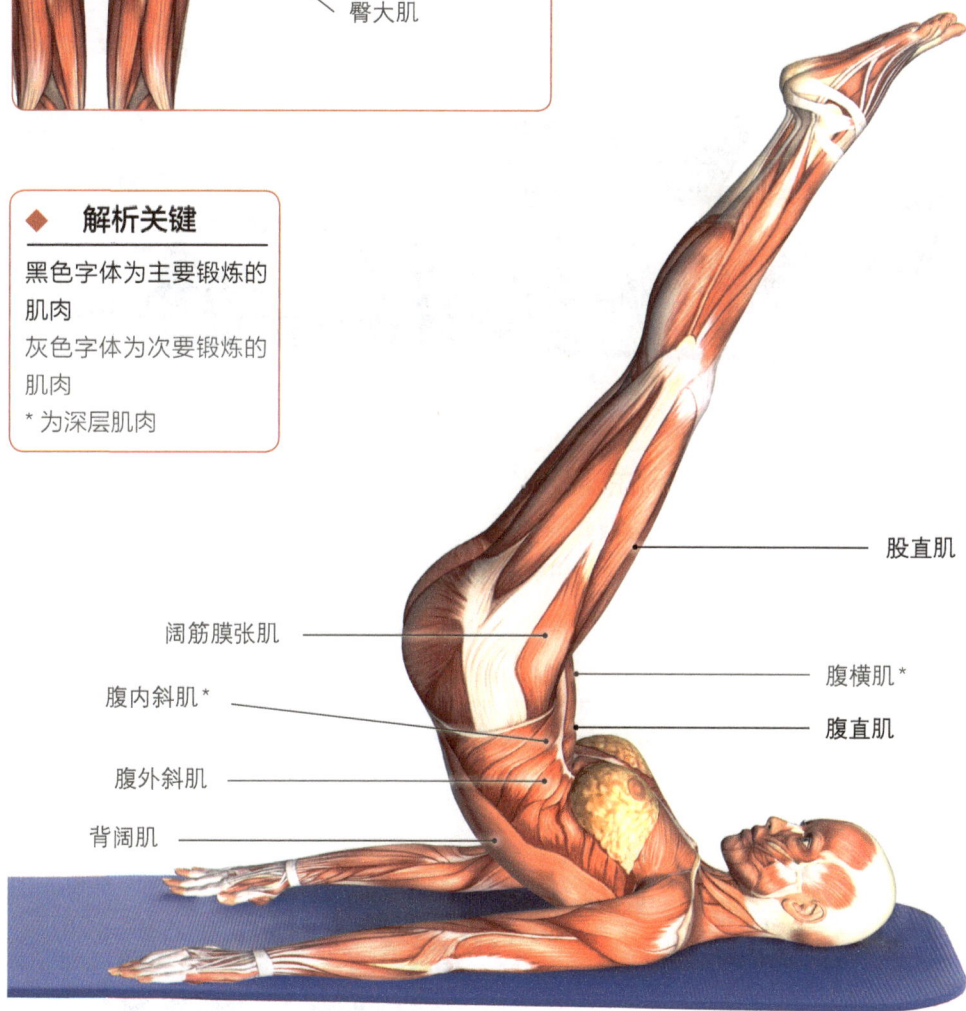

股直肌

阔筋膜张肌

腹横肌 *

腹内斜肌 *

腹直肌

腹外斜肌

背阔肌

第4章

核心部位练习

死虫动作

① 平躺于地面，双腿屈膝呈90度角，双脚撑地。双臂伸直落
于身体两侧。

● **避免**

肩部发力，向上抬起
身体随动作左右晃动

锻炼目标

● 核心
● 腿部

锻炼器械

● 瑜伽垫

级别

● 高级

呼吸提示

● 全程均匀呼吸

益处

● 增强核心稳定性
● 锻炼腹部肌肉

注意 ⚠

● 髋部若存在不适，
则不建议进行此项
训练

● **正确做法**

核心收紧
控制动作频率
腿部悬空

② 双臂伸直指向斜上方，双腿抬离
地面，左腿伸直，右腿屈膝。

③ 核心发力，双腿交换位置。双腿交替，重复完成规定的次数。

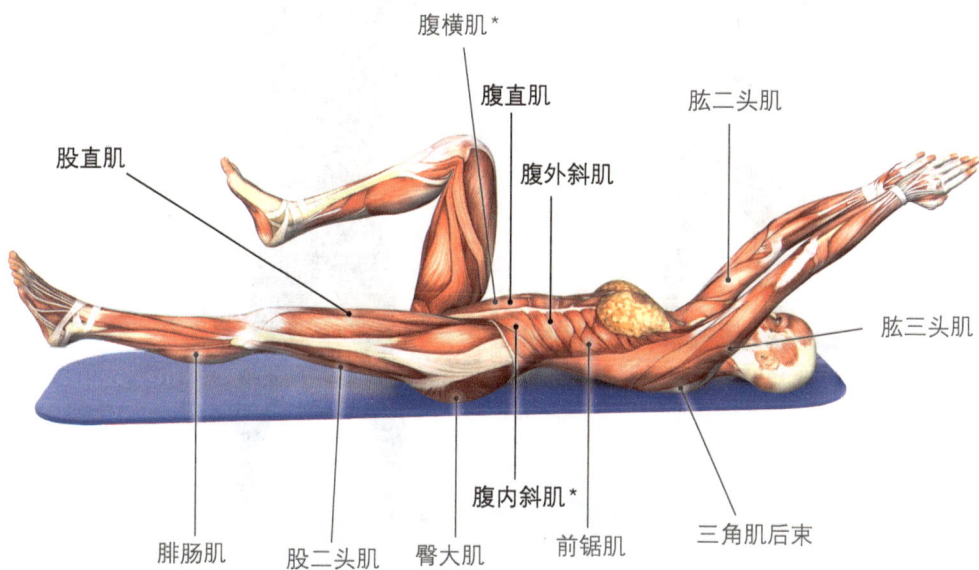

腹横肌 *

腹直肌

肱二头肌

股直肌

腹外斜肌

肱三头肌

腓肠肌　股二头肌　臀大肌　腹内斜肌 *　前锯肌　三角肌后束

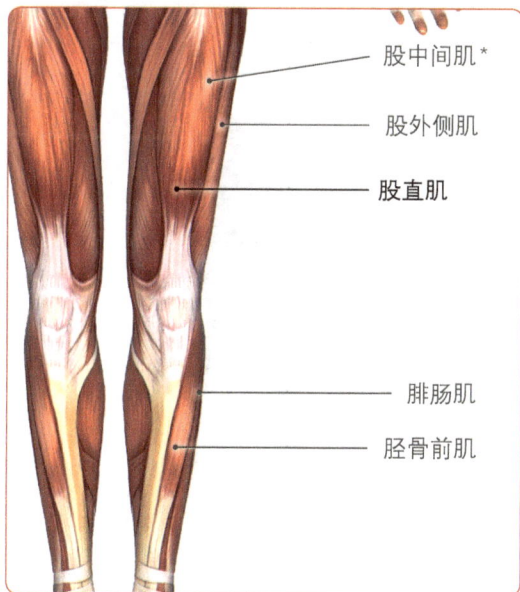

股中间肌 *

股外侧肌

股直肌

腓肠肌

胫骨前肌

过顶砸球

① 身体直立，双脚开立略比肩宽，双手紧握药球，手臂略微弯曲，将药球置于腹部前方。

② 双臂向上推举药球至超过头顶，肘部可略微弯曲。

锻炼目标
- 核心
- 背部

锻炼器械
- 药球

级别
- 初级

呼吸提示 🌓
- 砸球时呼气，恢复时吸气

益处
- 增强双臂力量
- 增强身体爆发力

注意 ⚠️
- 肩部若存在不适，则不建议进行此项训练

③ 躯干向前微屈，双臂以最大力量快速将药球下砸至身前地面。重复完成规定的次数。

● **避免**
下砸力量过猛
腰部、核心松垮

● **正确做法**
上身保持挺直
核心收紧

三角肌后束

菱形肌 *

大圆肌 *

肱三头肌

背阔肌

竖脊肌 *

腰方肌 *

腹直肌

腹横肌 *

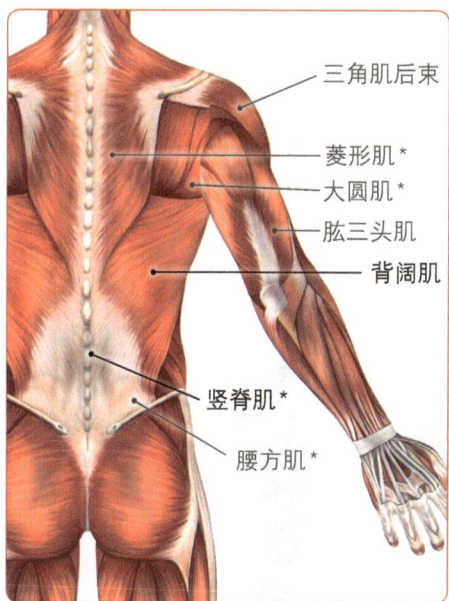

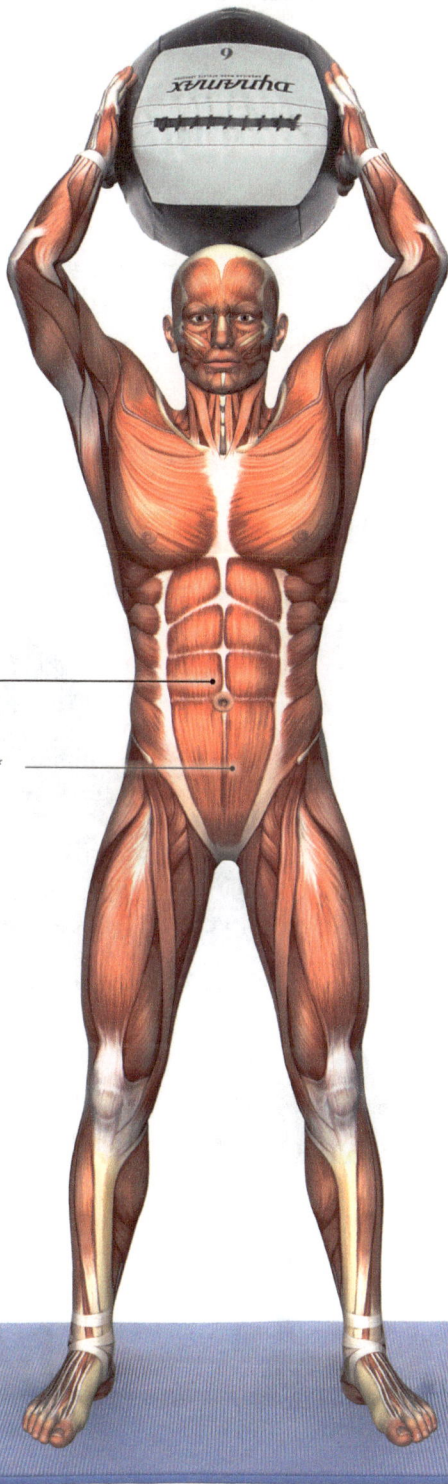

最佳锻炼部位

- 腹直肌
- 背阔肌
- 竖脊肌 *

◆　解析关键

黑色字体为主要锻炼的
肌肉
灰色字体为次要锻炼的
肌肉
* 为深层肌肉

土耳其起身

第4章

核心部位练习

锻炼目标
- 肩部
- 背部
- 臀部

锻炼器械
- 壶铃、瑜伽垫

级别
- 高级

呼吸提示
- 全程均匀呼吸

益处
- 增加身体协调性

注意 ⚠️
- 肩部若存在不适，则不建议进行此项训练

• 避免

起身时腕关节弯曲，压力过大肘关节锁死

• 正确做法

腿部屈曲后撤，以手臂支撑保持肩关节稳定

❶ 呈仰卧姿势，左腿伸直，右腿屈膝约呈90度角，脚踏于地面。右手握壶铃于胸部上方，右臂伸直且垂直于地面。左臂置于地面，与身体约呈45度角，掌心朝下。

❷ 上身按照右肩、左肩、腰背的顺序快速挺起离地，以左前臂支撑身体。

❸ 上身挺起，挺胸直背，左手伸直撑地。

❹ 右腿及臀部用力，左侧髋向上抬起，左手支撑地面，使身体从头至左脚踝呈一条直线。

❶

❷

❸

❹

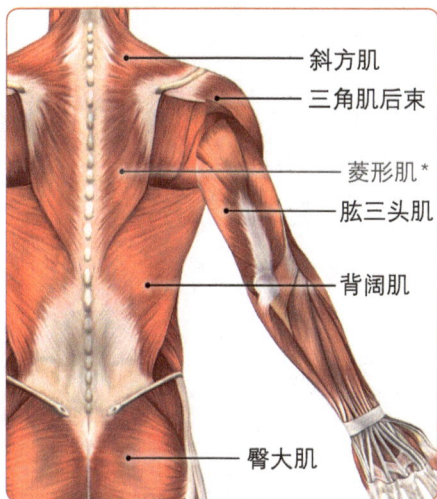

斜方肌
三角肌后束
菱形肌 *
肱三头肌
背阔肌
臀大肌

- 斜方肌
- 三角肌前束和
  后束
- 肱三头肌
- 背阔肌
- 臀大肌

◆ **解析关键**

黑色字体为主要锻炼的
肌肉
灰色字体为次要锻炼的
肌肉
* 为深层肌肉

❺ 左腿向后移动，单膝跪地。
❻ 左手推离地面，身体挺直，身体呈半跪姿势。
❼ 站起呈基本站姿。按照原路恢复至起始姿势，
  重复完成规定的次数，对侧亦然。

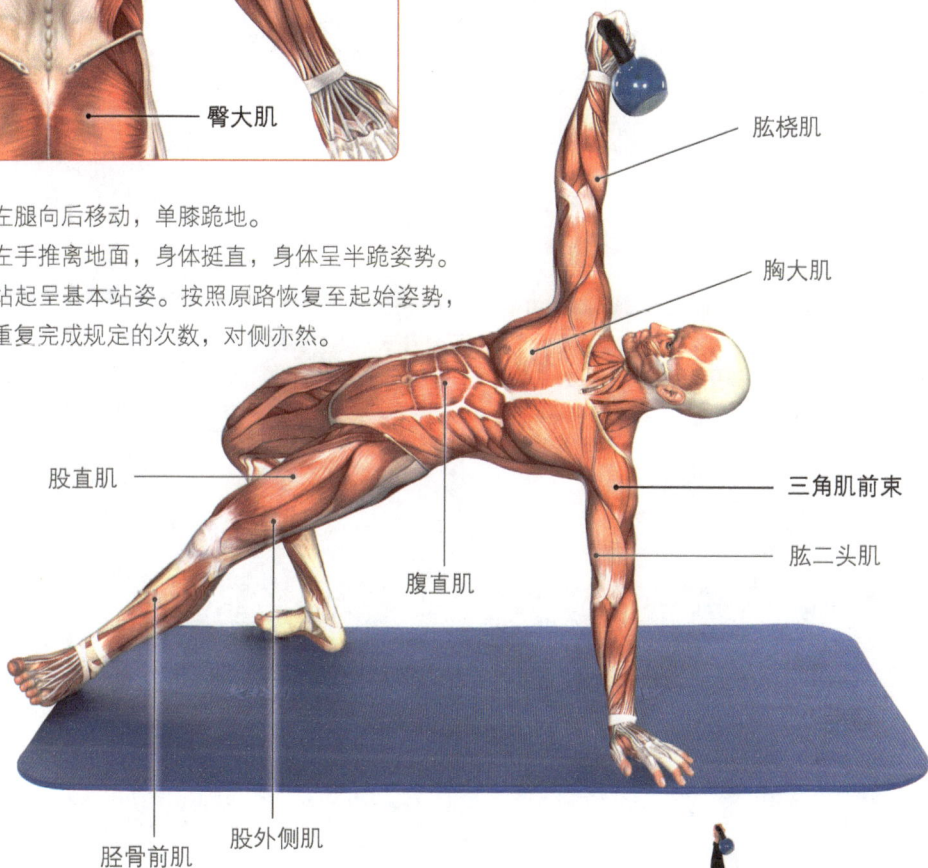

肱桡肌

胸大肌

三角肌前束

肱二头肌

股直肌

腹直肌

胫骨前肌

股外侧肌

第 4 章

核心部位练习

❺   ❻   ❼

05

CHAPTER FIVE

第5章
下肢练习

靠墙下蹲

❶ 双臂自然下垂于身体两侧，瑞士球位于身体和墙壁之间。呈基本站姿，双脚分开与肩同宽。

锻炼目标
- 臀部
- 核心
- 大腿

锻炼器械
- 瑞士球

级别
- 初级

呼吸提示
- 身体下降时吸气，上升时呼气

益处
- 锻炼臀部肌肉
- 增强核心力量

注意
- 髋部或膝关节若存在不适，则不建议进行此项训练

● **避免**

低头塌腰
膝关节超过脚尖

● **正确做法**

核心收紧
上身保持直立

❷ 保持身体稳定，向下深蹲至大腿平行于地面，稍作停顿。恢复至起始姿势，重复完成规定的次数。

第5章

下肢练习

腹外斜肌

腹直肌

股直肌

股中间肌 *

股外侧肌

腓肠肌

胫骨后肌 *

臀大肌

臀大肌

大收肌 *

股二头肌

半腱肌

半膜肌

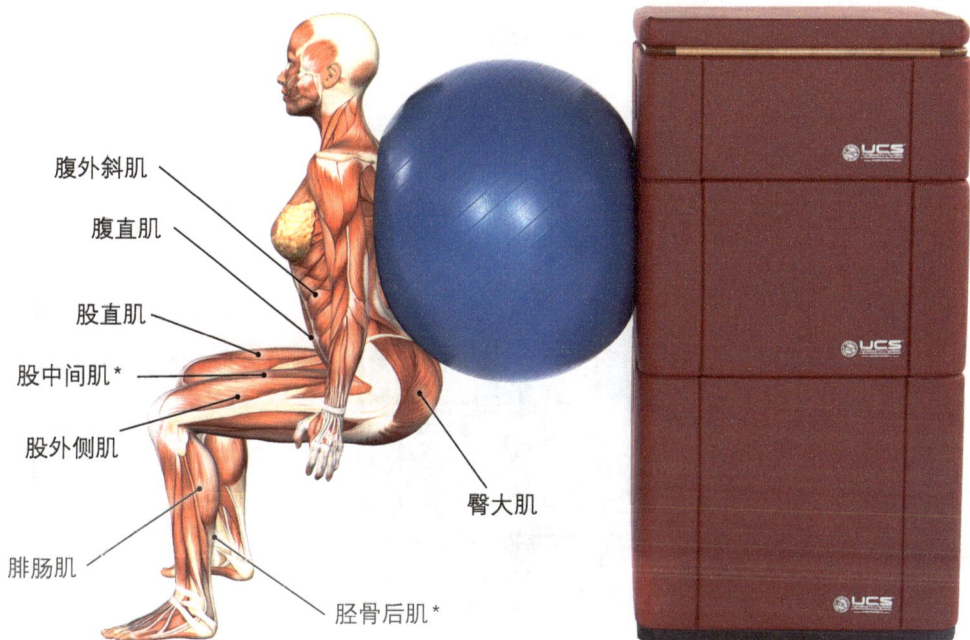

🏃 **最佳锻炼部位**

- 半腱肌
- 半膜肌
- 股外侧肌
- 股二头肌
- 股中间肌 *
- 股直肌
- 臀大肌
- 腹直肌
- 腹外斜肌

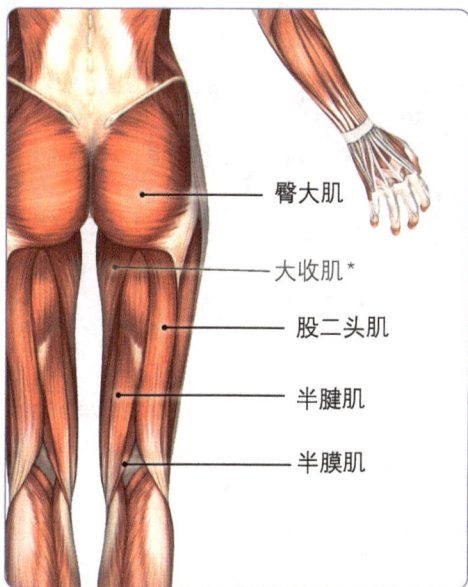

◆ **解析关键**

黑色字体为主要锻炼的肌肉

灰色字体为次要锻炼的肌肉

* 为深层肌肉

杠铃深蹲

① 双脚开立，略比肩宽，杠铃落于肩胛骨处，双手紧握杠铃。

② 核心收紧，臀部后坐，下蹲至大腿与地面平行，稍作停顿。恢复至起始位置，重复完成规定的次数。

- 避免

  膝盖过度前伸，超过脚尖

- 正确做法

  身体向下深蹲至大腿与地面平行

锻炼目标
- 大腿
- 臀部

锻炼器械
- 杠铃

级别
- 中级

呼吸提示
- 全程均匀呼吸

益处
- 增加大腿肌肉力量

注意 ⚠
- 膝关节若存在不适，则不建议进行此项训练

黑色字体为主要锻炼的
肌肉
灰色字体为次要锻炼的
肌肉
* 为深层肌肉

腹外斜肌

腹内斜肌*

股直肌

股中间肌*

股内侧肌

腹直肌

股外侧肌

多裂肌*

臀小肌*

臀中肌*

臀大肌

半腱肌

股二头肌

半膜肌

第5章

下肢练习

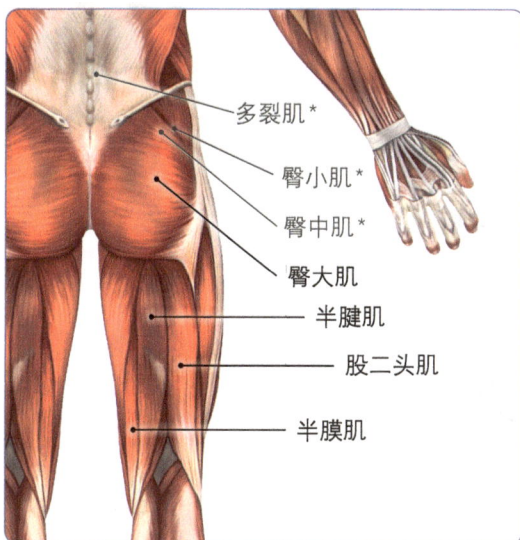

最佳锻炼部位

- 股中间肌*
- 股外侧肌
- 股内侧肌
- 股直肌
- 半腱肌
- 臀大肌
- 半膜肌
- 股二头肌

弓步下蹲

锻炼目标
- 大腿
- 臀部

锻炼器械
- 哑铃

级别
- 中级

呼吸提示
- 下蹲时吸气，站起时呼气

益处
- 强化股四头肌和臀部肌肉

注意 ⚠
- 膝关节若存在不适，则不建议进行此项训练

- **避免**
  身体向一侧倾斜
  膝关节超过脚尖

- **正确做法**
  躯干保持直立
  膝关节和脚尖方向一致向前

① 呈基本站姿，双手各握一只哑铃，自然下垂于身体两侧。

② 左脚向前迈步，屈膝呈左弓步。

③ 恢复直立姿势。

④ 右脚向前迈步，屈膝呈右弓步。

⑤ 恢复直立姿势。

⑥ 保持身体稳定，双腿屈膝向下深蹲。

⑦ 恢复至起始姿势，重复完成规定的次数。

①   ②   ③

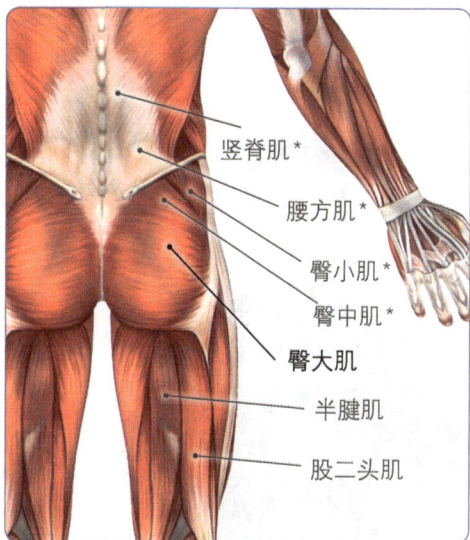

竖脊肌 *

腰方肌 *

臀小肌 *

臀中肌 *

臀大肌

半腱肌

股二头肌

◆ 解析关键

黑色字体为主要锻炼的肌肉
灰色字体为次要锻炼的肌肉
* 为深层肌肉

股中间肌 *

股直肌

腹外斜肌

股内侧肌

👤 最佳锻炼部位

- 股直肌
- 股外侧肌
- 股中间肌 *
- 股内侧肌
- 臀大肌

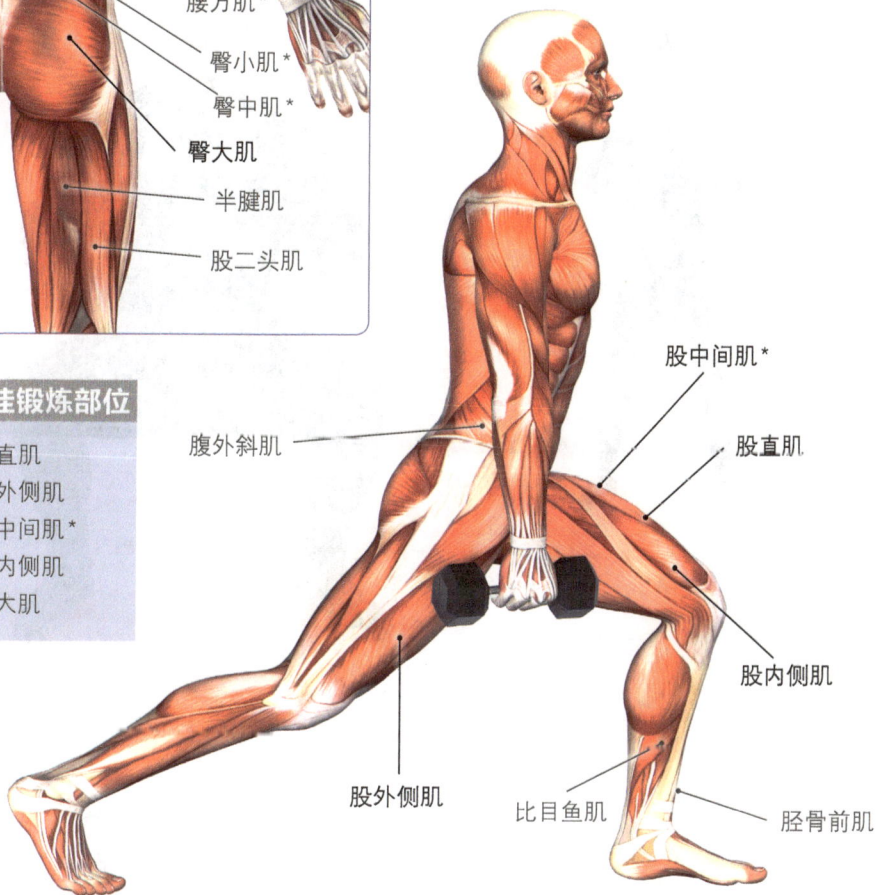

股外侧肌

比目鱼肌

胫骨前肌

④　⑤　⑥　⑦

持铃深蹲

① 双手握壶铃置于胸前，铃底朝前。呈基本站姿，双脚略比肩宽。

② 双腿屈膝，保持背部挺直，向下深蹲。

③ 恢复至起始姿势，重复完成规定的次数。

锻炼目标
- 大腿
- 臀部

锻炼器械
- 壶铃

级别
- 中级

呼吸提示 🌓
- 下蹲时吸气，站起时呼气

益处
- 增强股四头肌和臀肌的力量

注意 ⚠️
- 髋部若存在不适，则不建议进行此项训练

- **避免**
  膝关节过度前伸，超过脚尖

- **正确做法**
  下蹲至大腿与地面平行，躯干与胫骨平行

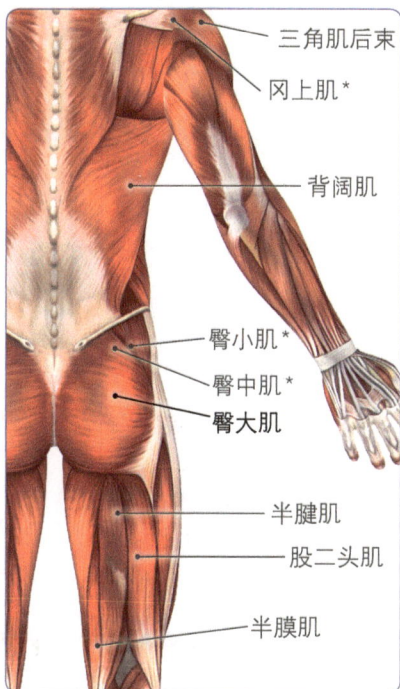

- 三角肌后束
- 冈上肌*
- 背阔肌
- 臀小肌*
- 臀中肌*
- **臀大肌**
- 半腱肌
- 股二头肌
- 半膜肌

最佳锻炼部位

- 股中间肌*
- 股外侧肌
- 股内侧肌
- 股直肌
- 臀大肌

◆ **解析关键**

黑色字体为主要锻炼的
肌肉
灰色字体为次要锻炼的
肌肉
* 为深层肌肉

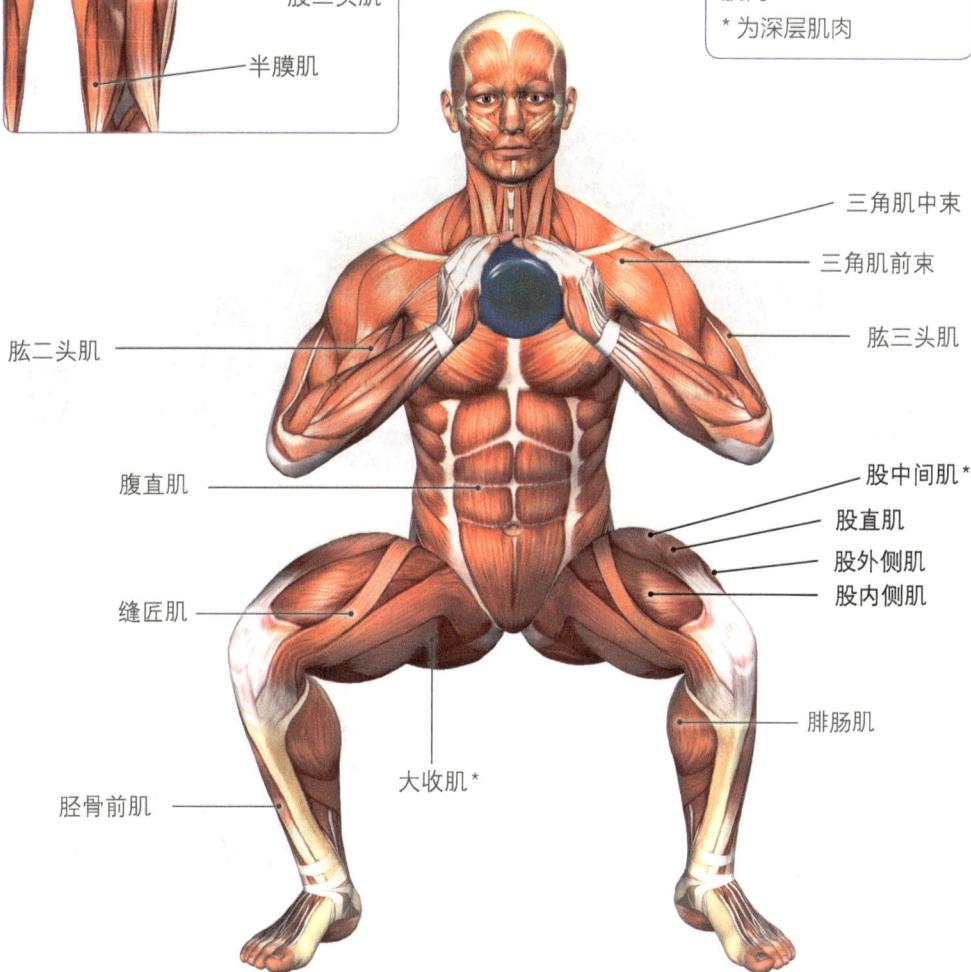

- 三角肌中束
- 三角肌前束
- 肱三头肌
- 肱二头肌
- 腹直肌
- 缝匠肌
- 胫骨前肌
- 大收肌*
- 股中间肌*
- 股直肌
- 股外侧肌
- 股内侧肌
- 腓肠肌

双腿臀桥

① 仰卧于地上，BOSU 球曲面向上，双脚放于曲面上，膝盖弯曲，双手放于体侧。

② 臀部抬起，至躯干和大腿呈一条直线。

锻炼目标
● 核心
● 腿部
● 臀部

锻炼器械
● BOSU 球

级别
● 高级

呼吸提示
● 全程均匀呼吸

益处
● 增强臀肌和腘绳肌的力量和耐力

注意
● 下背部若存在不适，则不建议进行此项训练

● 避免
膝关节内扣
髋部和背部下沉

● 正确做法
膝、髋、肩在最高点时应呈一条直线
核心收紧，躯干保持中立位

③ 恢复至起始姿势，重复完成规定的次数。

◆ **解析关键**

黑色字体为主要锻炼的肌肉
灰色字体为次要锻炼的肌肉
* 为深层肌肉

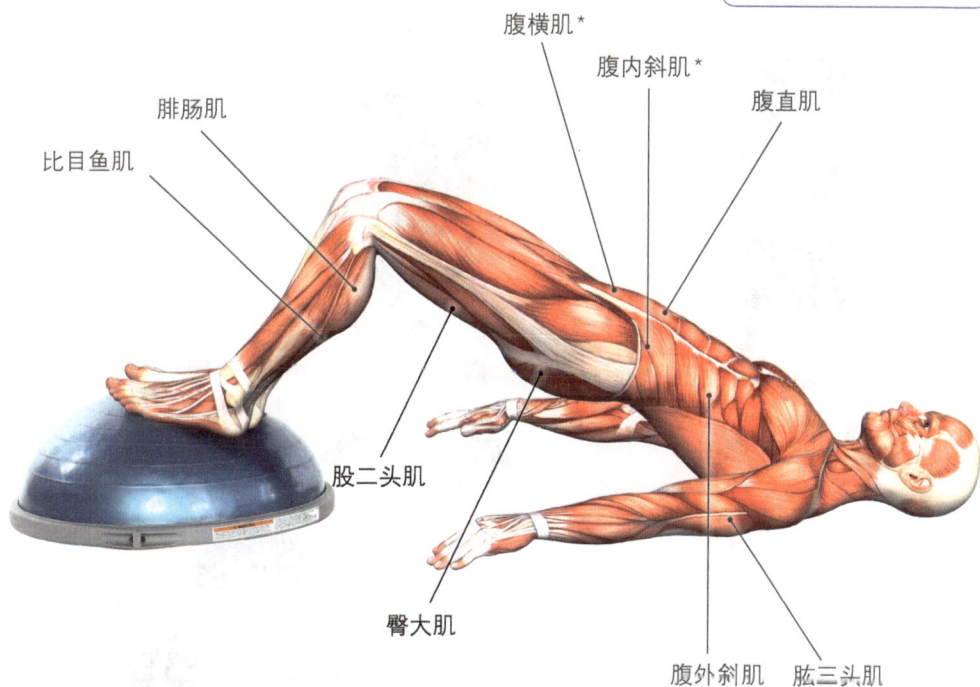

腹横肌*
腹内斜肌*
腹直肌
腓肠肌
比目鱼肌
股二头肌
臀大肌
腹外斜肌　肱三头肌

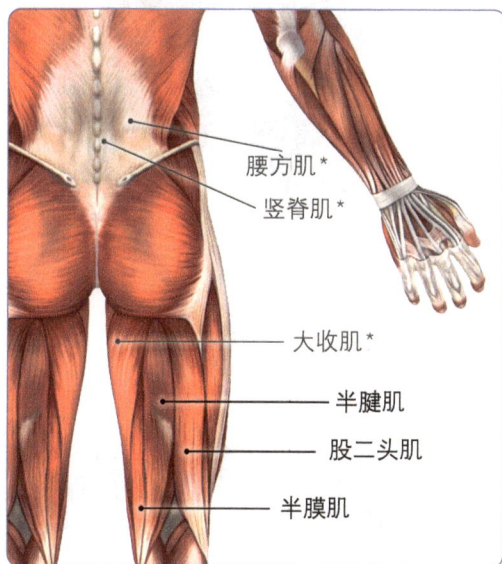

腰方肌*
竖脊肌*
大收肌*
半腱肌
股二头肌
半膜肌

☼ **小提示**

臀部收紧，以保持骨盆的稳定性。

第5章

下肢练习

相扑深蹲

① 由站姿开始，双脚分开略比肩宽，脚尖略向外，双手托哑铃于身前。

② 保持背部挺直，屈髋、屈膝下蹲。

● **避免**

膝关节超过脚尖
背部弓起，向前弯腰

● **正确做法**

将胸部前挺，双肩后压
核心收紧，背部保持平直

锻炼目标

● 臀部
● 大腿

锻炼器械

● 哑铃

级别

● 初级

呼吸提示 ◐

● 身体下降时吸气，恢复时呼气

益处

● 强化臀部肌肉和大腿后侧肌肉

注意 ⚠

● 下背部若存在不适，则不建议进行此项训练

③ 屈髋下蹲至大腿与地面尽量平行。臀部发力伸髋，直至站立位，重复完成规定的次数。

三角肌

股中间肌*

股内侧肌

股直肌

股外侧肌

臀小肌*
臀中肌*

臀大肌

大收肌*
半腱肌

股二头肌

半膜肌

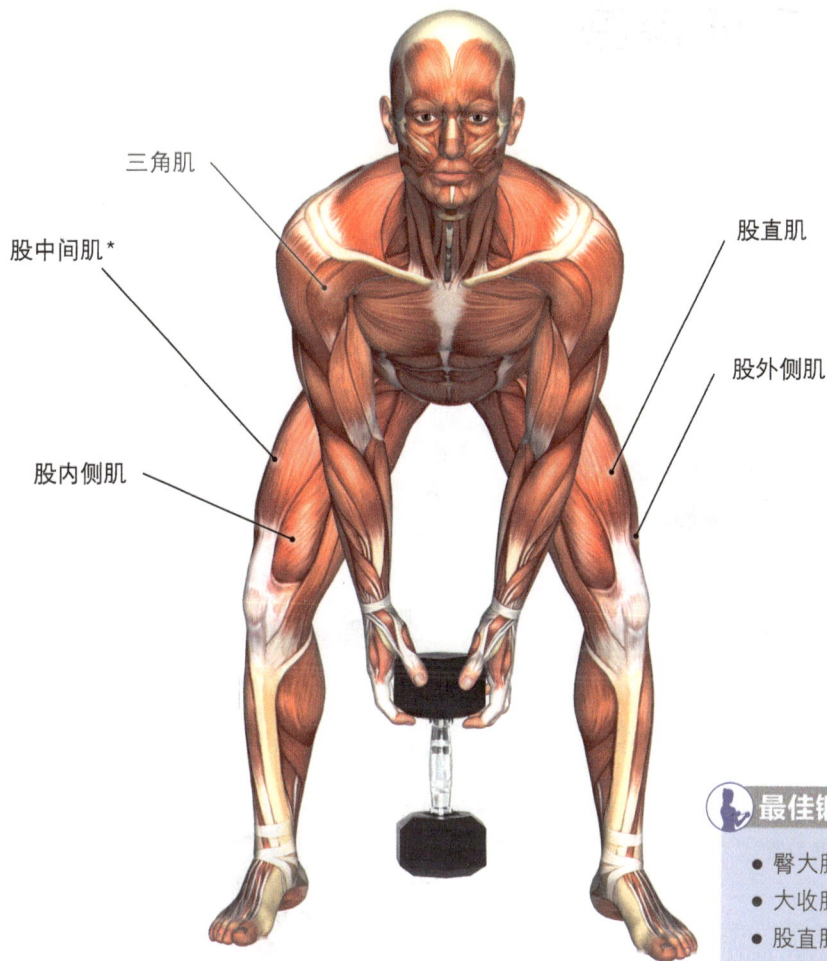

最佳锻炼部位

- 臀大肌
- 大收肌*
- 股直肌
- 股外侧肌
- 股内侧肌
- 股中间肌*
- 半腱肌
- 股二头肌
- 半膜肌

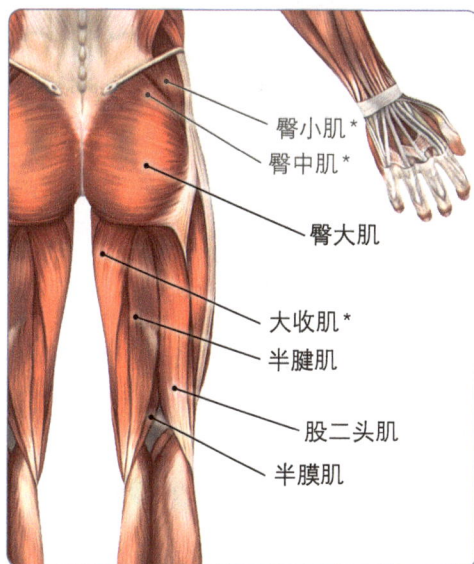

◆ **解析关键**

黑色字体为主要锻炼的肌肉

灰色字体为次要锻炼的肌肉

* 为深层肌肉

第5章

下肢练习

保加利亚深蹲

① 呈站立姿势，双手握拳屈肘置于胸前。后侧腿搭于训练椅上，前腿伸直，重心靠前。

锻炼目标
- 臀部
- 大腿

锻炼器械
- 训练椅

级别
- 高级

呼吸提示
- 站起时呼气，下蹲时吸气

益处
- 强化股四头肌和臀部肌肉

注意 ⚠
- 膝关节若存在不适，则不建议进行此项训练

- **避免**
  身体向一侧倾斜
  背部弯曲前俯

- **正确做法**
  膝关节与脚尖方向一致
  躯干保持直立

② 保持身体稳定，前腿屈膝下蹲，稍作停顿。恢复至起始姿势，重复完成规定的次数，对侧亦然。

第5章

下肢练习

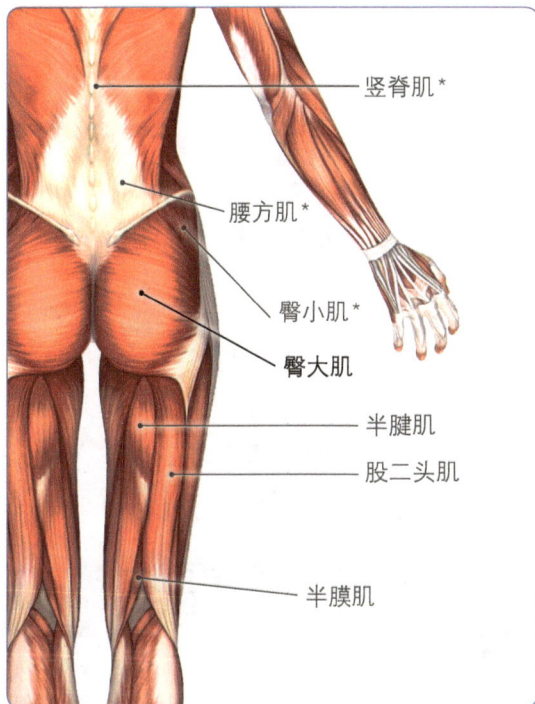

竖脊肌*

腰方肌*

臀小肌*

臀大肌

半腱肌

股二头肌

半膜肌

最佳锻炼部位

● 臀大肌
● 股直肌
● 股外侧肌
● 股中间肌*
● 股内侧肌

◆ **解析关键**

黑色字体为主要锻炼的
肌肉
灰色字体为次要锻炼的
肌肉
* 为深层肌肉

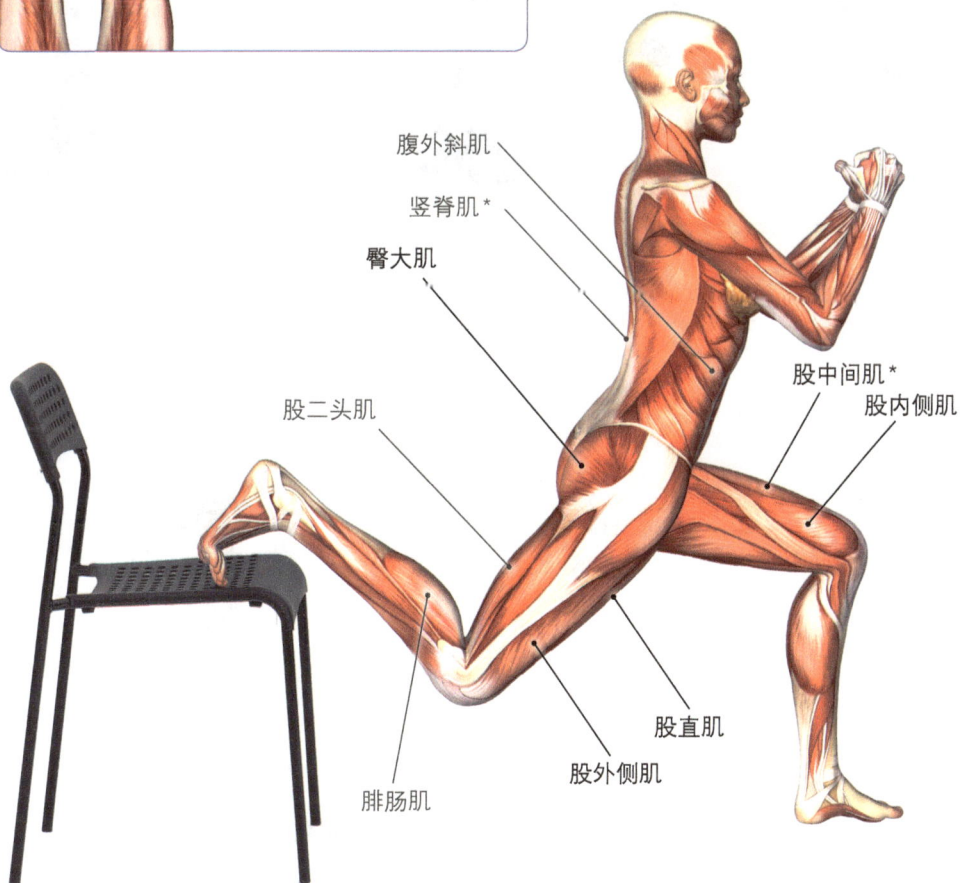

腹外斜肌

竖脊肌*

臀大肌

股二头肌

股中间肌*

股内侧肌

股直肌

股外侧肌

腓肠肌

第5章

下肢练习

宽距深蹲

❶ 由站姿开始，双脚间距约为两倍肩宽，脚尖向外，双手扶腰，目视前方。

❷ 双腿屈膝下蹲，至大腿与地面平行，膝关节与脚尖方向保持一致。

❸ 恢复至起始姿势，重复完成规定的次数。

锻炼目标
- 臀部
- 大腿

锻炼器械
- 徒手

级别
- 中级

呼吸提示
- 全程均匀呼吸

益处
- 强化臀部和大腿

注意 ⚠
- 膝关节若存在不适，则不建议进行此项训练

- **避免**

膝关节过度伸展，超过脚尖
肩部上耸

- **正确做法**

核心收紧，腰背挺直保持蹲姿，躯干保持稳定

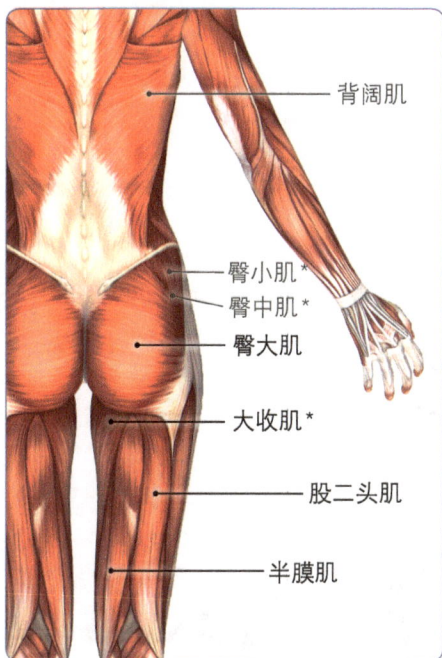

背阔肌

臀小肌 *
臀中肌 *
臀大肌
大收肌 *
股二头肌
半膜肌

最佳锻炼部位

- 臀大肌
- 股直肌
- 股内侧肌
- 大收肌 *
- 股二头肌
- 半膜肌

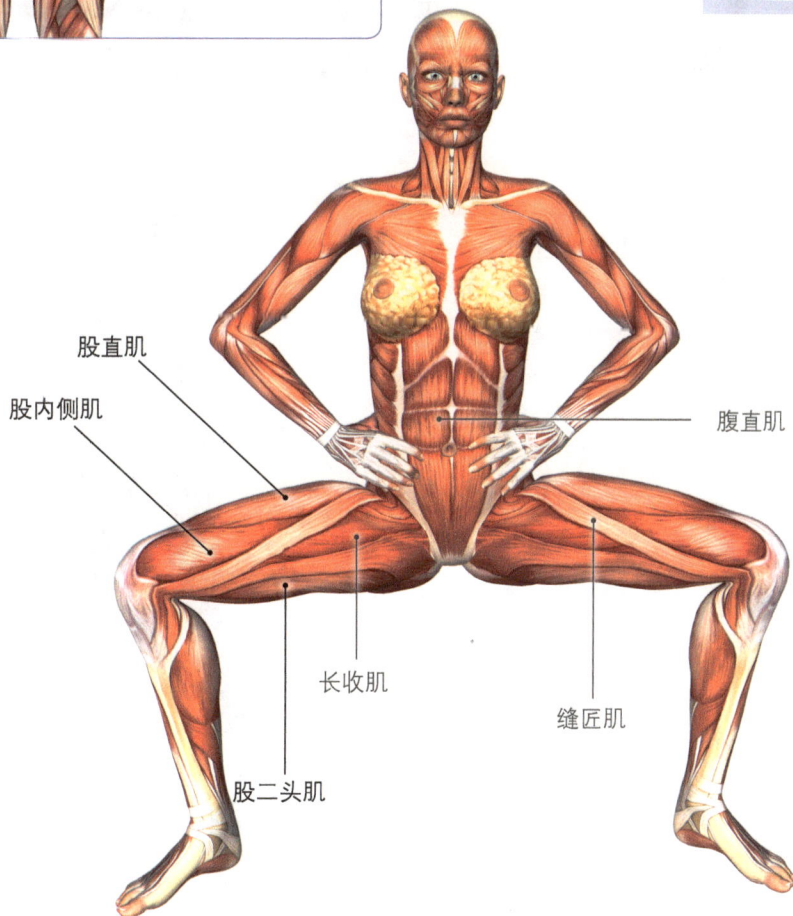

股直肌

股内侧肌

腹直肌

长收肌

缝匠肌

股二头肌

第 5 章

下肢练习

深蹲跳

① 由站姿开始，双臂伸直自然下垂于身体两侧，双脚间距略比肩宽。

② 保持背部挺直，屈髋、屈膝下蹲。双臂伸直上抬至与肩齐平。

- **避免**

落地时过度用力

锻炼目标
- 臀部
- 大腿

锻炼器械
- 徒手

级别
- 高级

呼吸提示
- 下蹲时吸气,跳起时呼气

益处
- 增强腿部肌肉力量
- 增加肌肉弹性

注意 ⚠️
- 膝关节若存在不适，则不建议进行此项训练

- **正确做法**

后背挺直，核心收紧，保持挺胸抬头

落地缓冲时，髋、膝、踝在一条直线上

蹲至臀部略高于膝关节位置后迅速向上跳起

③ 顶髋起身，向上跳起，双臂顺势下放于身体两侧。双腿微屈膝缓冲落地，重复完成规定的次数。

长收肌
缝匠肌
股中间肌*
股直肌
股外侧肌
股内侧肌

竖脊肌*
多裂肌*
臀大肌
半腱肌
股二头肌

腹外斜肌
腹内斜肌*
阔筋膜张肌
股中间肌*
股直肌
股外·侧肌

腹直肌

股内侧肌

腓肠肌

胫骨前肌
趾长伸肌

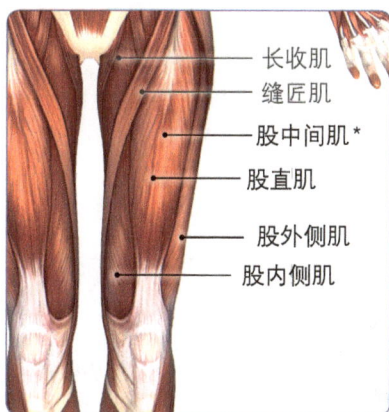

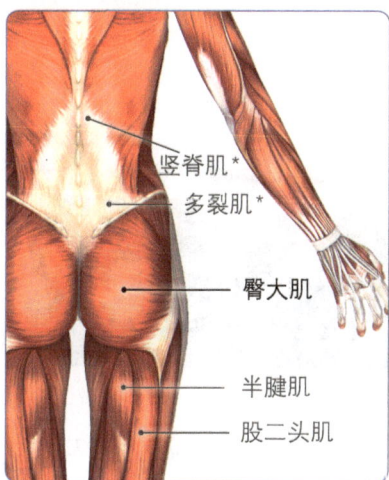

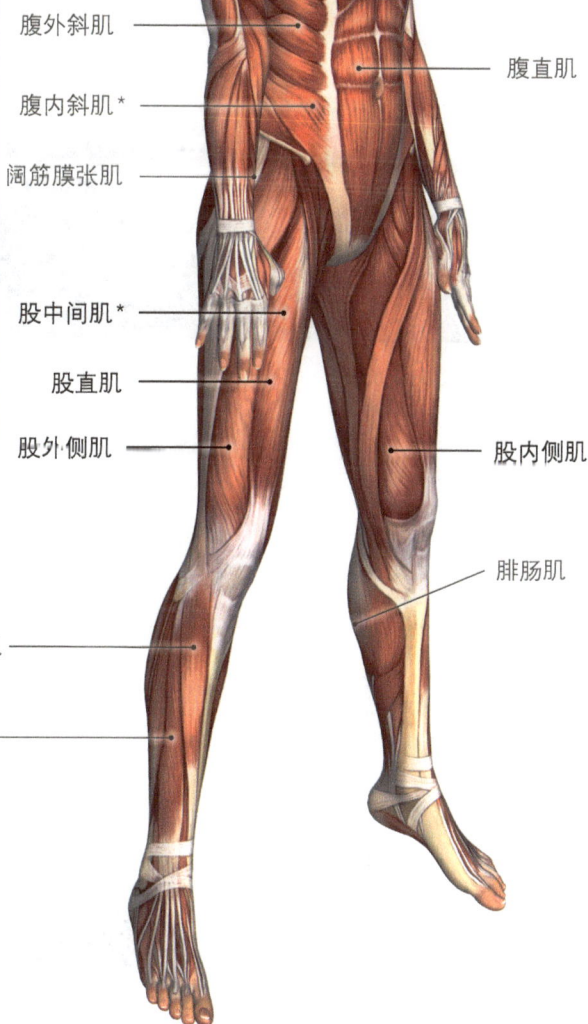

最佳锻炼部位

- 臀大肌
- 股中间肌*
- 股外侧肌
- 股内侧肌
- 股直肌

◆ 解析关键

黑色字体为主要锻炼的
肌肉
灰色字体为次要锻炼的
肌肉
* 为深层肌肉

贝壳练习

❶ 身体呈侧卧姿势，触地侧手臂弯曲置于头部下方，非触地手扶住胸部前方地面，双腿并拢屈膝。

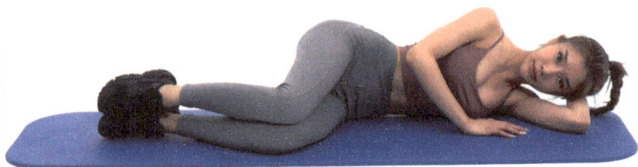

- **避免**

  身体产生晃动

  骨盆发生转动

- **正确做法**

  背部挺直，核心收紧

  保持骨盆向前

❷ 核心和臀部收紧，保持双脚接触，髋部外侧肌群发力使非触地侧的腿向上抬起，稍作停顿。

锻炼目标
- 臀部

锻炼器械
- 瑜伽垫

级别
- 初级

呼吸提示 🌓
- 髋外旋时呼气，还原时吸气

益处
- 充分锻炼臀部肌肉

注意 ⚠️
- 髋关节若存在不适，则不建议进行此项训练

❸ 恢复至起始姿势，重复完成规定的次数，对侧亦然。

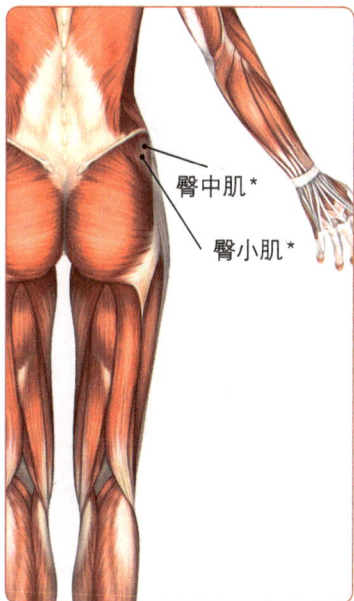

臀中肌 *

臀小肌 *

最佳锻炼部位

● 臀中肌 *
● 臀小肌 *

◆ 解析关键

黑色字体为主要锻炼的
肌肉
灰色字体为次要锻炼的
肌肉
* 为深层肌肉

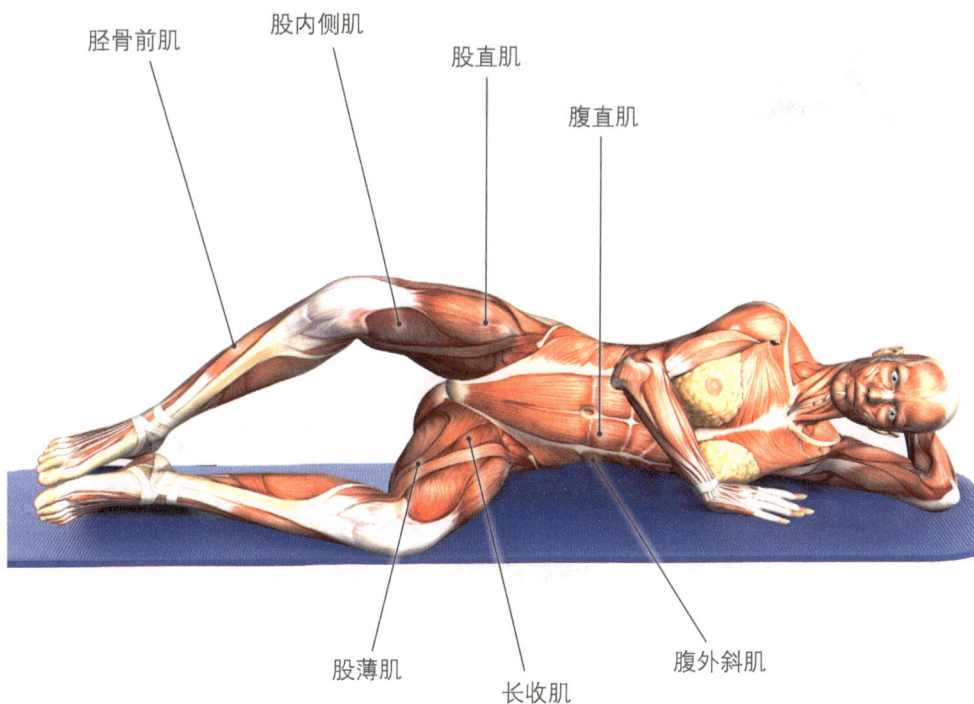

胫骨前肌

股内侧肌

股直肌

腹直肌

股薄肌

长收肌

腹外斜肌

第5章 下肢练习

蚌式支撑

① 身体呈侧卧姿势，左手撑地，右手扶髋。双腿屈膝，脚跟并拢。

② 臀部发力，将髋部抬离地面。

第5章

下肢练习

- **避免**
  肩部放松上耸
  髋部下沉

- **正确做法**
  核心收紧，背部挺直
  保持骨盆向前

③ 腰部、核心紧绷，臀部外侧发力使右腿膝关节向外打开。右腿落至左腿上，重复完成规定的次数，对侧亦然。

锻炼目标
- 髋部
- 大腿

锻炼器械
- 瑜伽垫

级别
- 中级

呼吸提示
- 膝关节外展时呼气，还原时吸气

益处
- 锻炼臀部肌肉
- 增强核心稳定性

注意 ⚠
- 肩部或髋部若存在不适，则不建议进行此项训练

- 臀中肌 *
- 臀小肌 *

◆ **解析关键**

黑色字体为主要锻炼的
肌肉
灰色字体为次要锻炼的
肌肉
* 为深层肌肉

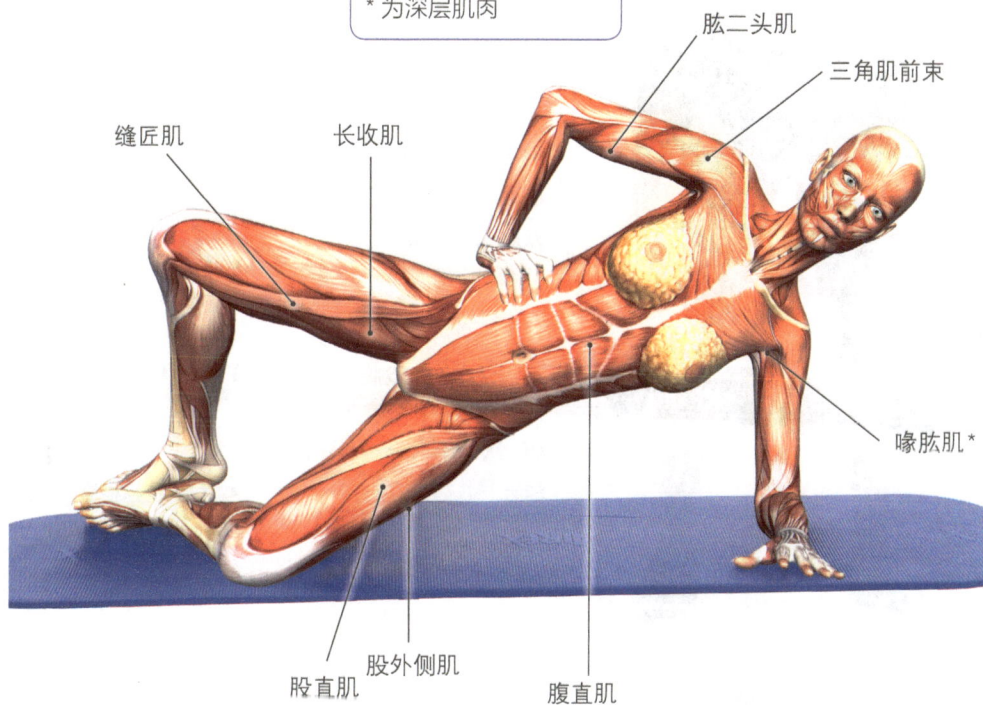

肱二头肌

三角肌前束

缝匠肌

长收肌

喙肱肌 *

股直肌

股外侧肌

腹直肌

☀ **小提示**

过程中背部始终保持挺直，脊柱不
可弯曲。

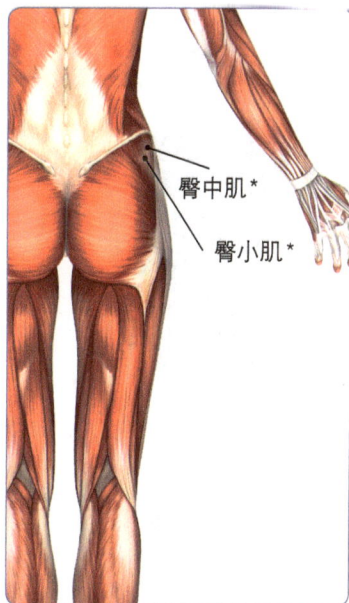

臀中肌 *

臀小肌 *

第 5 章

下肢练习

直腿硬拉

- **避免**

弯腰弓背

拉伸速度过快

- **正确做法**

背部保持平直，核心收紧

双腿保持伸直

锻炼目标

- 大腿
- 臀部
- 核心

锻炼器械

- 哑铃

级别

- 中级

呼吸提示

- 俯身时吸气，恢复时呼气

益处

- 锻炼臀部和大腿后侧肌肉

注意 ⚠

- 下背部若存在不适，则不建议进行此项训练

❶ 呈站立姿势，双脚与肩同宽。屈髋、屈膝，上身前俯，双手持哑铃置于小腿前方。

❷ 保持背部挺直，臀部发力，向上提拉哑铃。

❸ 提拉哑铃身体直立。重复完成规定的次数。

背阔肌

臀小肌 *
臀中肌 *
臀大肌

大收肌 *

股二头肌

半膜肌

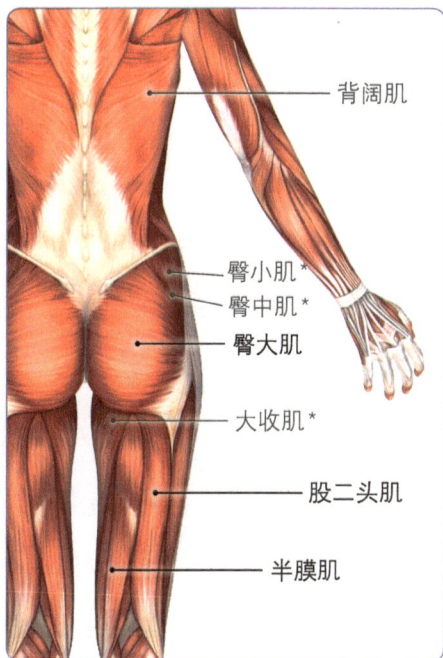

◆ **解析关键**

黑色字体为主要锻炼的
肌肉
灰色字体为次要锻炼的
肌肉
* 为深层肌肉

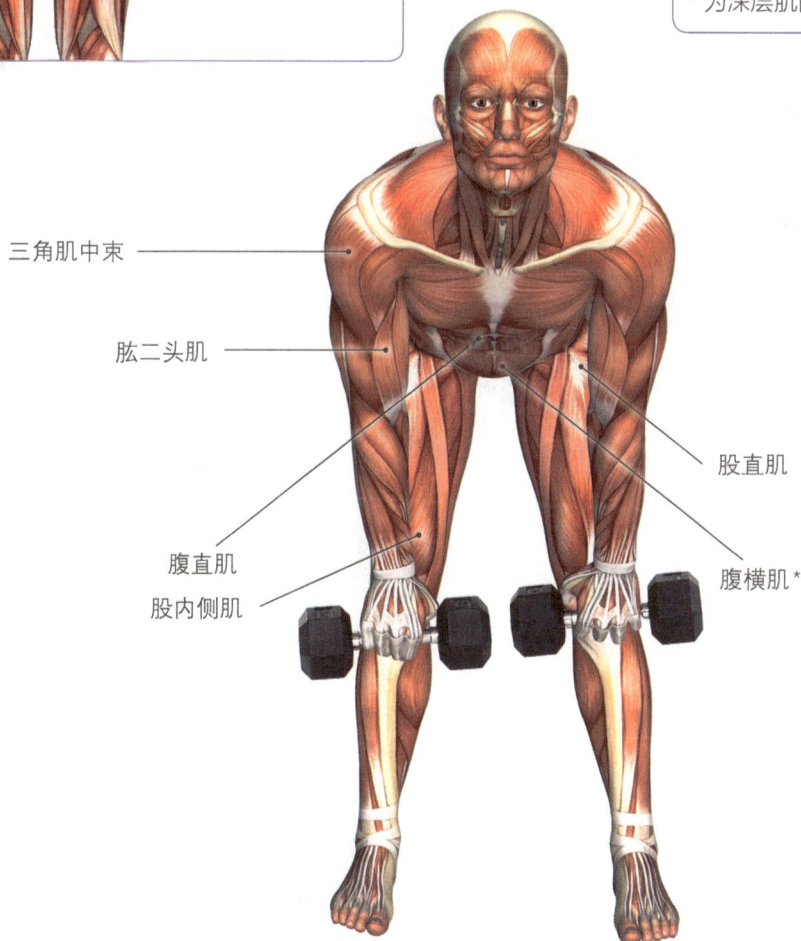

三角肌中束

肱二头肌

股直肌

腹直肌

股内侧肌

腹横肌 *

第 5 章

下肢练习

单腿硬拉

① 由站立姿势开始，上身挺直，双臂自然垂落于身体两侧，右腿屈膝，脚尖点地。

• 避免

支撑腿屈膝
背部弯曲

• 正确做法

躯干挺直
非支撑腿脚尖向下，且与躯干呈一条直线

锻炼目标
- 臀部
- 大腿
- 核心

锻炼器械
- 徒手

级别
- 高级

呼吸提示
- 站起时呼气，俯身时吸气

益处
- 增强全身稳定性

注意 ⚠️
- 下背部若存在不适，则不建议进行此项训练

② 保持支撑腿伸直，上身前俯至平行于地面，同时右腿伸直向后伸展，双臂伸直与地面垂直，稍作停顿。恢复起始姿势，重复完成规定的次数，对侧亦然。

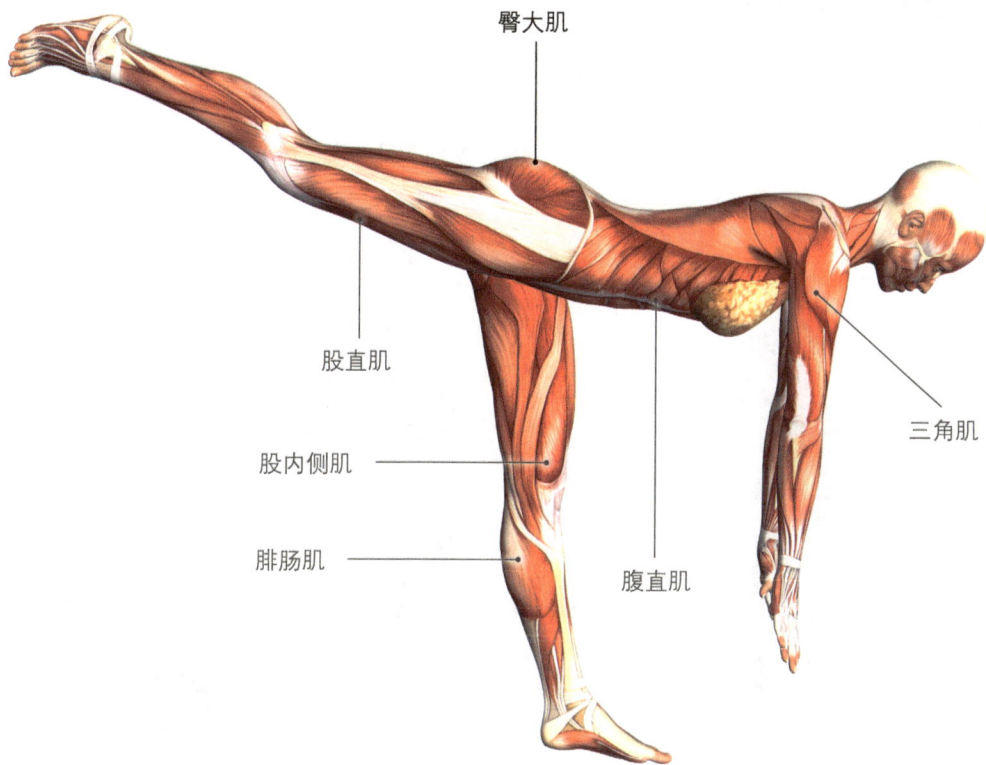

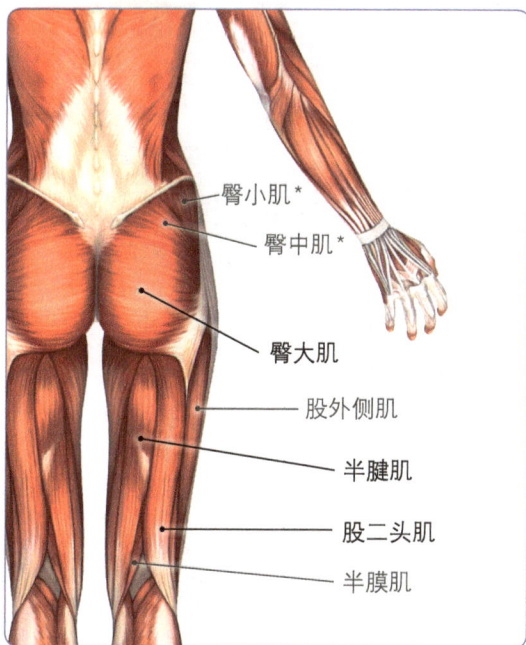

臀大肌

股直肌

三角肌

股内侧肌

腓肠肌

腹直肌

臀小肌 *

臀中肌 *

臀大肌

股外侧肌

半腱肌

股二头肌

半膜肌

◆ **解析关键**

黑色字体为主要锻炼的肌肉

灰色字体为次要锻炼的肌肉

* 为深层肌肉

最佳锻炼部位

- 臀大肌
- 股二头肌
- 半腱肌

屈髋外摆

① 由站立姿势开始，双脚间距与肩同宽，双手放于身体两侧。

② 双手扶腰，重心移至左脚，右腿屈膝抬起至大腿与地面平行。

- **避免**
  身体随腿部运动而转动

- **正确做法**
  核心收紧，躯干保持稳定
  下肢移动速度均匀

锻炼目标
- 臀部
- 大腿

锻炼器械
- 徒手

级别
- 中级

呼吸提示
- 全程均匀呼吸

益处
- 提高髋部的灵活性

注意 ⚠️
- 髋部若存在不适，则不建议进行此项训练

③ 保持身体稳定，右腿以髋部为轴，外展至最大限度，稍作停顿后收回。重复完成规定的次数，对侧亦然。

- 臀大肌
- 臀中肌*
- 大收肌*
- 股直肌
- 长收肌

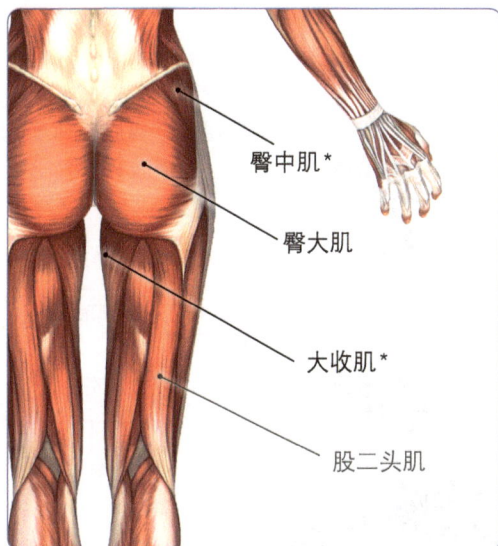

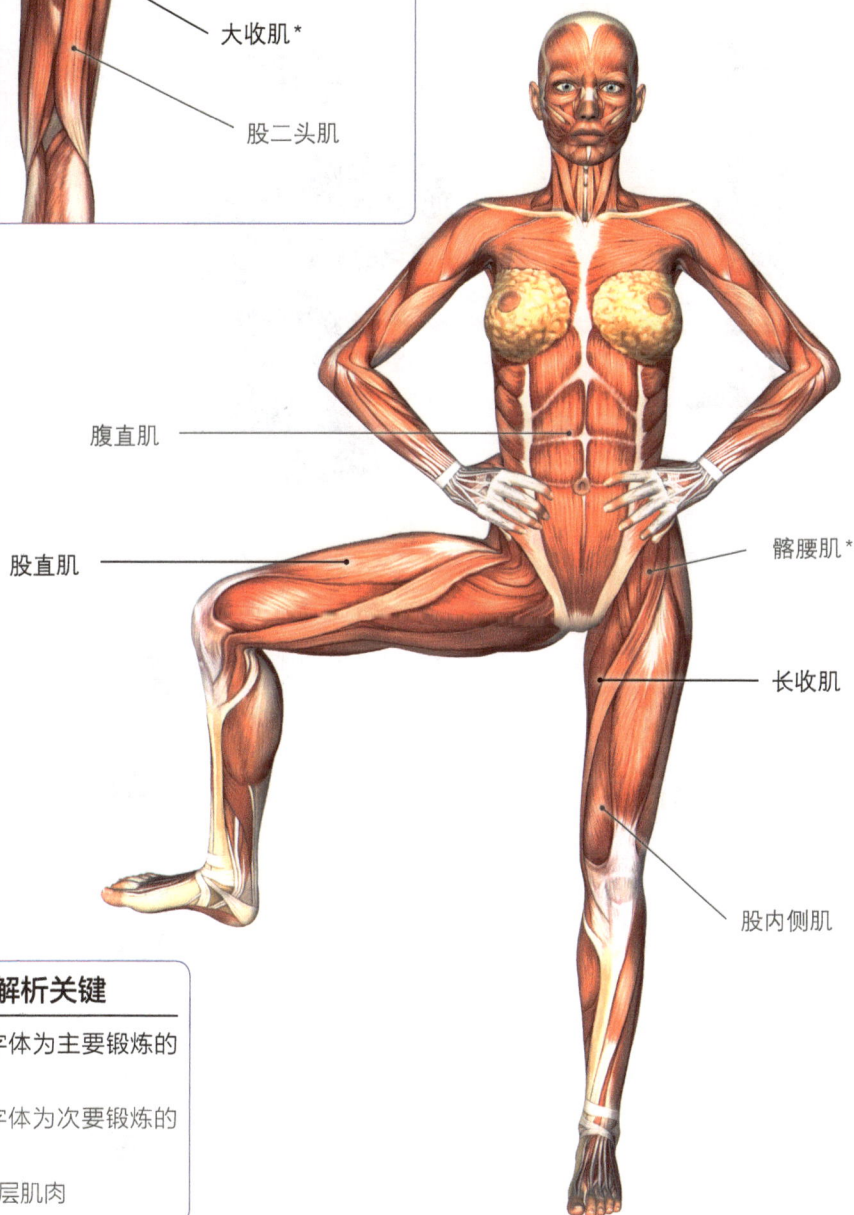

臀中肌*

臀大肌

大收肌*

股二头肌

腹直肌

股直肌

髂腰肌*

长收肌

股内侧肌

第5章

下肢练习

◆　解析关键

黑色字体为主要锻炼的
肌肉
灰色字体为次要锻炼的
肌肉
* 为深层肌肉

徒手蹲

① 呈站姿，双脚分开与肩同宽，挺胸直背，核心收紧，双臂前平举至与地面平行。

② 屈髋、屈膝下蹲至大腿与地面接近平行。

锻炼目标
● 大腿

锻炼器械
● 徒手

级别
● 初级

呼吸提示
● 全程均匀呼吸

益处
● 增加大腿肌肉力量
● 提高身体稳定性

注意
● 膝关节若存在不适，则不建议进行此项训练

● **避免**
膝关节超过脚尖

● **正确做法**
核心收紧，双脚紧贴地面

③ 恢复至起始姿势，重复完成规定的动作。

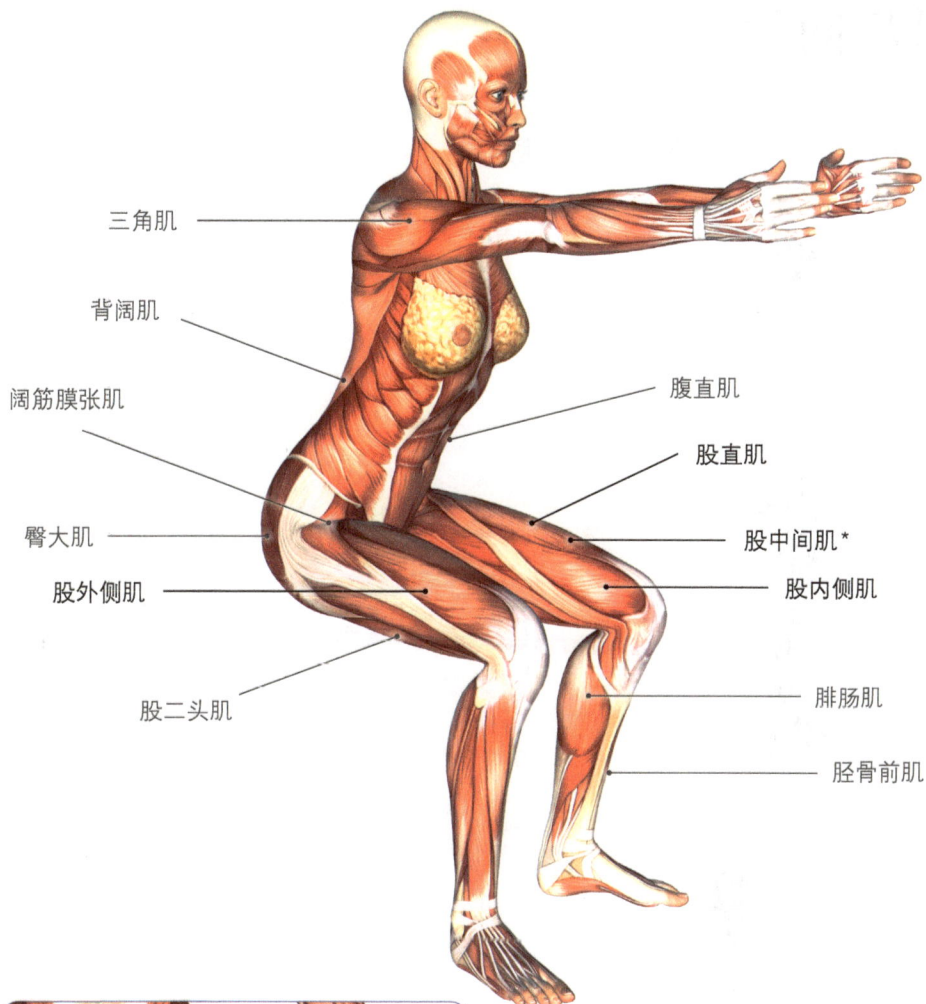

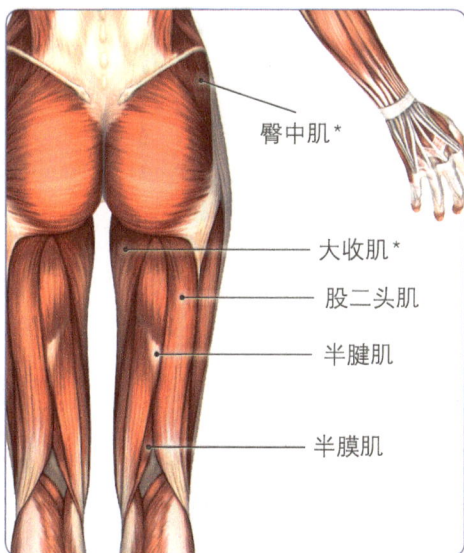

三角肌

背阔肌

阔筋膜张肌

臀大肌

股外侧肌

股二头肌

腹直肌

股直肌

股中间肌 *

股内侧肌

腓肠肌

胫骨前肌

臀中肌 *

大收肌 *

股二头肌

半腱肌

半膜肌

◆ **解析关键**

黑色字体为主要锻炼的肌肉

灰色字体为次要锻炼的肌肉

* 为深层肌肉

最佳锻炼部位

● 股内侧肌
● 股外侧肌
● 股直肌
● 股中间肌 *

弓步向后

① 呈站姿，挺胸收腹，目视前方，双手扶腰。

● 避免

前伸时，膝关节超过脚尖
膝关节内扣

● 正确做法

核心收紧，背部保持平直

锻炼目标
● 大腿
● 臀部

锻炼器械
● 徒手

级别
● 初级

呼吸提示
● 下蹲时吸气，站起时呼气

益处
● 强化股四头肌和臀部肌肉

注意 ⚠
● 膝关节若存在不适，则不建议进行此项训练

② 左脚后撤，右腿屈膝，呈弓步姿势，保持动作至规定的时间。

③ 恢复至起始姿势，重复完成规定的次数，对侧亦然。

最佳锻炼部位

- 股中间肌*
- 股直肌
- 股外侧肌
- 股内侧肌
- 臀大肌

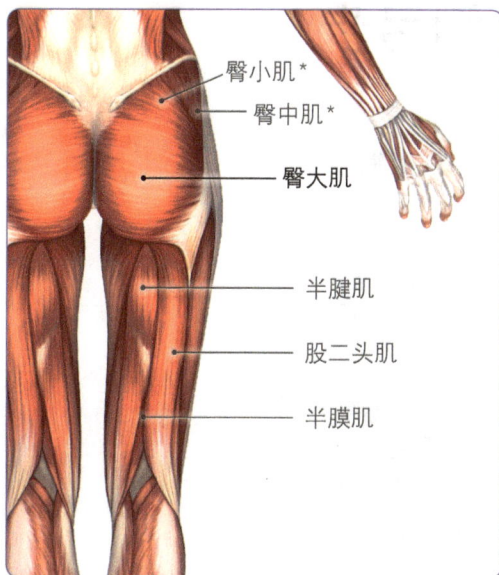

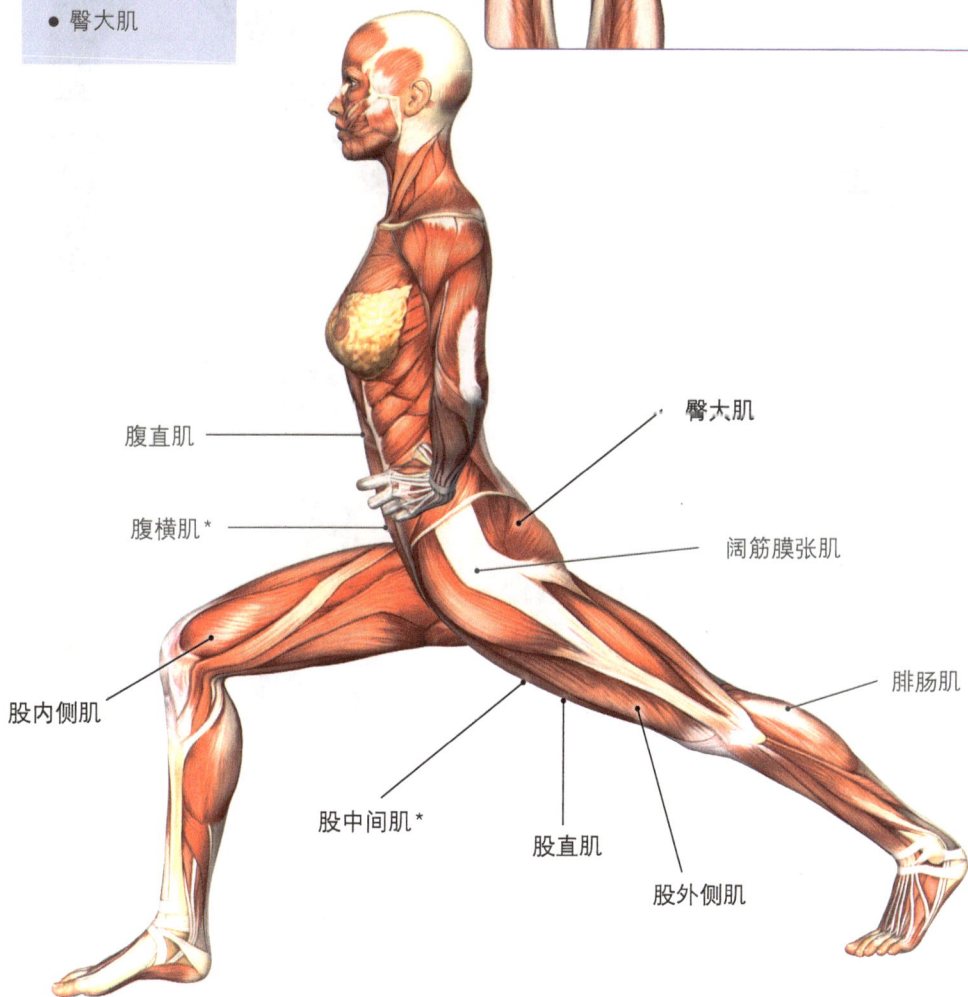

臀小肌*

臀中肌*

臀大肌

半腱肌

股二头肌

半膜肌

腹直肌

腹横肌*

臀大肌

阔筋膜张肌

腓肠肌

股内侧肌

股中间肌*

股直肌

股外侧肌

侧弓步

❶ 呈站姿，挺胸直背，核心收紧，双手自然垂于身体两侧。

❷ 双臂向前伸直，保持右腿伸直，左腿向外跨一大步，屈髋、屈膝下蹲至左侧大腿与地面接近平行。

❸ 左腿蹬离地面快速站起，回到起始姿势。完成规定的次数，对侧亦然。

锻炼目标
- 臀部
- 大腿

锻炼器械
- 徒手

级别
- 中级

呼吸提示 ◗
- 下蹲时吸气，恢复时呼气

益处
- 锻炼臀部和大腿肌肉
- 提高身体侧向的稳定性

注意 ⚠
- 髋部或膝关节位置若存在不适，则不建议进行此项训练

- **避免**

膝关节超过脚尖
背部脊柱弯曲

- **正确做法**

核心收紧，背部保持平直
放松颈部及肩部肌肉

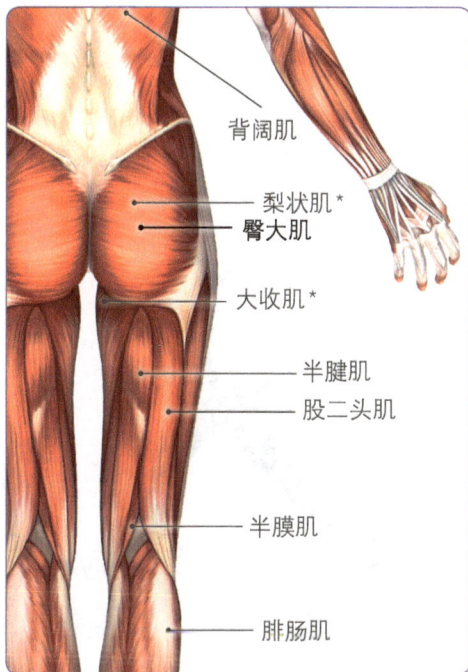

背阔肌

梨状肌 *

臀大肌

大收肌 *

半腱肌

股二头肌

半膜肌

腓肠肌

最佳锻炼部位

- 股直肌
- 长收肌
- 股内侧肌
- 臀大肌
- 股外侧肌
- 股中间肌 *

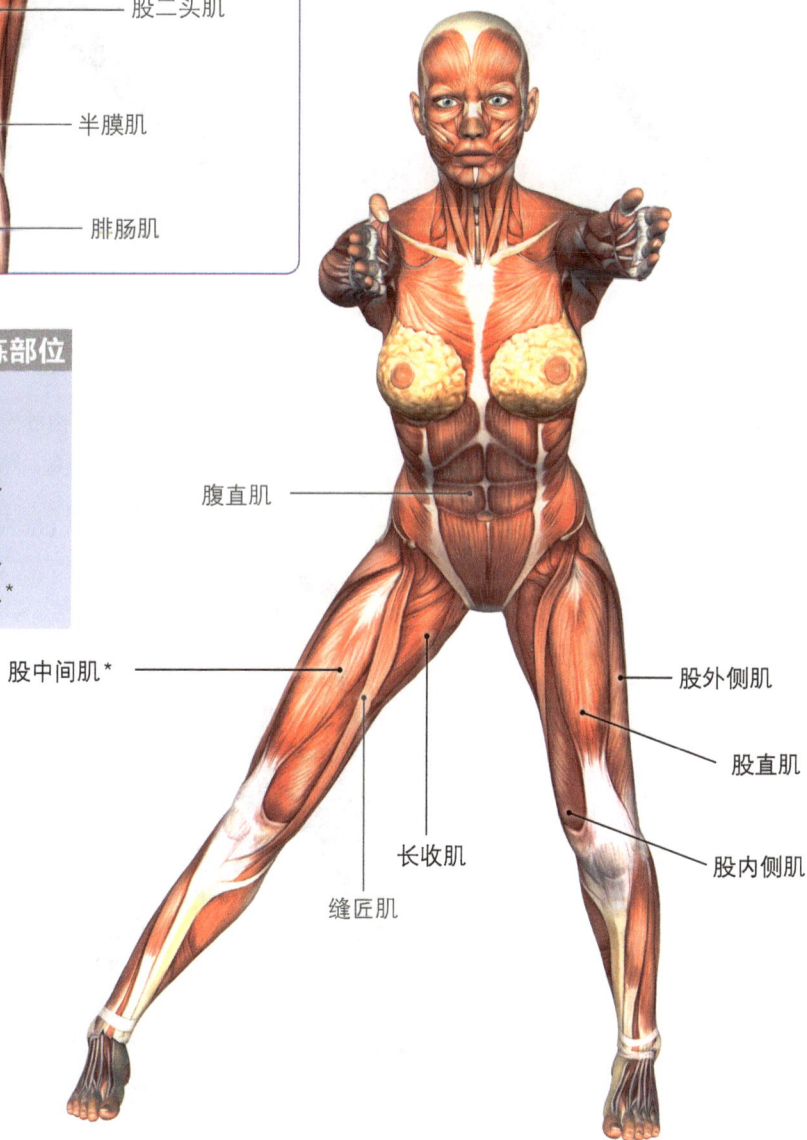

腹直肌

股中间肌 *

股外侧肌

股直肌

长收肌

股内侧肌

缝匠肌

动态侧弓步

① 呈站姿，双腿开立，间距约为两倍肩宽。双手扶腰，目视前方。

② 保持右腿伸直，左腿屈膝，髋关节后坐，感受目标锻炼肌肉得到拉伸。

锻炼目标
- 大腿
- 臀部

锻炼器械
- 瑜伽垫

级别
- 初级

呼吸提示
- 全程均匀呼吸

益处
- 锻炼臀部和大腿肌肉
- 提高身体侧向的稳定性

注意 ⚠
- 髋关节或膝关节若存在不适，则不建议进行此项训练

• 避免

脊柱弯曲
膝关节超过脚尖
双脚移动时离开地面

• 正确做法

保持颈部肌肉放松
背部保持平直，躯干保持直立

③ 双腿交替，重复完成规定的次数。

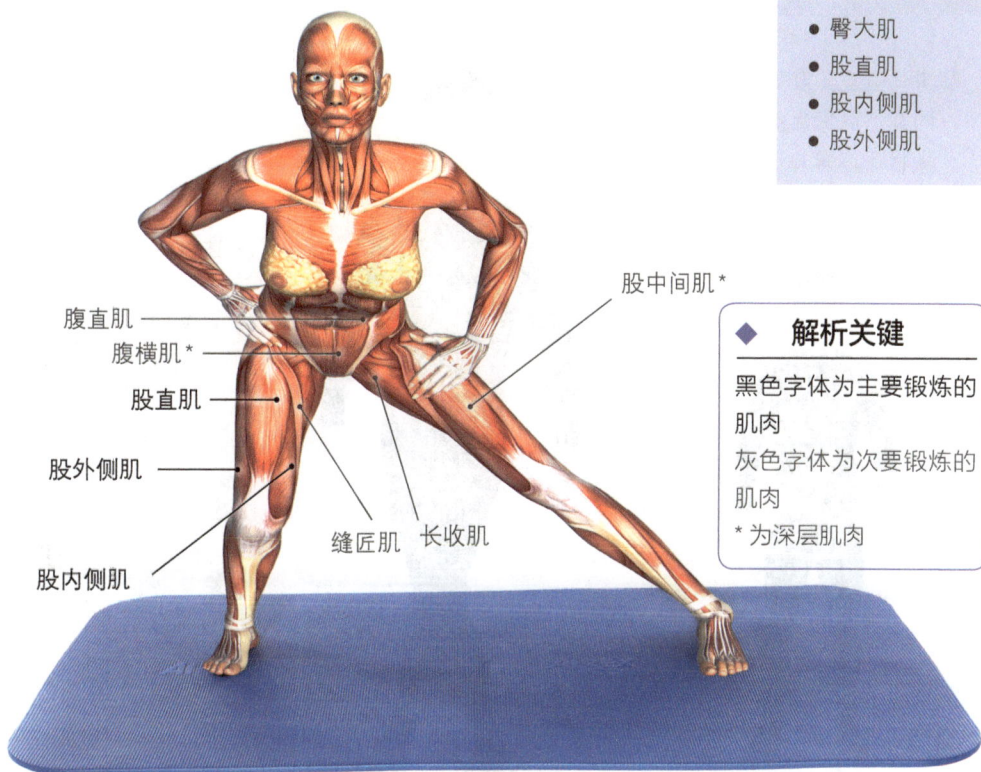
股中间肌*

腹直肌

腹横肌*

股直肌

股外侧肌

股内侧肌

缝匠肌   长收肌

◆ **解析关键**

黑色字体为主要锻炼的肌肉

灰色字体为次要锻炼的肌肉

* 为深层肌肉

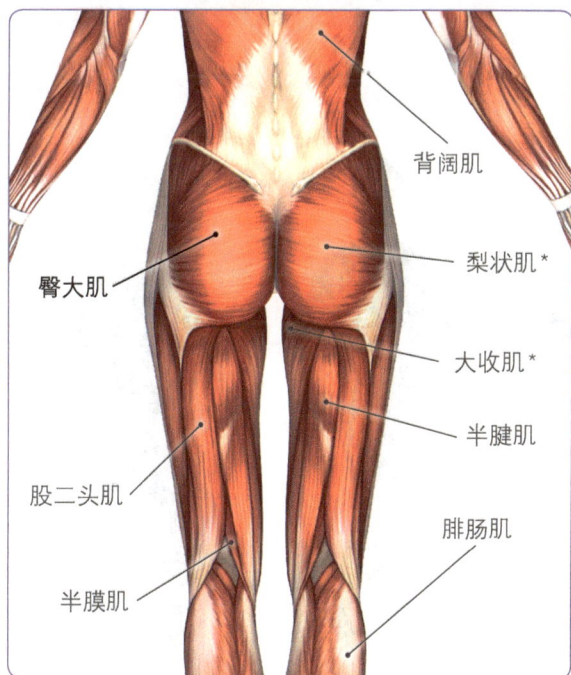

背阔肌

梨状肌*

臀大肌

大收肌*

半腱肌

股二头肌

腓肠肌

半膜肌

☀ **小提示**

双腿交换动作的过程中，始终保持背部平直。

侧向交叉步

① 身体直立，双脚分开与肩同宽，双臂自然下垂，将环状迷你弹力带绕过双腿踝关节上方，保持弹力带绷直但不拉伸。

锻炼目标
- 臀部
- 大腿

锻炼器械
- 迷你弹力带

级别
- 高级

呼吸提示
- 大腿外展时呼气，大腿内收时吸气

益处
- 强化髋部周围肌肉

注意 ⚠
- 髋关节若存在疼痛，则不建议进行此项训练

② 保持躯干姿势不变，右腿向对侧交叉迈步。

③ 恢复至起始姿势。 ④ 左腿向对侧交叉迈步。 ⑤ 恢复至起始姿势，重复完成规定的次数。

- 避免
  身体躯干旋转
  背部出现弯曲

- 正确做法
  核心收紧，身体呈一条直线
  保证弹力带绷紧
  保持双膝分离

◆ **解析关键**

黑色字体为主要锻炼的肌肉
灰色字体为次要锻炼的肌肉
* 为深层肌肉

最佳锻炼部位

- 长收肌
- 大收肌*
- 短收肌*
- 股薄肌
- 闭孔外肌*
- 耻骨肌
- 臀中肌*

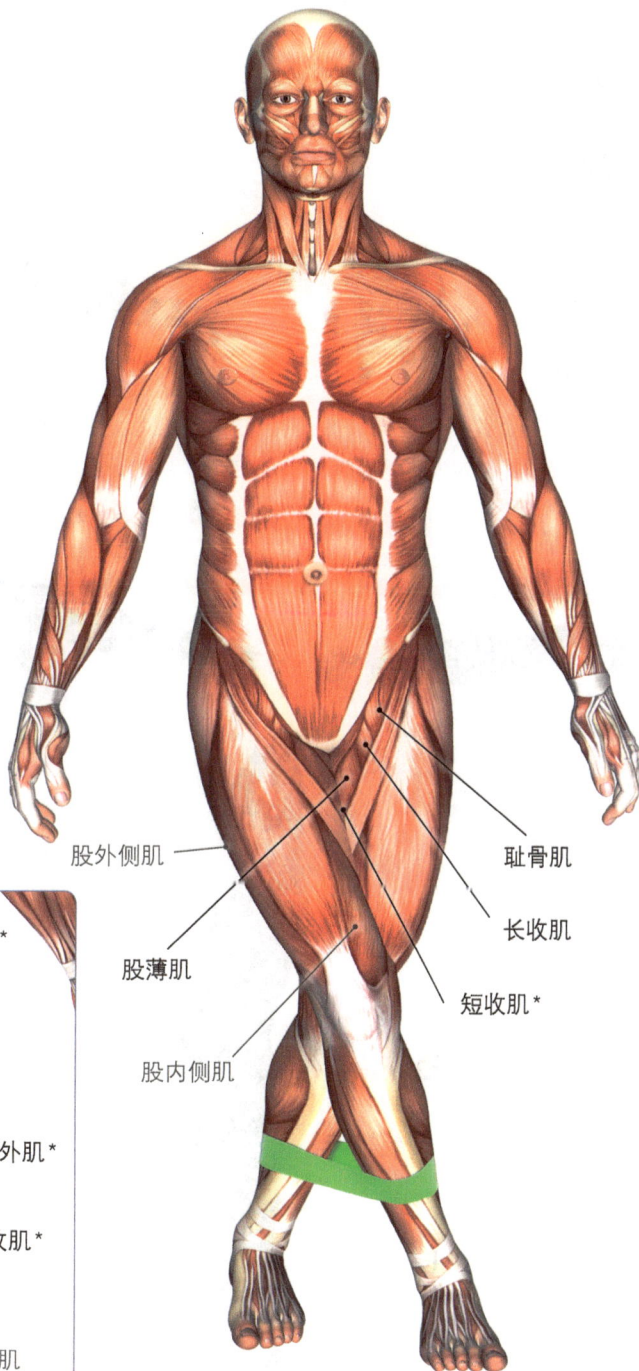

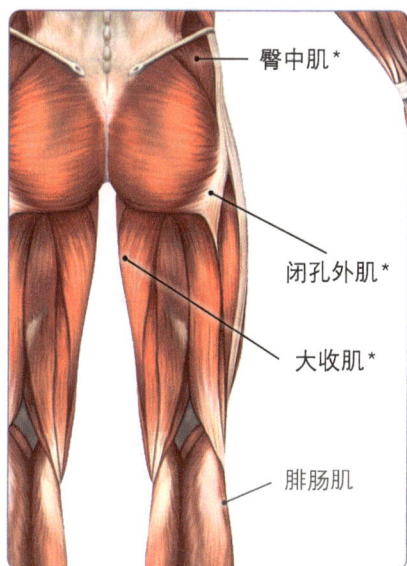

臀中肌*

闭孔外肌*

大收肌*

腓肠肌

股外侧肌

股薄肌

股内侧肌

耻骨肌

长收肌

短收肌*

俯卧撑 – 蹲跳

❶身体呈站立姿势，双脚并拢站立，双臂自然垂于身体两侧，面部朝前。屈髋、屈膝下蹲，双脚脚尖与双手支撑地面，膝关节位于核心下方，双腿伸直呈俯身姿势。

● **正确做法**

腰背挺直，核心收紧

腾空时身体完全伸展

落地时注意缓冲

● **避免**

动作速度过快

❷保持身体稳定，双臂屈肘下落一次。

❸完成一次俯卧撑动作后，双臂将身体撑起。

❹双腿略微跳起并向前屈髋、屈膝，将双腿收于核心下方，呈俯身姿势。

锻炼目标

● 全身

锻炼器械

● 徒手

级别

● 高级

呼吸提示 ◑

● 下蹲时吸气,跳起时呼气

益处

● 增强全身力量

注意 ⚠

● 腿部若存在不适，则不建议进行此项训练

❺双腿发力，双脚蹬地跳起，双手向上摆动，于头部上方击掌。

❻恢复至起始姿势，重复完成规定的次数。

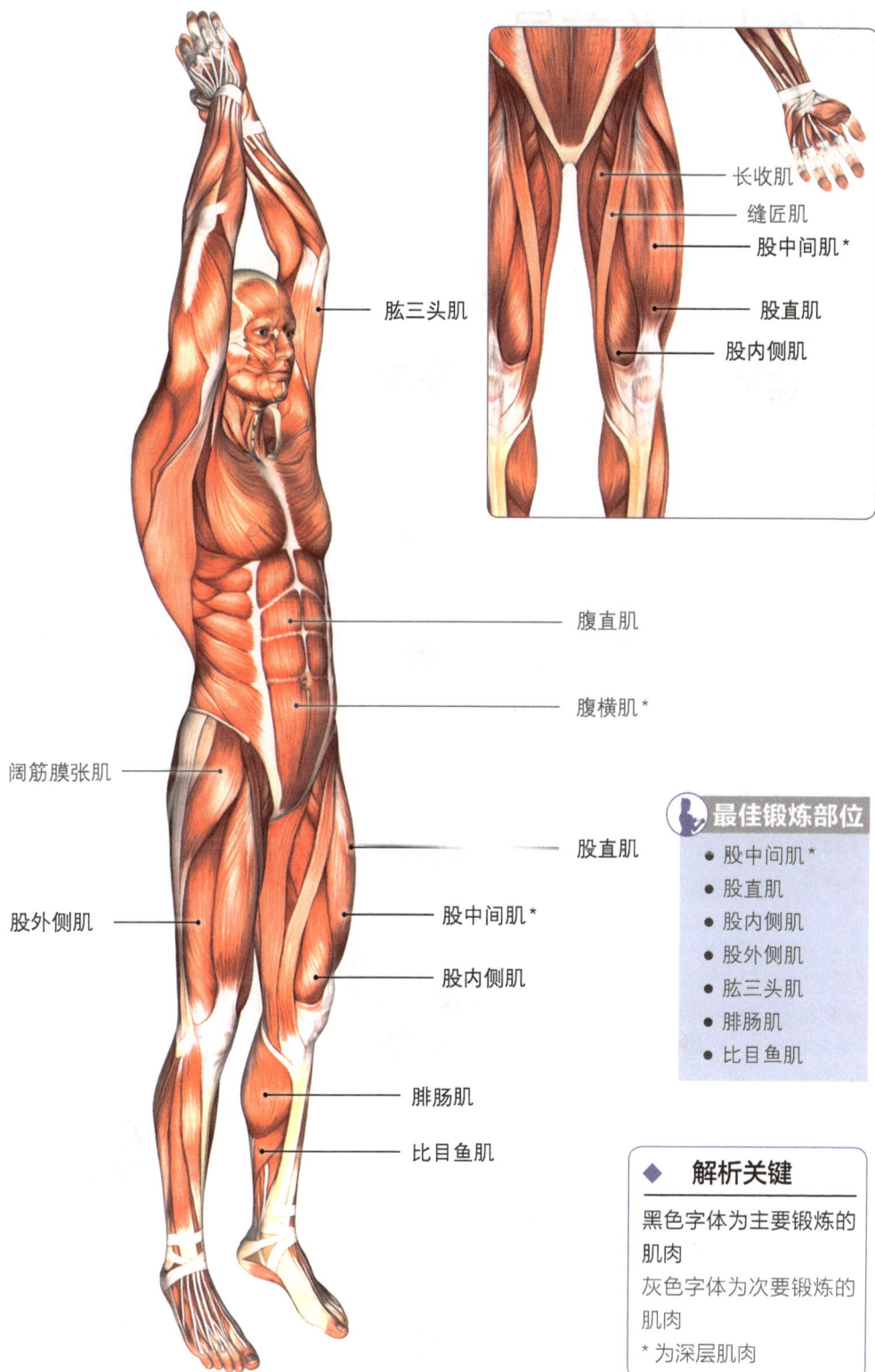

长收肌

缝匠肌

股中间肌 *

股直肌

股内侧肌

肱三头肌

腹直肌

腹横肌 *

阔筋膜张肌

股直肌

股外侧肌

股中间肌 *

股内侧肌

腓肠肌

比目鱼肌

最佳锻炼部位

- 股中间肌 *
- 股直肌
- 股内侧肌
- 股外侧肌
- 肱三头肌
- 腓肠肌
- 比目鱼肌

◆ **解析关键**

黑色字体为主要锻炼的肌肉
灰色字体为次要锻炼的肌肉
* 为深层肌肉

髋关节外旋前屈

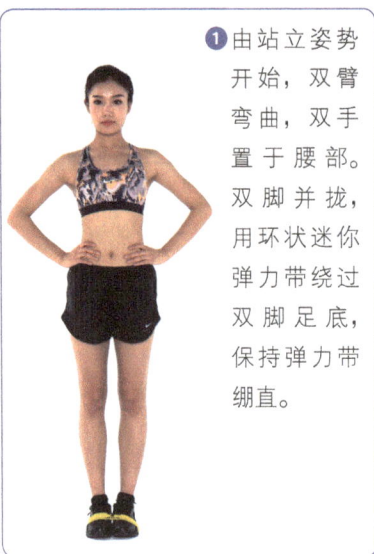

❶ 由站立姿势开始，双臂弯曲，双手置于腰部。双脚并拢，用环状迷你弹力带绕过双脚足底，保持弹力带绷直。

❷ 保持身体姿势，左脚脚尖朝前，右脚脚尖朝右。

● **避免**

背部出现弯曲
支撑脚移动位置

● **正确做法**

保持躯干整体稳定，躯干呈一条直线
屈髋时支撑腿要保持伸直状态

❸ 保持躯干姿势不变，右腿抬起并弯曲至髋关节和膝关节均呈接近90度角。

锻炼目标

● 臀部
● 腿部

锻炼器械

● 迷你弹力带

级别

● 初级

呼吸提示 ◗

● 大腿抬起时呼气，还原时吸气

益处

● 强化髋关节
● 提高身体稳定性

注意 ⚠

● 髋部若存在不适，则不建议进行此项训练

❹ 动作完成，恢复站立姿势。重复完成规定的次数，对侧亦然。

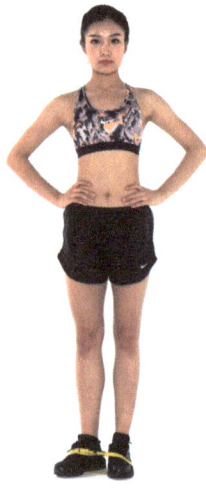

臀中肌 *

臀小肌 *

髂腰肌 *

股直肌

股内侧肌

阔筋膜张肌

耻骨肌

短收肌 *

股薄肌

长收肌

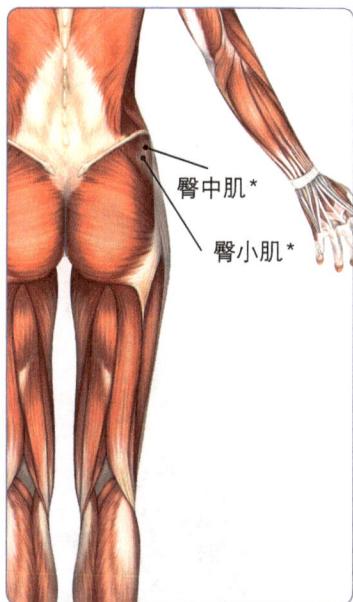

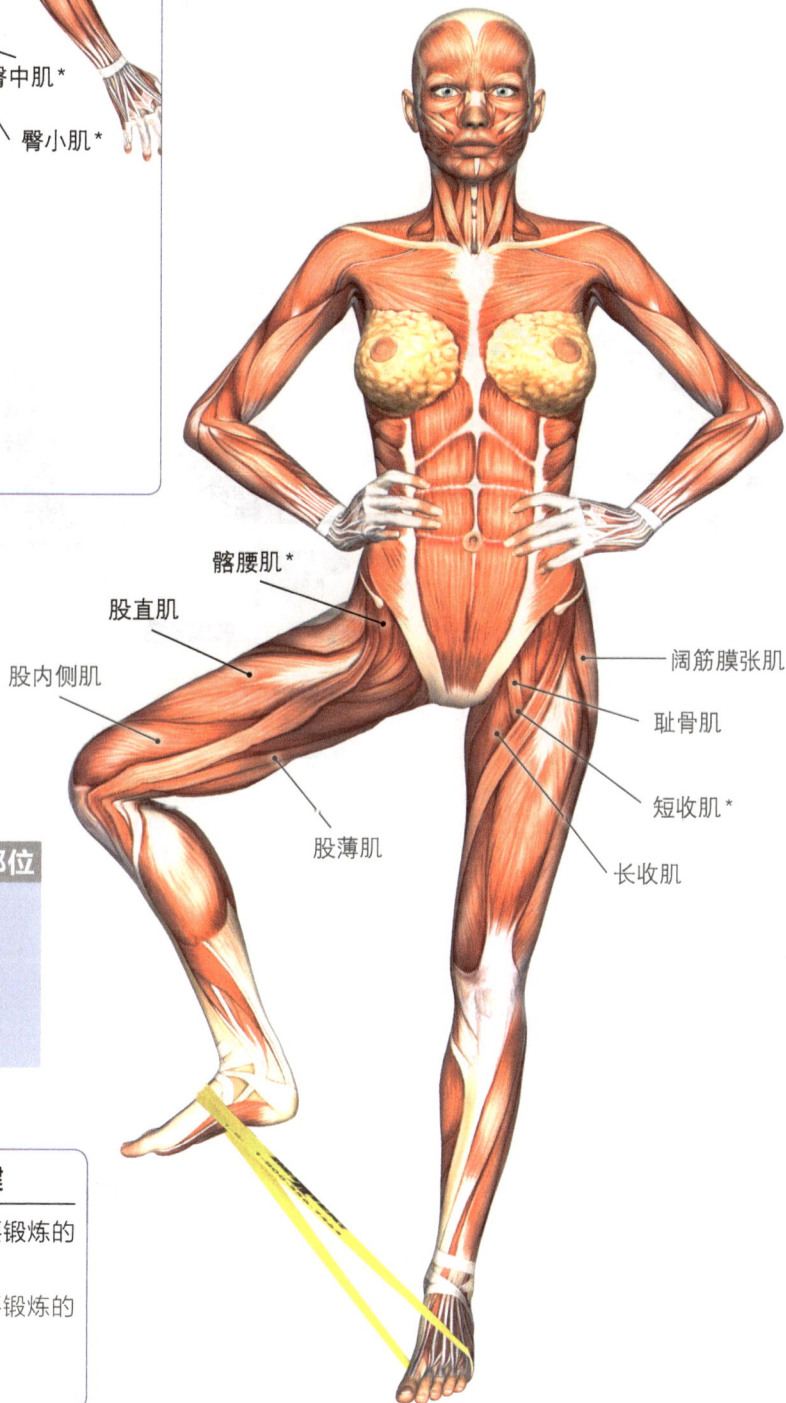

最佳锻炼部位

- 臀中肌 *
- 股直肌
- 臀小肌 *
- 髂腰肌 *

◆ **解析关键**

黑色字体为主要锻炼的肌肉

灰色字体为次要锻炼的肌肉

* 为深层肌肉

后腿抬高弓步蹲

① 后腿抬高放在训练椅上，双手握哑铃自然垂落于身体两侧。

② 保持身体稳定，前腿屈膝下蹲。

锻炼目标

- 臀部
- 大腿
- 小腿

锻炼器械

- 哑铃、训练椅

级别

- 中级

呼吸提示 ◐

- 蹲下时吸气，还原时呼气

益处

- 强化股四头肌和臀部肌肉

注意 ⚠

- 膝关节若存在不适，则不建议进行此项训练

③ 恢复至起始姿势，重复完成规定的次数，对侧亦然。

• 避免

膝关节超过脚尖
膝关节内扣

• 正确做法

躯干保持直立
膝关节和脚尖方向一致
向前

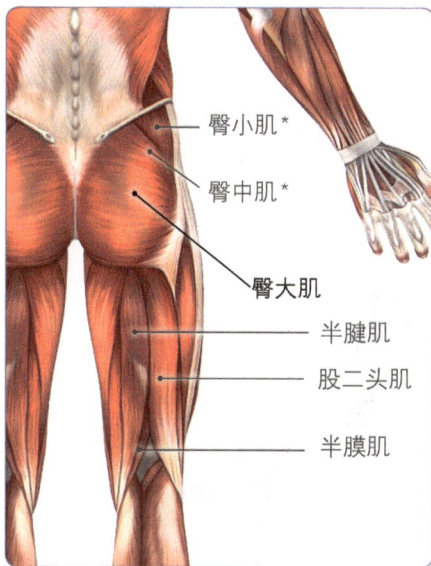

臀小肌 *

臀中肌 *

臀大肌

半腱肌

股二头肌

半膜肌

最佳锻炼部位

- 股外侧肌
- 股直肌
- 股中间肌 *
- 股内侧肌
- 臀大肌
- 腓肠肌

◆ 解析关键

黑色字体为主要锻炼的肌肉

灰色字体为次要锻炼的肌肉

* 为深层肌肉

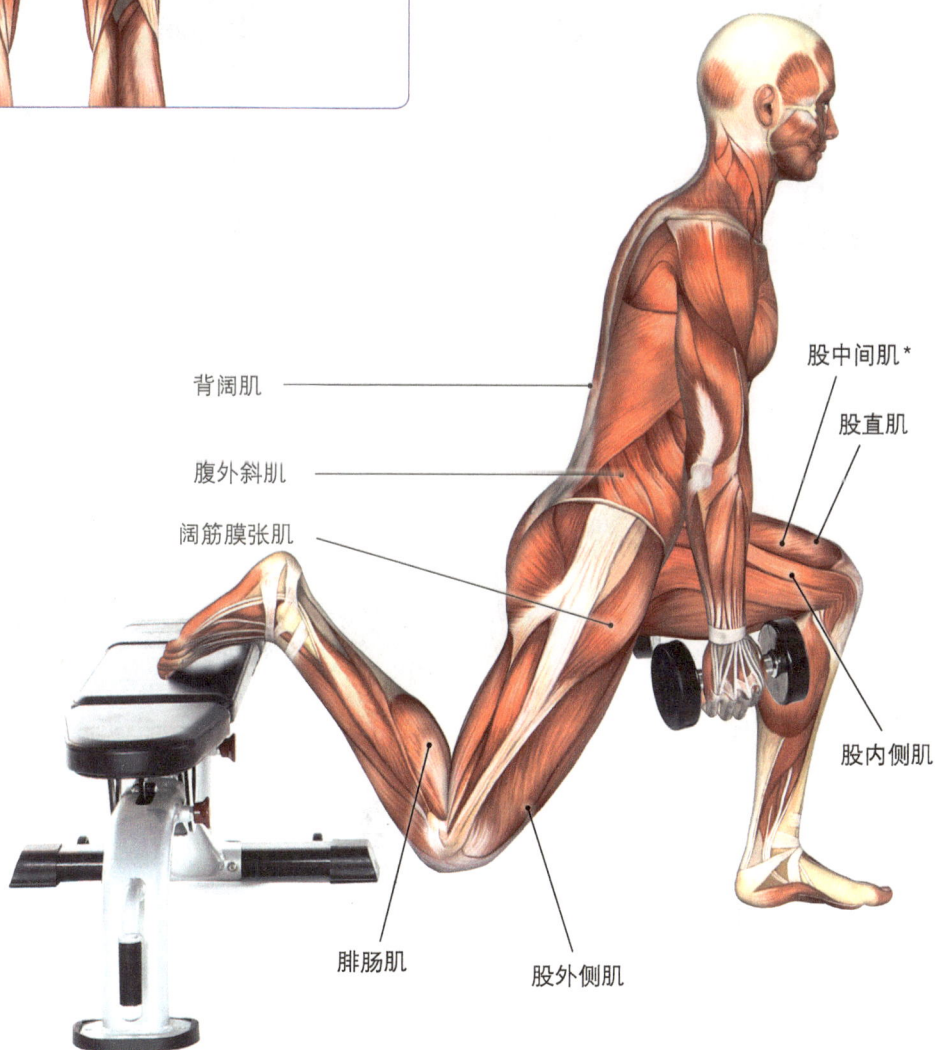

背阔肌

腹外斜肌

阔筋膜张肌

腓肠肌

股外侧肌

股中间肌 *

股直肌

股内侧肌

第5章

下肢练习

燕式平衡

① 身体呈站姿，双脚间距与肩同宽。背部挺直，目视前方。

② 双臂伸直向两侧平举，双手握拳，拇指向上。

③ 保持身体稳定，上身前俯，左腿伸展向后抬高。

锻炼目标
● 大腿
● 核心
● 小腿

锻炼器械
● 徒手

级别
● 中级

呼吸提示
● 全程均匀呼吸

益处
● 强化腘绳肌
● 提高身体稳定性

注意 ⚠
● 核心收紧，保持稳定

● **避免**
身体左右晃动
支撑腿弯曲

● **正确做法**
骨盆保持水平
动作末端身体呈一条直线

④ 保持头部与脚踝呈一条直线，俯身并向后抬高左腿，左侧臀部收紧，双手大拇指始终朝上，至身体与地面平行，保持拉伸动作1~2秒。重复完成规定的次数，对侧亦然。

臀大肌

股二头肌

胸大肌

腹直肌

股直肌

股内侧肌

腓肠肌

二角肌

胸大肌

腹直肌

腹横肌*

缝匠肌

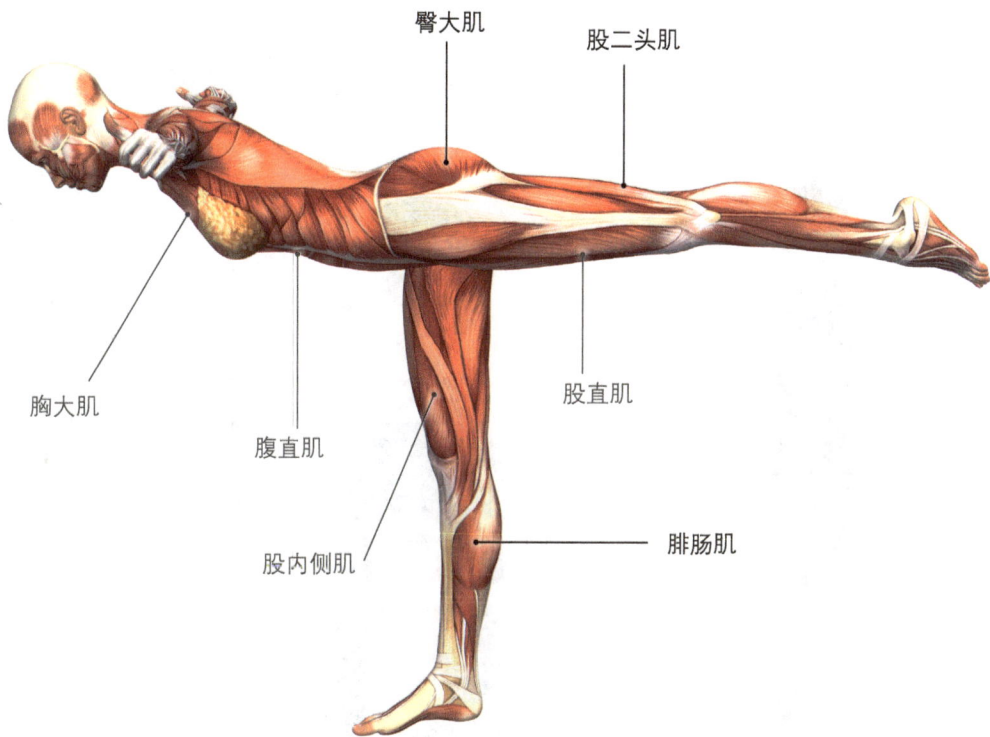

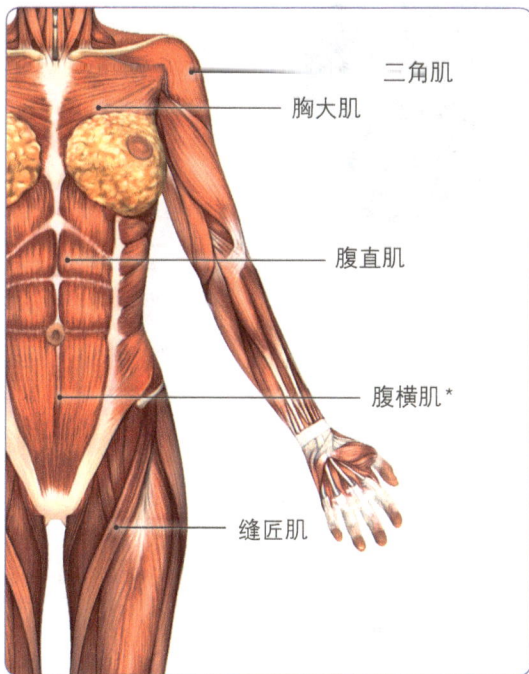

最佳锻炼部位

● 臀大肌
● 股二头肌
● 腓肠肌

◆　解析关键

黑色字体为主要锻炼的肌肉

灰色字体为次要锻炼的肌肉

* 为深层肌肉

双侧提踵

① 呈基本站姿，双手各握一只哑铃，自然垂落于身体两侧。

② 保持身体稳定，向上踮起脚尖，保持动作。

③ 缓慢恢复至起始姿势，重复完成规定的次数。

锻炼目标
● 小腿

锻炼器械
● 哑铃

级别
● 初级

呼吸提示
● 全程均匀呼吸

益处
● 加强小腿肌肉力量

注意 ⚠
● 踝关节若存在不适，则不建议进行此项训练

● **正确做法**
双腿保持挺直
身体保持稳定
背部挺直，核心收紧

● 避免
膝关节弯曲
背部向前弯曲

肩胛提肌 *

斜方肌

腹直肌

臀中肌 *

腓肠肌

比目鱼肌

屈趾肌 *

股直肌

腓肠肌

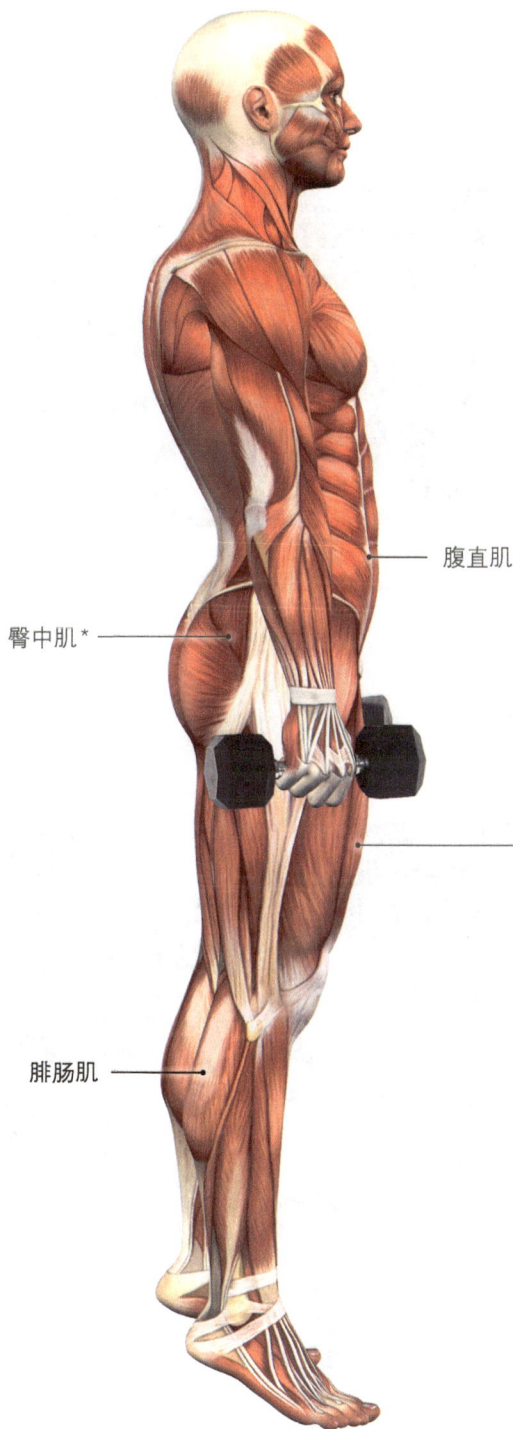

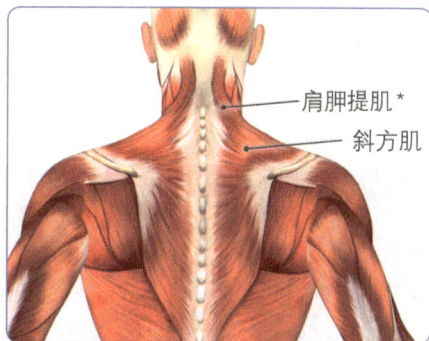

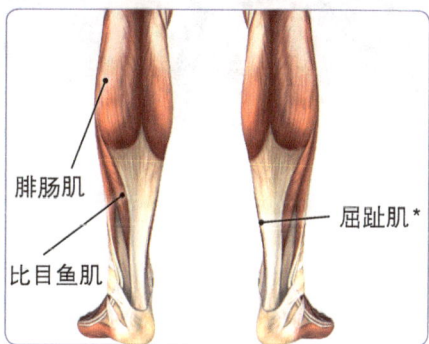

🧍 **最佳锻炼部位**

- 腓肠肌
- 屈趾肌 *
- 比目鱼肌

◆ **解析关键**

黑色字体为主要锻炼的
肌肉

灰色字体为次要锻炼的
肌肉

* 为深层肌肉

俯卧交替勾腿

❶ 俯卧于器械上，手扶把手，将双腿脚踝上方位置放于滚轴下方。

❷ 保持身体稳定，左腿向后弯曲。

● **避免**

双腿同时弯曲伸直
髋部向上抬起

● **正确做法**

速度放慢，略微屈膝
臀部收紧，避免借力

❸ 动作不停，左腿还原，右腿向后弯屈，双腿交替进行。重复完成规定的次数。

锻炼目标

● 大腿

锻炼器械

● 勾腿机

级别

● 初级

呼吸提示

● 膝关节屈曲时呼气，还原时吸气

益处

● 充分锻炼大腿肌肉
● 增强膝关节的稳定性

注意 ⚠

● 膝关节若存在不适，则不建议进行此项训练

- 半腱肌
- 股二头肌
- 半膜肌

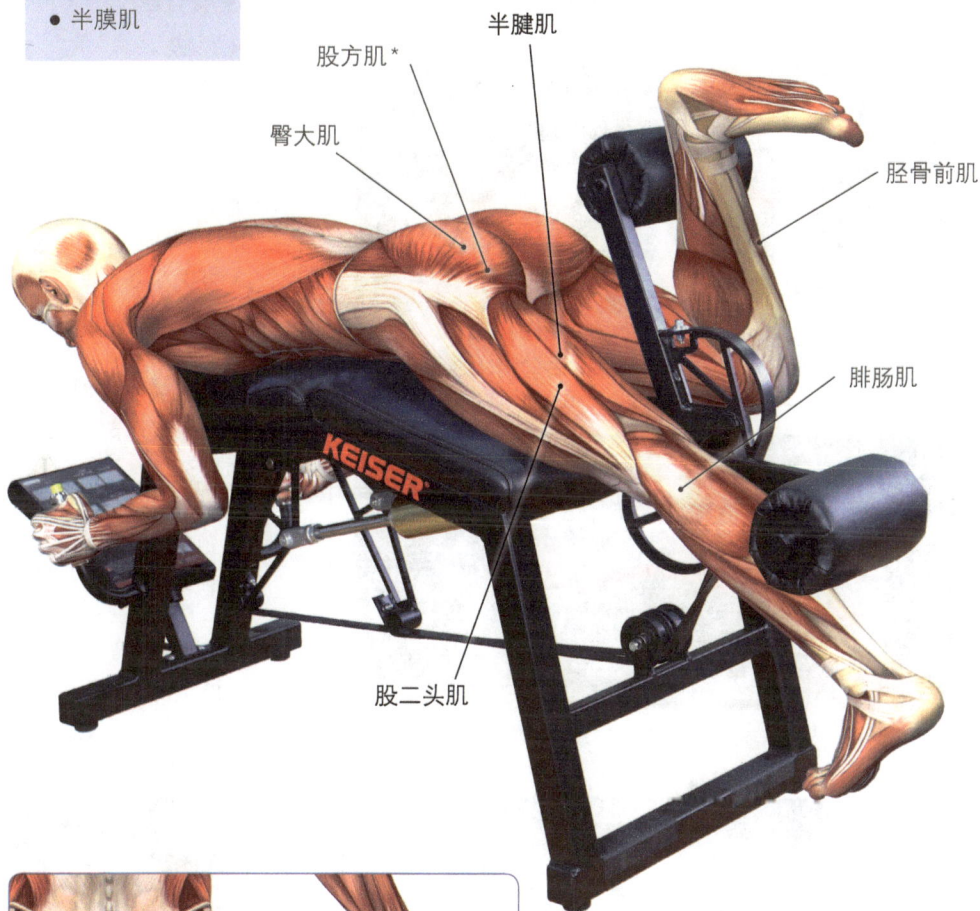

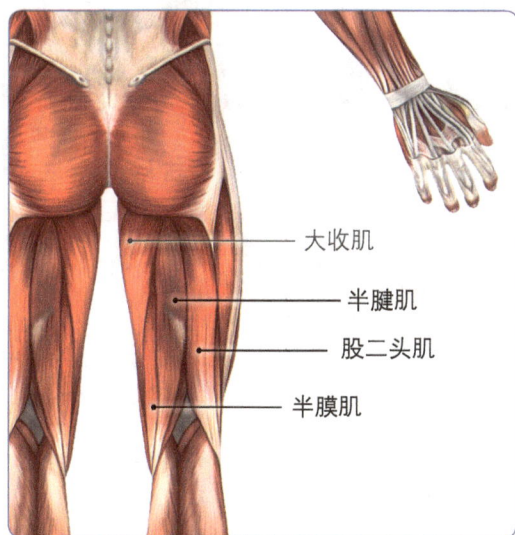

股方肌*

半腱肌

臀大肌

胫骨前肌

腓肠肌

股二头肌

KEISER

大收肌

半腱肌

股二头肌

半膜肌

◆　解析关键

黑色字体为主要锻炼的
肌肉
灰色字体为次要锻炼的
肌肉
* 为深层肌肉

第5章

下肢练习

俯卧双腿勾腿

① 身体俯卧于器械上，双腿伸直，脚踝上方位于滚轴下方，双手握紧把手。

② 上身及大腿保持不动，双腿屈膝向后勾腿，感受腿部前侧肌肉拉伸。

锻炼目标
- 大腿

锻炼器械
- 勾腿式练习器

级别
- 初级

呼吸提示
- 膝关节屈曲时呼气，还原时吸气

益处
- 充分锻炼腘绳肌
- 增强膝关节的稳定性

注意
- 膝关节若存在不适，则不建议进行此项训练

③ 双腿向后弯曲至极限，稍作停顿。恢复至起始姿势，重复完成规定的次数。

- **正确做法**
  上身固定
  背部挺直

- **避免**
  上身向上抬起
  髋部向上抬起

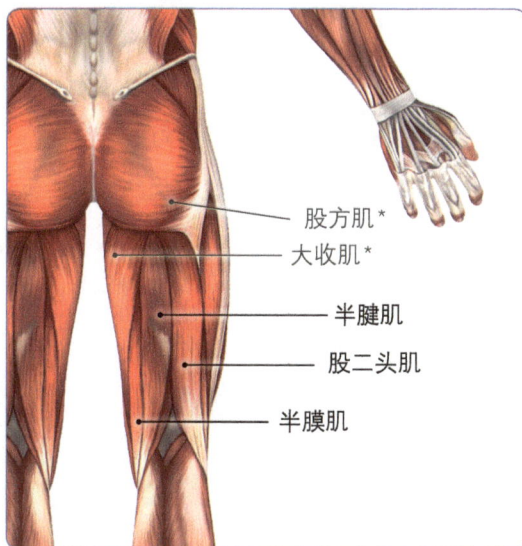

股方肌*
大收肌*
半腱肌
股二头肌
半膜肌

◆ 解析关键

黑色字体为主要锻炼的
肌肉
灰色字体为次要锻炼的
肌肉
* 为深层肌肉

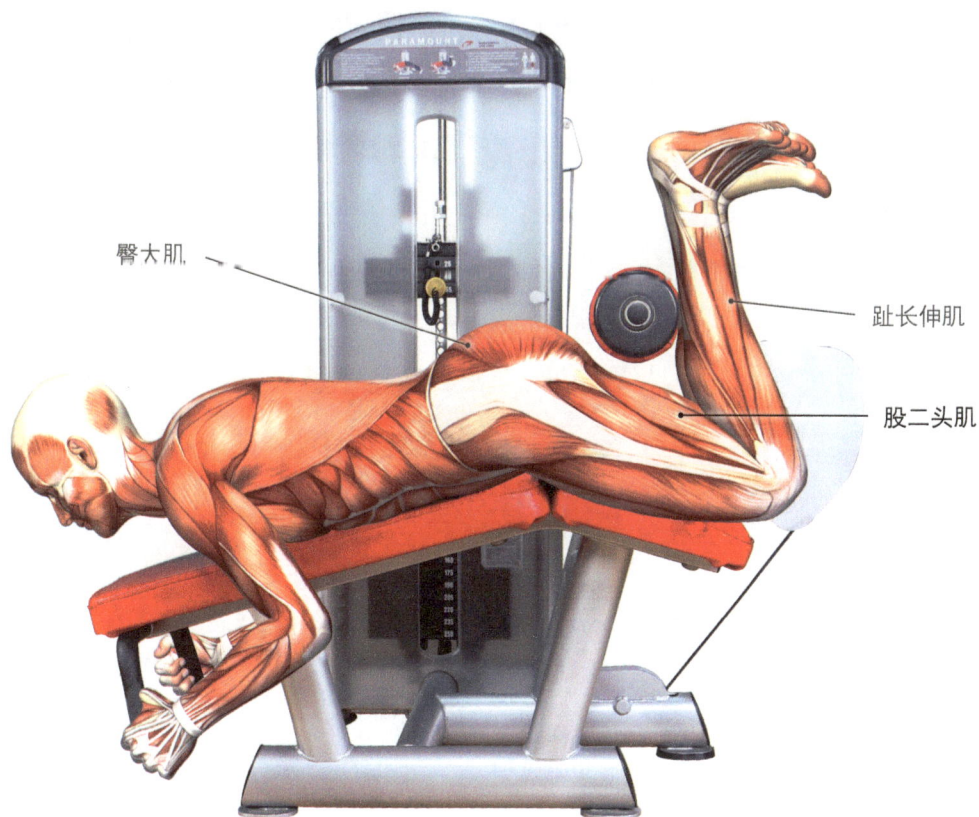

臀大肌

趾长伸肌

股二头肌

06

CHAPTER SIX

第6章
伸展练习

颈部拉伸

❶ 呈站立姿势，双脚分开，面朝前方。

- **避免**

绷紧肩部或耸肩用力过度

- **正确做法**

手臂发力要缓慢、持续

锻炼目标
- 颈部

锻炼器械
- 徒手

级别
- 初级

呼吸提示
- 全程均匀呼吸

益处
- 提高颈部肌肉的柔韧性

注意 ⚠️
- 颈部若存在不适，则不建议进行此项训练

❷ 左手扶住头的右侧，轻轻地向左侧肩膀下拉，至目标锻炼肌肉有中等程度的牵拉感。保持动作至规定的时间，对侧亦然。

第6章

伸展练习

最佳锻炼部位

- 肩胛提肌 *
- 胸锁乳突肌
- 斜角肌 *

胸锁乳突肌

斜角肌 *

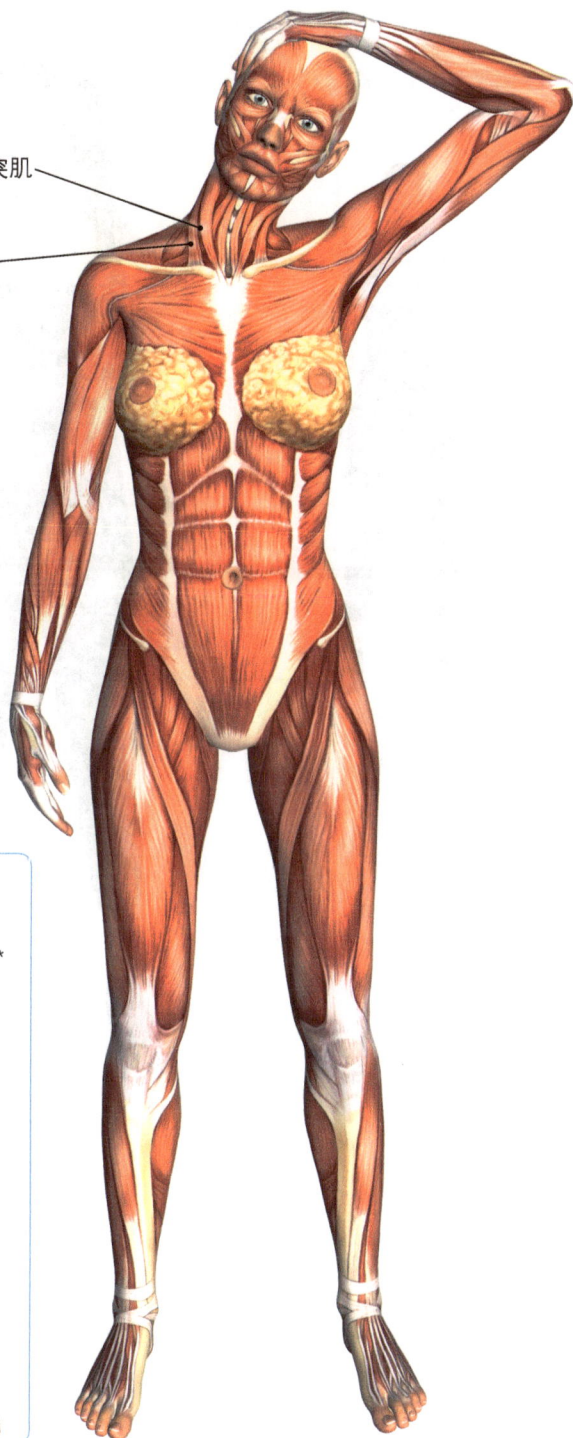

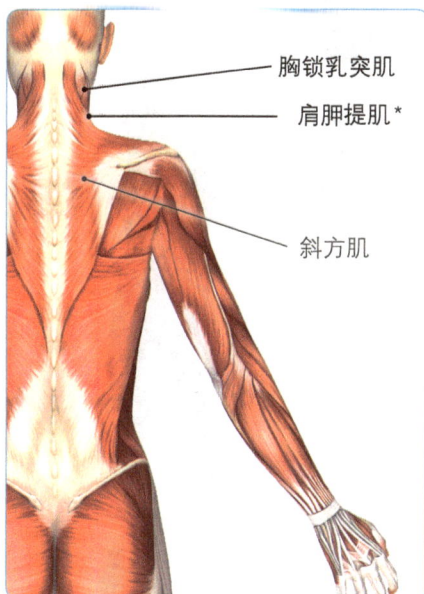

胸锁乳突肌

肩胛提肌 *

斜方肌

第 6 章

伸展练习

动态头部转动

① 呈站立姿势，双脚分开，
   面朝前方。

• **避免**

双肩上耸或绷紧肩部
背部弯曲

② 头最大限度地向左侧旋
   转，至目标锻炼肌肉有
   中等程度的牵拉感并保
   持规定时间。

③ 向右侧转动头部，保
   持动作至规定时间。

锻炼目标
• 颈部
• 肩部
锻炼器械
• 徒手
级别
• 初级
呼吸提示
• 全程均匀呼吸
益处
• 增强颈部肌肉的柔
  韧性
注意 ⚠
• 颈部若存在不适，
  则不建议进行此项
  训练

• **正确做法**

身体保持放松
颈部保持竖直状态

肩胛提肌*

斜方肌

胸锁乳突肌

斜角肌*

第6章

伸展练习

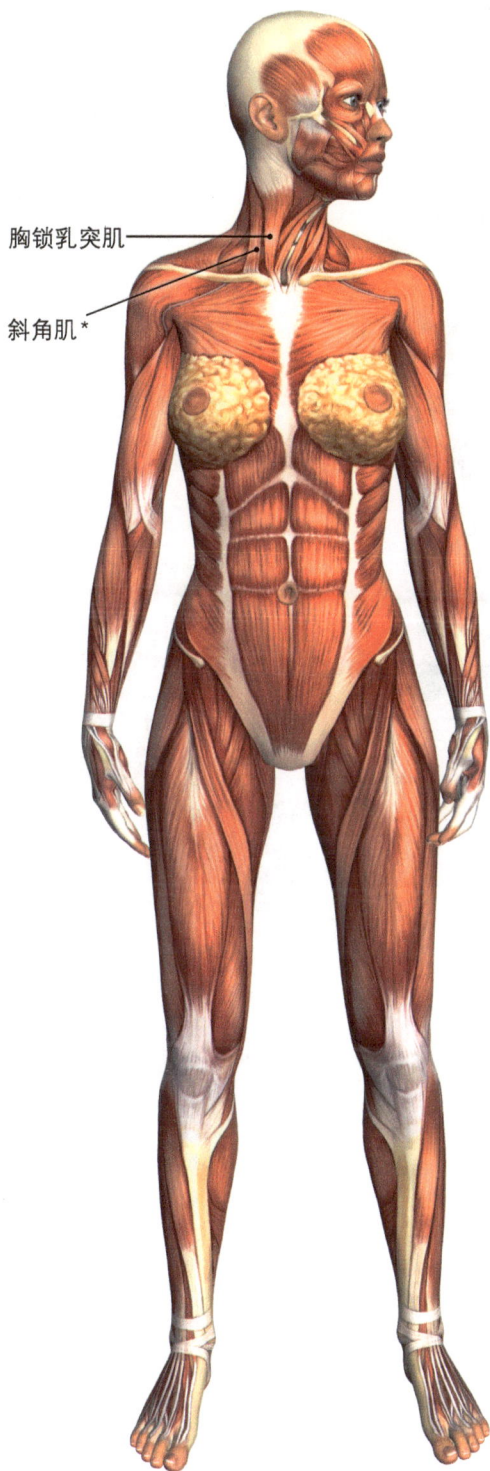

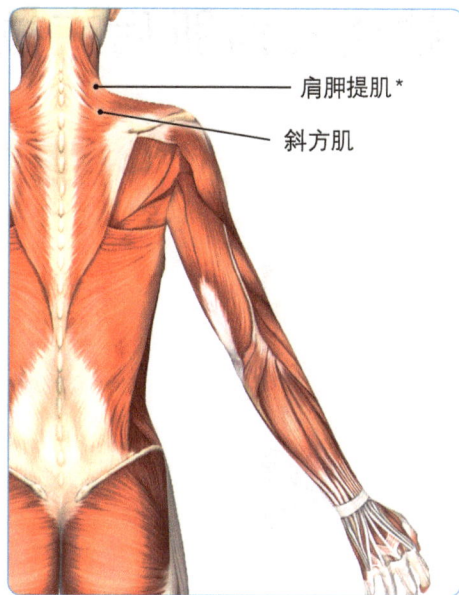

最佳锻炼部位

- 胸锁乳突肌
- 斜角肌*
- 肩胛提肌*
- 斜方肌

◆ 解析关键

黑色字体为主要锻炼的肌肉

灰色字体为次要锻炼的肌肉

* 为深层肌肉

站姿三角肌后束拉伸

❶ 身体呈站立姿势，双脚开立与肩同宽，双臂自然下垂，目视前方。

❷ 肩部自然放松，左臂屈肘，右臂伸直抬起置于左臂上方。

- **避免**

  肩部上耸

锻炼目标

- 肩部
- 手臂

锻炼器械

- 徒手

级别

- 初级

呼吸提示

- 全程均匀呼吸

益处

- 拉伸肩部，防止肩关节僵硬

注意 ⚠

- 肩部若存在损伤，则不建议进行此项训练

- **正确做法**

  肘部保持伸直状态
  核心收紧，背部挺直

❸ 左臂发力将右臂向身体方向拉，同时头部向右侧扭转，保持动作至规定时间，对侧亦然。

◆ 解析关键

黑色字体为主要锻炼的
肌肉
灰色字体为次要锻炼的
肌肉
* 为深层肌肉

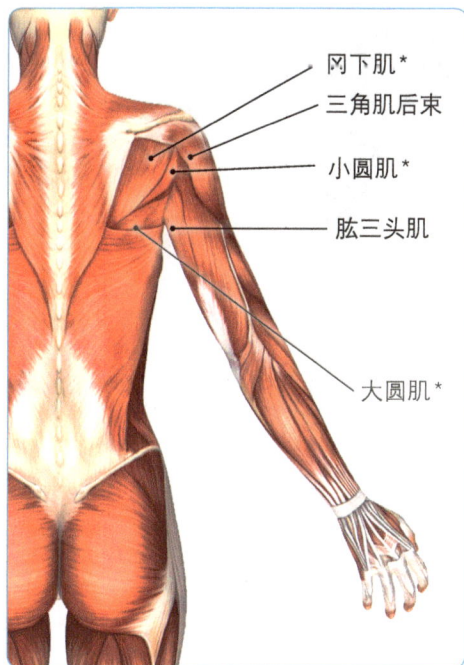

冈下肌*
三角肌后束
小圆肌*
肱三头肌
大圆肌*

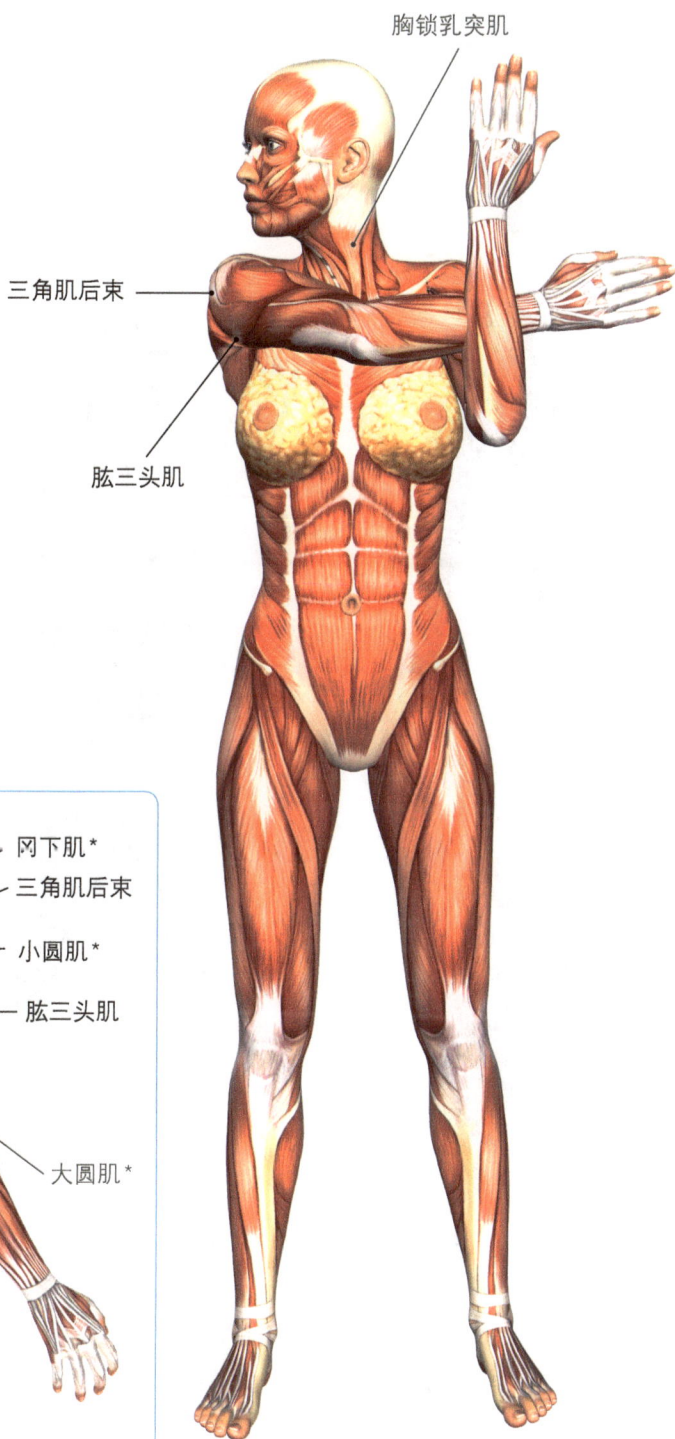

胸锁乳突肌

三角肌后束

肱三头肌

肱三头肌拉伸

❶ 身体呈站立姿势，双脚开立与肩同宽，双臂自然下垂。

锻炼目标
• 手臂
• 肩部

锻炼器械
• 徒手

级别
• 初级

呼吸提示
• 全程均匀呼吸

益处
• 提高肱三头肌的柔韧性

注意 ⚠
• 肩部若存在不适，则不建议进行此项训练

❷ 右臂弯曲于头部后侧，左手握住右臂肘部位置。

• **正确做法**

背部保持挺直
重点体会肱三头肌的拉伸感

❸ 左手发力向左侧拉伸右臂，直至肱三头肌有中等程度的拉伸感，保持动作至规定时间，对侧亦然。

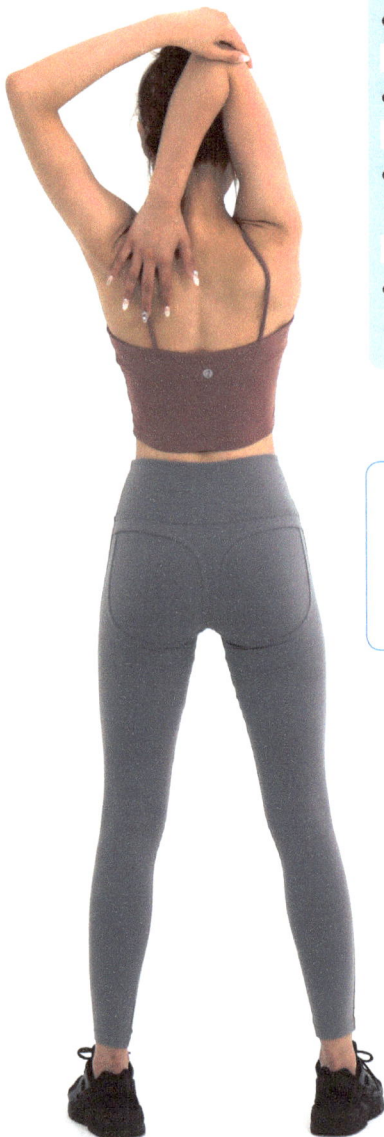

第6章

伸展练习

258

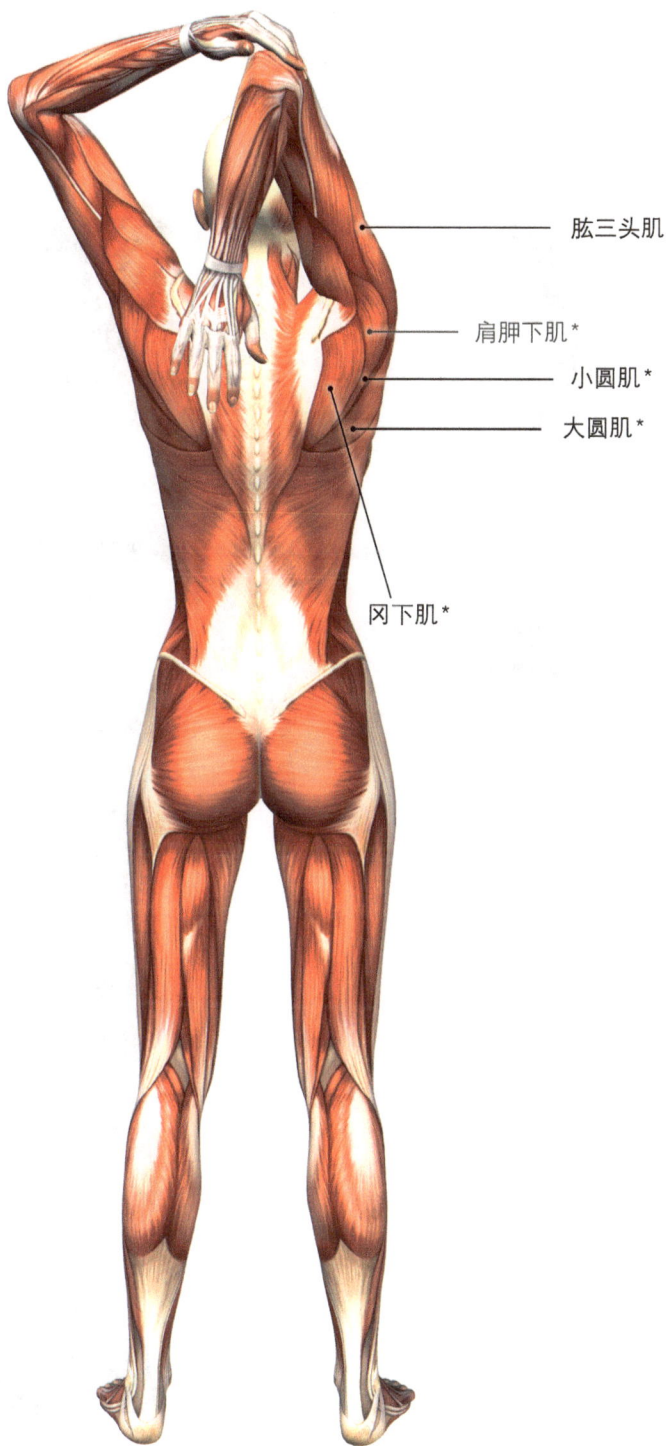

肱三头肌

肩胛下肌*

小圆肌*

大圆肌*

冈下肌*

最佳锻炼部位

- 肱三头肌
- 小圆肌*
- 大圆肌*
- 冈下肌*

第 6 章

伸展练习

站姿肱二头肌拉伸

① 身体呈站立姿势，挺胸收腹，目视前方，双手交叉于身体后方，掌心向下。

● **避免**

双臂上抬高度过高
背部弓起
双手松开

● **正确做法**

保持肩部下垂
核心收紧，背部挺直

锻炼目标
● 手臂
● 肩部
● 胸部

锻炼器械
● 徒手

级别
● 初级

呼吸提示
● 拉伸时呼气，还原时吸气

益处
● 提高肱二头肌的柔韧性

注意 ⚠
● 肩部若存在不适，则不建议进行此项训练

② 双臂缓慢上抬，感受肱二头肌被拉伸，保持动作至规定时间。

- 肱二头肌
- 胸大肌
- 胸小肌*
- 三角肌前束

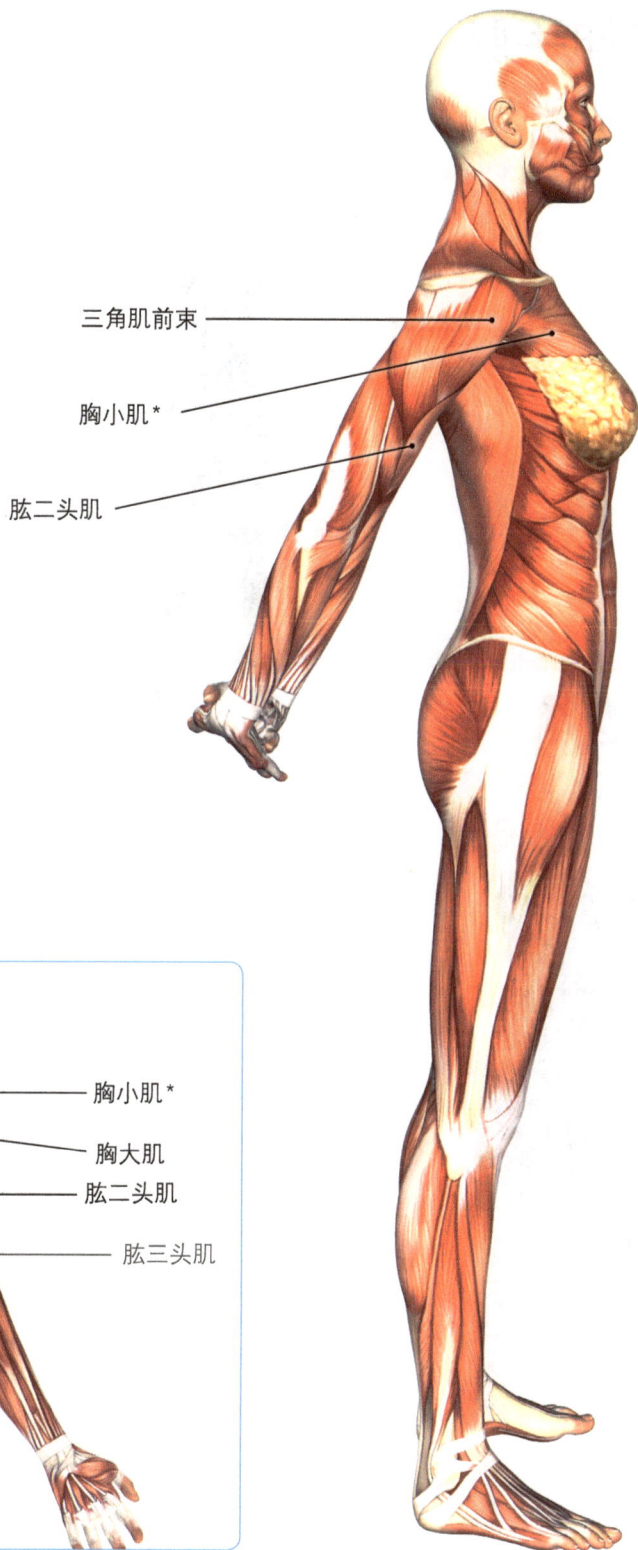

三角肌前束

胸小肌*

肱二头肌

◆ 解析关键

黑色字体为主要锻炼的
肌肉
灰色字体为次要锻炼的
肌肉
* 为深层肌肉

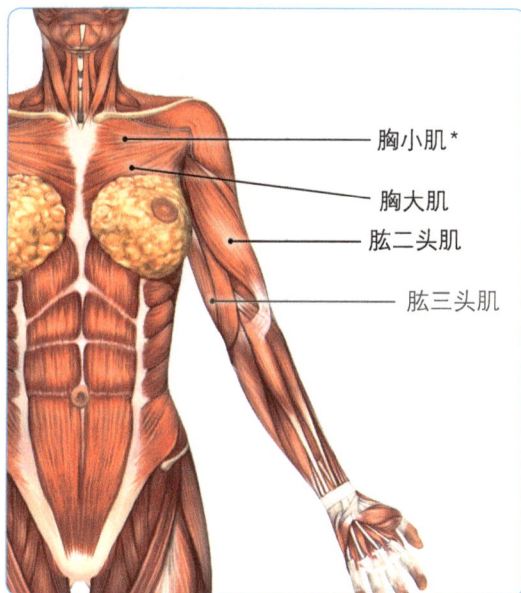

胸小肌*

胸大肌

肱二头肌

肱三头肌

屈伸手腕

① 由直立姿势开始，双脚与肩同宽，挺胸收腹，双手自然垂落于身体两侧。

② 右臂抬起至与地面平行，掌心向后，指尖向下。左手握住右手手指，轻轻向内用力，感受前臂肌肉得到拉伸。

- **避免**

  出现弓背

  拉伸力度过大

- **正确做法**

  手臂平行于地面，身体放松

  拉伸力度在承受范围内

③ 保持身体姿势，使右手指尖向上，掌心向前，左手同样握住右手手指，轻轻向内用力，感受目标肌肉得到拉伸。保持动作至规定时间，对侧亦然。

锻炼目标
- 手臂

锻炼器械
- 徒手

级别
- 初级

呼吸提示
- 全程均匀呼吸

益处
- 充分拉伸前臂肌肉

注意 ⚠️
- 手臂若存在不适，则不建议进行此项训练

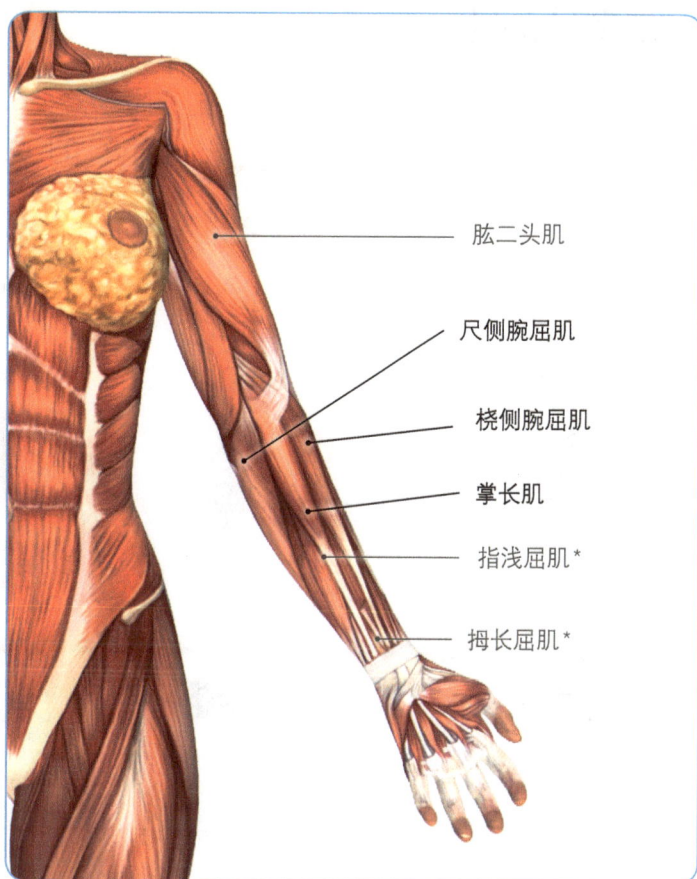

肱二头肌

尺侧腕屈肌

桡侧腕屈肌

掌长肌

指浅屈肌*

拇长屈肌*

最佳锻炼部位

- 尺侧腕屈肌
- 桡侧腕屈肌
- 掌长肌
- 肱桡肌
- 尺侧腕伸肌
- 指伸肌

◆ 解析关键

黑色字体为主要锻炼的肌肉

灰色字体为次要锻炼的肌肉

* 为深层肌肉

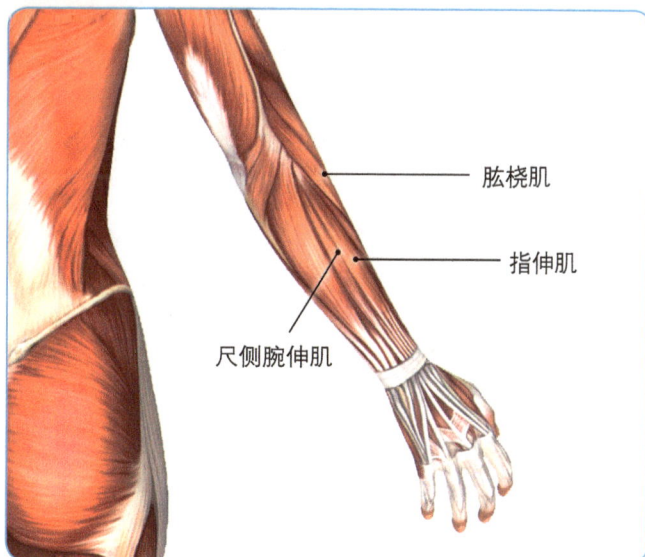

肱桡肌

指伸肌

尺侧腕伸肌

第6章

伸展练习

胸部拉伸

❶ 身体呈站立姿势，挺胸收腹，双脚与肩同宽，目视前方。

❷ 保持身体直立，双手扶于腰部后侧。

锻炼目标
● 胸部
锻炼器械
● 徒手
级别
● 初级
呼吸提示 ◐
● 全程均匀呼吸
益处
● 有助于提高胸部肌肉的柔韧性
注意 ⚠
● 肩部若存在不适，则不建议进行此项训练

● **正确做法**
肘部保持向外伸展
保持核心收紧，背部挺直

❸ 肩关节向后展开，向前挺胸，感受胸部明显的拉伸感。保持动作至规定时间。

◆ **解析关键**

黑色字体为主要锻炼的
肌肉
灰色字体为次要锻炼的
肌肉
* 为深层肌肉

胸大肌

三角肌前束

肱二头肌

最佳锻炼部位

● 胸大肌
● 胸小肌*

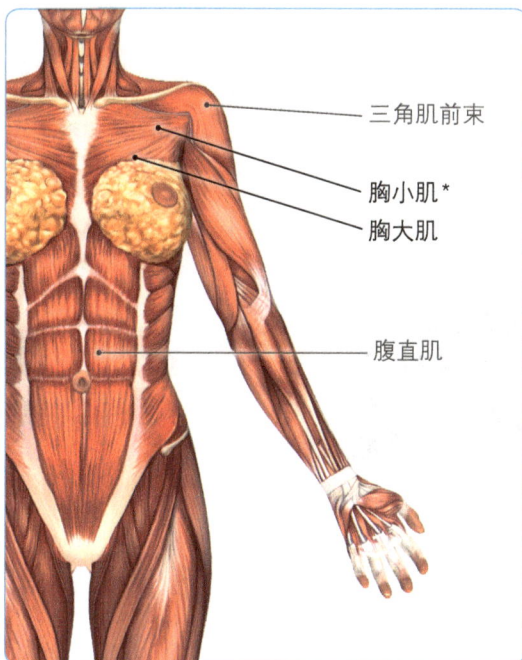

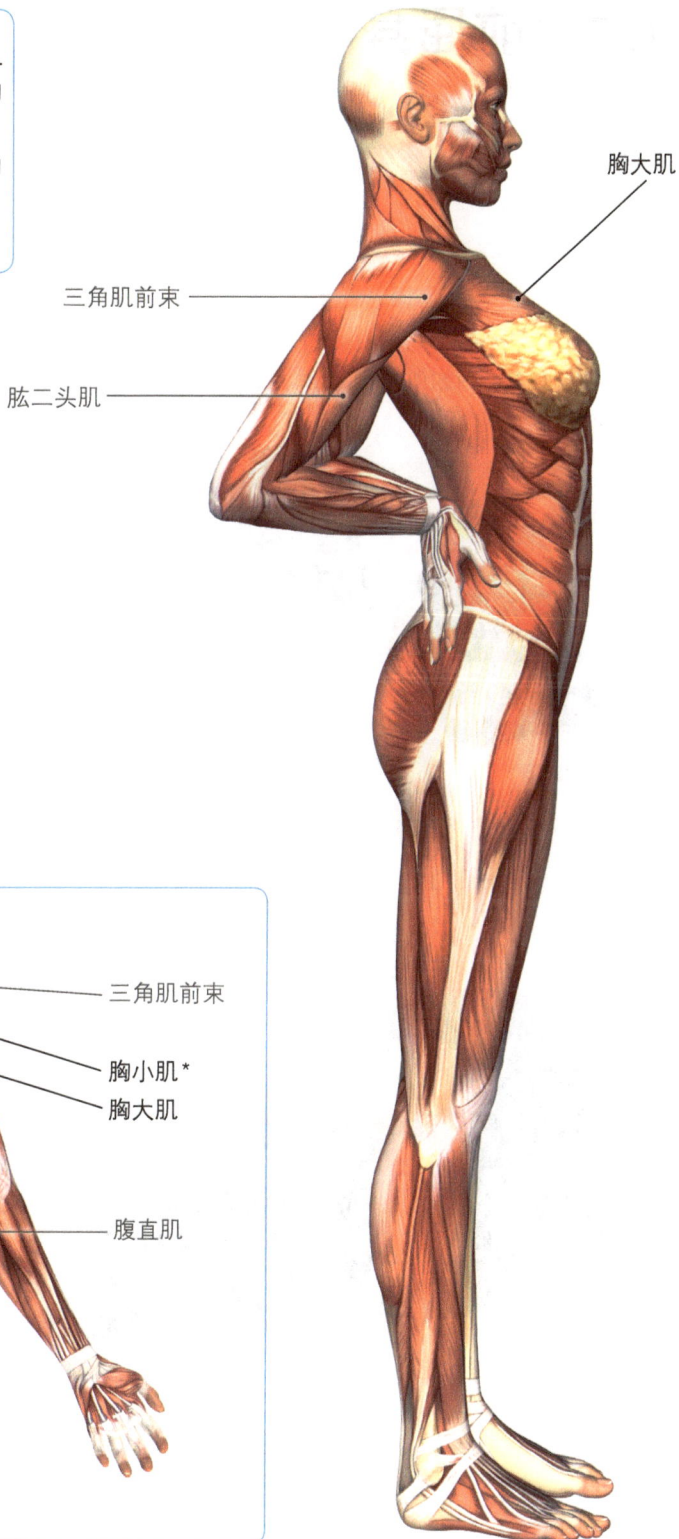

三角肌前束

胸小肌*
胸大肌

腹直肌

第6章

伸展练习

265

跪式向前屈身

• **避免**

脖颈收紧
动作不完整

• **正确做法**

躯干下沉要缓慢、连续
双手贴于地面

锻炼目标
• 全身
锻炼器械
• 徒手
级别
• 初级
呼吸提示
• 全程均匀呼吸
益处
• 拉伸并放松背部
注意 ⚠
• 膝盖若存在损伤，则不建议进行此项训练

❶ 身体呈跪姿，俯身面朝地面，双臂向身体前方呈Y字形伸直，掌心向下撑于地面。

❷ 髋部向后坐，胸部靠向地面至目标锻炼肌肉有中等程度的牵拉感。保持动作至规定时间。

◆ **解析关键**

黑色字体为主要锻炼的
肌肉
灰色字体为次要锻炼的
肌肉
* 为深层肌肉

最佳锻炼部位

- 背阔肌
- 斜方肌
- 肱二头肌

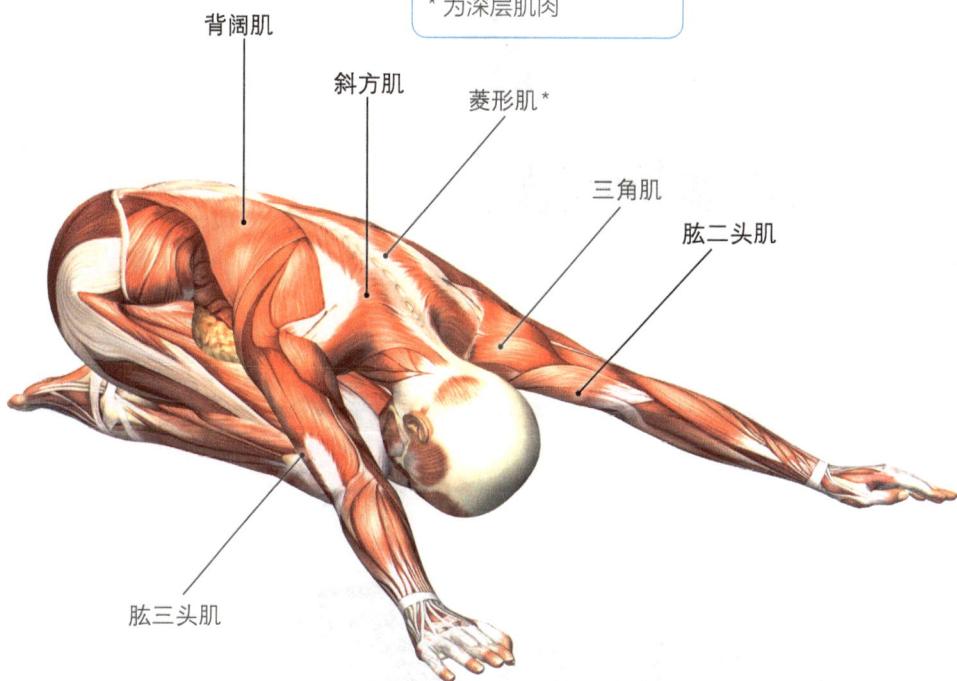

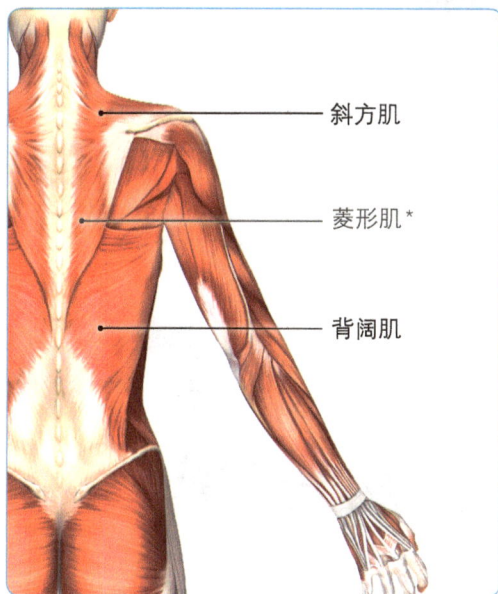

背阔肌

斜方肌

菱形肌 *

三角肌

肱二头肌

肱三头肌

斜方肌

菱形肌 *

背阔肌

小提示

避免匆忙摆出姿势，否则使全身完全
伸展需要较长时间。

第 6 章

伸展练习

眼镜蛇式

① 身体呈俯卧姿势，胸部靠近地面，双臂屈肘放于胸部两侧，双臂撑于地面。

锻炼目标
- 核心

锻炼器械
- 徒手

级别
- 初级

呼吸提示
- 全程均匀呼吸

益处
- 伸展脊柱
- 拉伸腹部肌肉

注意 ⚠
- 下背部若存在不适，则不建议进行此项训练

② 双臂伸直推起，使胸部和肋骨最大限度地向上抬起，感受目标锻炼肌肉得到拉伸。

- 避免

  伸展幅度过大
  头部过度后仰

- 正确做法

  肩部放松下压
  臀部发力，身体与地面产生压力

③ 恢复至起始姿势，重复完成规定的次数。

第6章

伸展练习

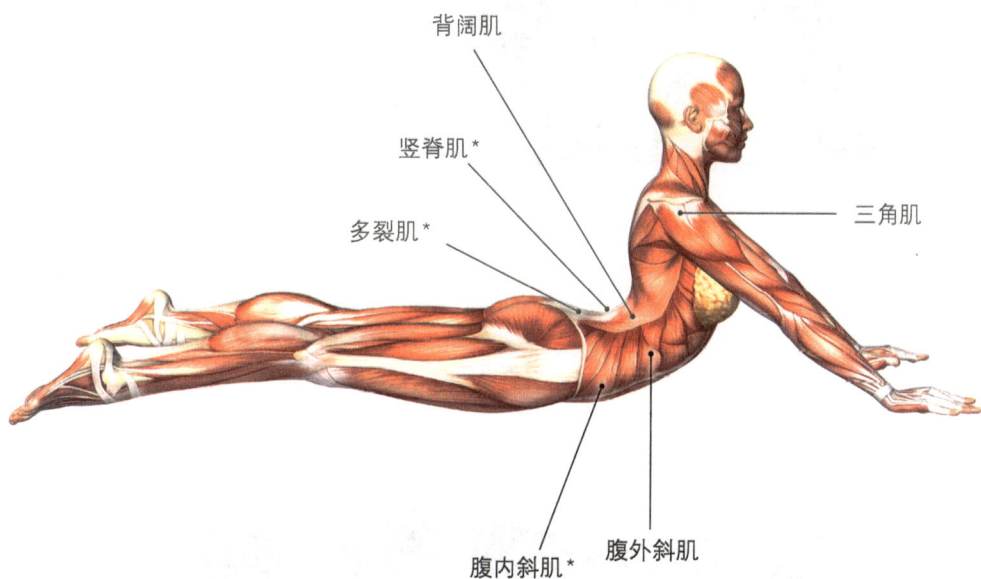

背阔肌

竖脊肌 *

多裂肌 *

三角肌

腹内斜肌 *　腹外斜肌

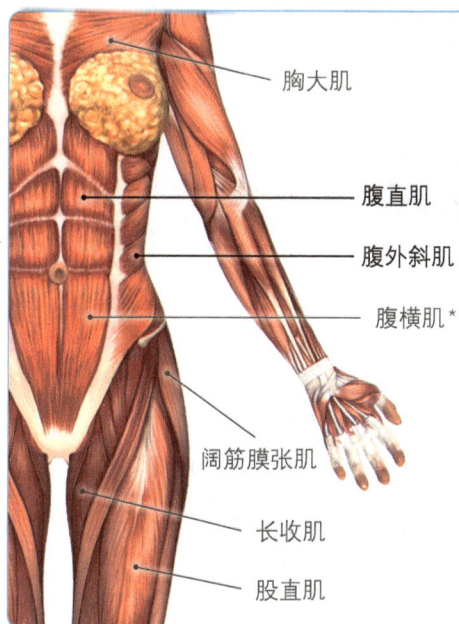

胸大肌

腹直肌

腹外斜肌

腹横肌 *

阔筋膜张肌

长收肌

股直肌

☼ **小提示**

感受腹部拉伸，保持目视前方。

第 6 章　伸展练习

瑞士球滚球

❶ 身体的中背部贴于瑞士球上，双脚支撑于瑜伽垫，双臂屈肘置于头后。

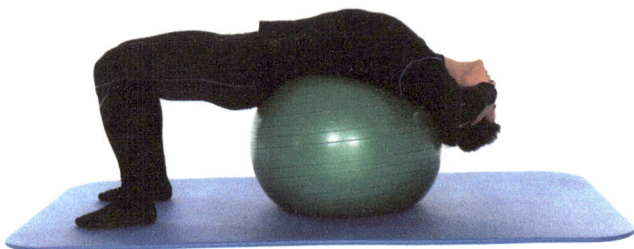

❷ 上背部保持平直，大腿与地面保持平行。

- **避免**

  瑞士球左右摇晃

  伸展时间过长

- **正确做法**

  保持身体平衡

  保证下腰背部的舒适度

❸ 将头部和上背部以及下背部最大限度地贴紧球面，至目标锻炼肌肉有中等程度的牵拉感。重复完成规定的次数。

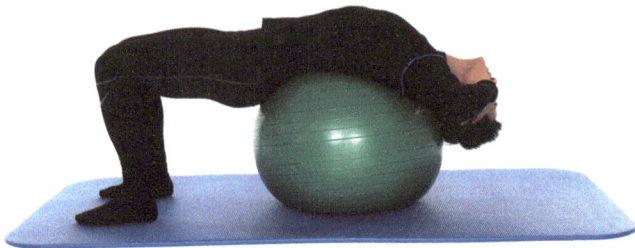

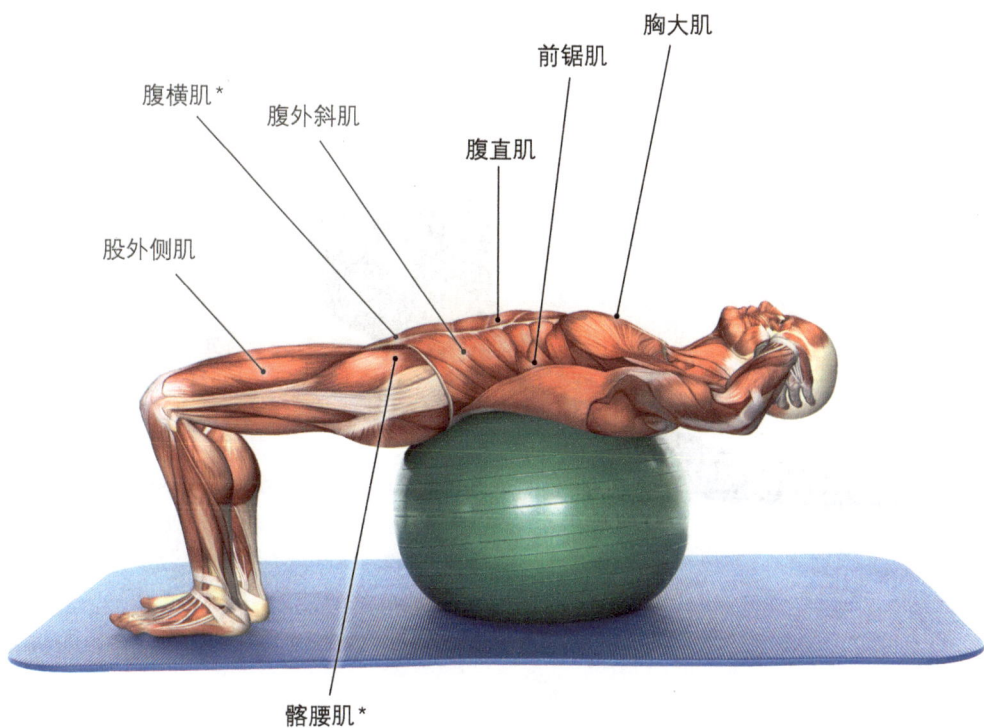

腹横肌*　腹外斜肌　腹直肌　前锯肌　胸大肌

股外侧肌

髂腰肌*

最佳锻炼部位

- 髂腰肌*
- 前锯肌
- 胸大肌
- 腹直肌

◆ 解析关键

黑色字体为主要锻炼的肌肉
灰色字体为次要锻炼的肌肉
* 为深层肌肉

侧向伸展

<table>
<tr><td>● 避免</td><td>● 正确做法</td></tr>
<tr><td>憋气
身体前后晃动</td><td>保持身体放松
躯干侧面紧贴球面</td></tr>
</table>

锻炼目标
● 背部
● 核心

锻炼器械
● 瑞士球

级别
● 中级

呼吸提示
● 全程均匀呼吸

益处
● 拉伸背部和核心
● 提高背部柔韧性

注意 ⚠
● 背部若存在不适，则不建议进行此项训练

左脚贴地，右脚蹬地

侧卧于瑞士球上，右腿在上屈髋、屈膝，右脚蹬地，左腿在下伸展。保持身体稳定，双臂于头部上方伸展，保持动作至规定时间，对侧亦然。

第6章

伸展练习

- 腹内斜肌*
- 背阔肌
- 腹外斜肌

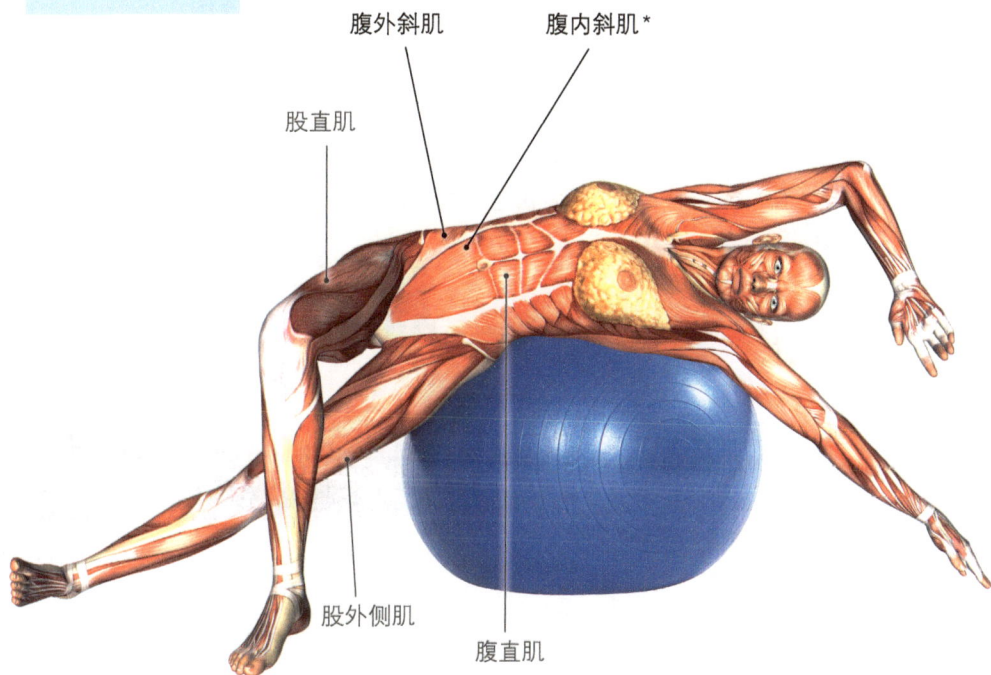

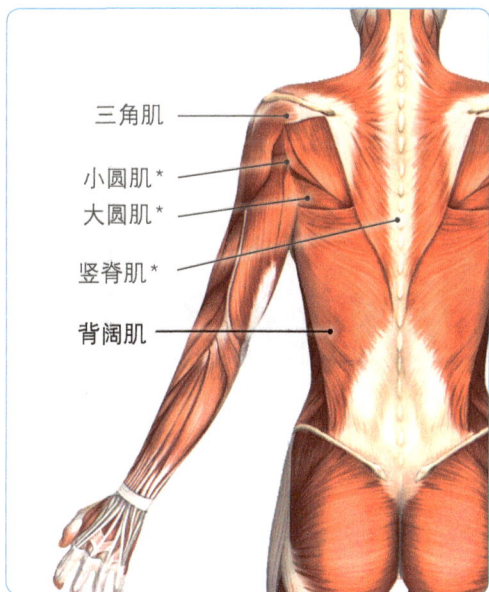

腹外斜肌

腹内斜肌*

股直肌

股外侧肌

腹直肌

三角肌

小圆肌*

大圆肌*

竖脊肌*

背阔肌

◆ **解析关键**

黑色字体为主要锻炼的
肌肉

灰色字体为次要锻炼的
肌肉

* 为深层肌肉

☼ **小提示**

保持躯干侧面紧贴瑞士球，充分拉伸
躯干侧面，放松身体。

第 6 章

伸展练习

腹肌拉伸

锻炼目标
- 核心

锻炼器械
- 瑜伽垫

级别
- 初级

呼吸提示 🌓
- 全程均匀呼吸

益处
- 拉伸核心肌肉

注意 ⚠️
- 腰背部若存在不适，则不建议进行此项训练

- **避免**

双肩上耸
强迫双臂紧贴地面

- **正确做法**

核心收紧
在能承受的范围内运动

❶ 身体俯卧于瑜伽垫上，双臂向两侧展开与肩部齐平，双腿并拢向后弯曲，脚尖向上。

❷ 双腿并拢向一侧扭转，保持双臂贴地，感受核心肌肉被拉伸。保持动作至规定时间，对侧亦然。

第6章
伸展练习

274

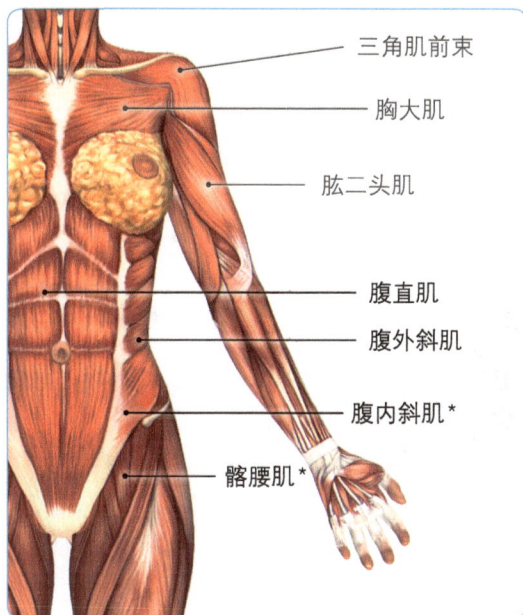

三角肌前束

胸大肌

肱二头肌

腹直肌

腹外斜肌

腹内斜肌 *

髂腰肌 *

最佳锻炼部位

- 腹内斜肌 *
- 腹直肌
- 腹外斜肌
- 背阔肌
- 髂腰肌 *

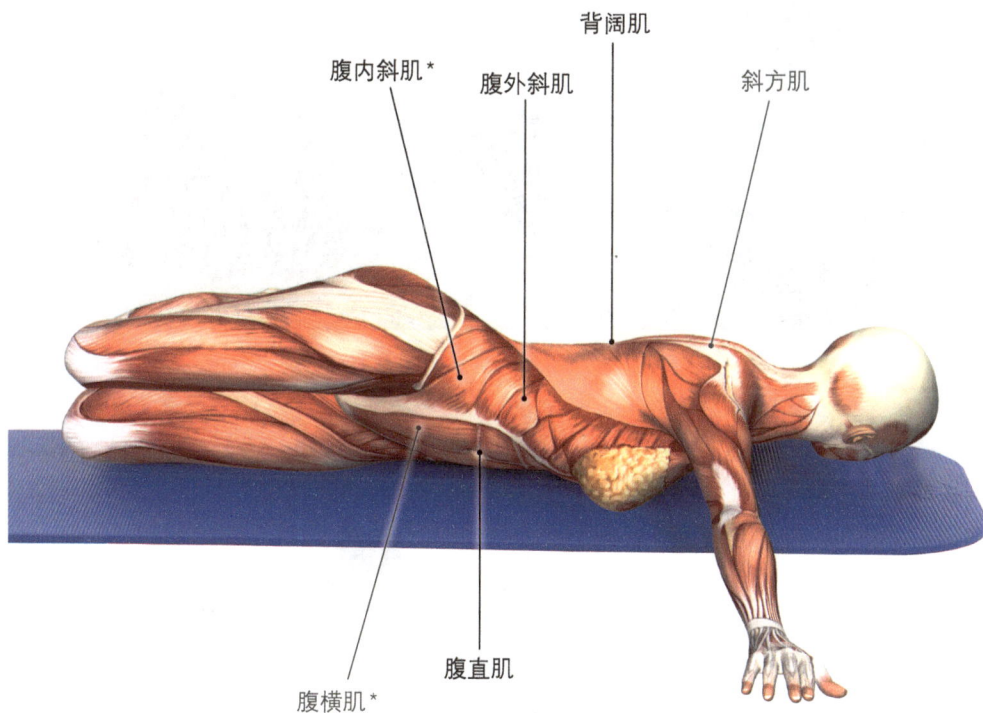

腹内斜肌 *

腹外斜肌

背阔肌

斜方肌

腹直肌

腹横肌 *

背阔肌拉伸

① 双膝跪地，将瑞士球置于体前，一只手臂伸直，手掌置于球上，另一只手掌撑地。

② 髋部向后，坐向脚跟，直至背部肌肉有拉伸感，在规定时间内保持该姿势。

③ 恢复至起始姿势，对侧亦然。

锻炼目标
- 背部
- 肩部

锻炼器械
- 瑞士球、瑜伽垫

级别
- 中级

呼吸提示
- 全程均匀呼吸

益处
- 提高背部肌肉的柔韧性

注意 ⚠
- 腰背部若受伤，则不建议进行此项训练

- **避免**
  身体倾斜
  头部后仰

- **正确做法**
  置于球上的手臂完全伸直
  拉伸时面向地面

- 竖脊肌 *
- 背阔肌
- 斜方肌

◆ **解析关键**

黑色字体为主要锻炼的
肌肉
灰色字体为次要锻炼的
肌肉
* 为深层肌肉

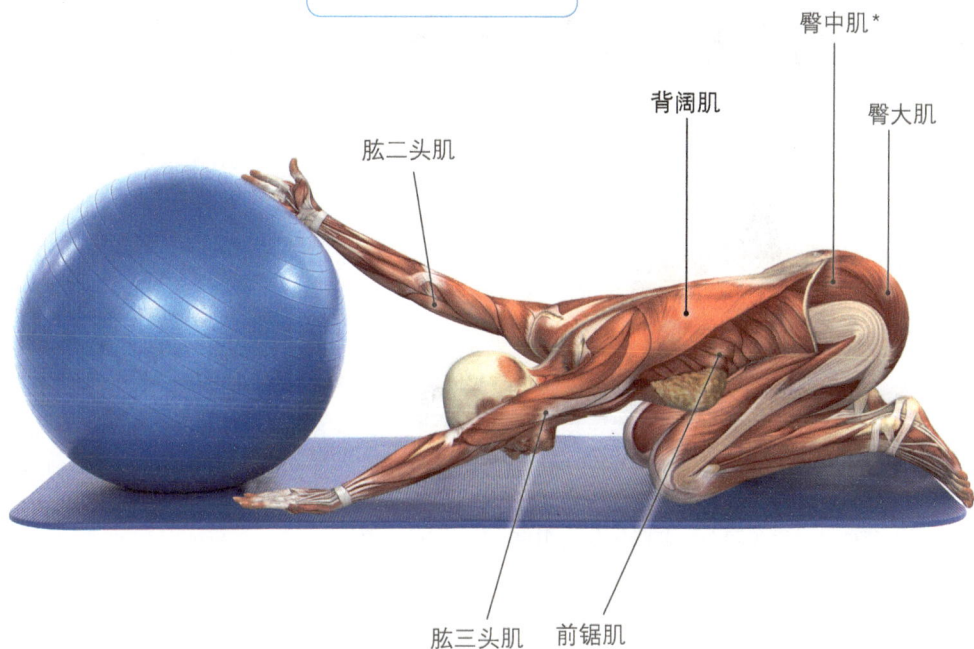

臀中肌 *

臀大肌

背阔肌

肱二头肌

肱三头肌 前锯肌

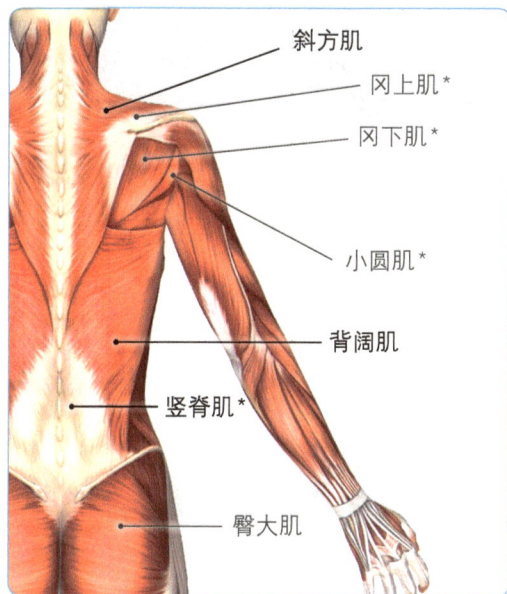

斜方肌

冈上肌 *

冈下肌 *

小圆肌 *

背阔肌

竖脊肌 *

臀大肌

☼ **小提示**

重心放于两脚脚跟上，拉伸背部肌肉。

第 6 章

伸展练习

仰卧屈膝旋转

① 身体呈仰卧姿势，平躺在瑜伽垫上，双脚并拢伸直，双臂伸直置于身体两侧。

② 屈膝屈髋，双腿向上抬起，脚尖向上。双臂向两侧打开，保持身体稳定。

③ 上身保持不动，双腿向一侧降至最大限度。

④ 以同样的方式向对侧转髋，重复完成规定的次数。

锻炼目标
● 核心
● 背部

锻炼器械
● 瑜伽垫

级别
● 初级

呼吸提示
● 转髋时呼气，还原时吸气

益处
● 增强核心稳定性
● 拉伸核心肌肉

注意 ⚠
● 腰部若存在不适，则不建议进行此项训练

● 避免
肩部离开地面
肩胛骨随身体移动

● 正确做法
核心收紧
动作协调、连贯
膝盖保持弯曲

第6章

伸展练习

- 竖脊肌*
- 腹外斜肌
- 腹直肌
- 腹内斜肌*

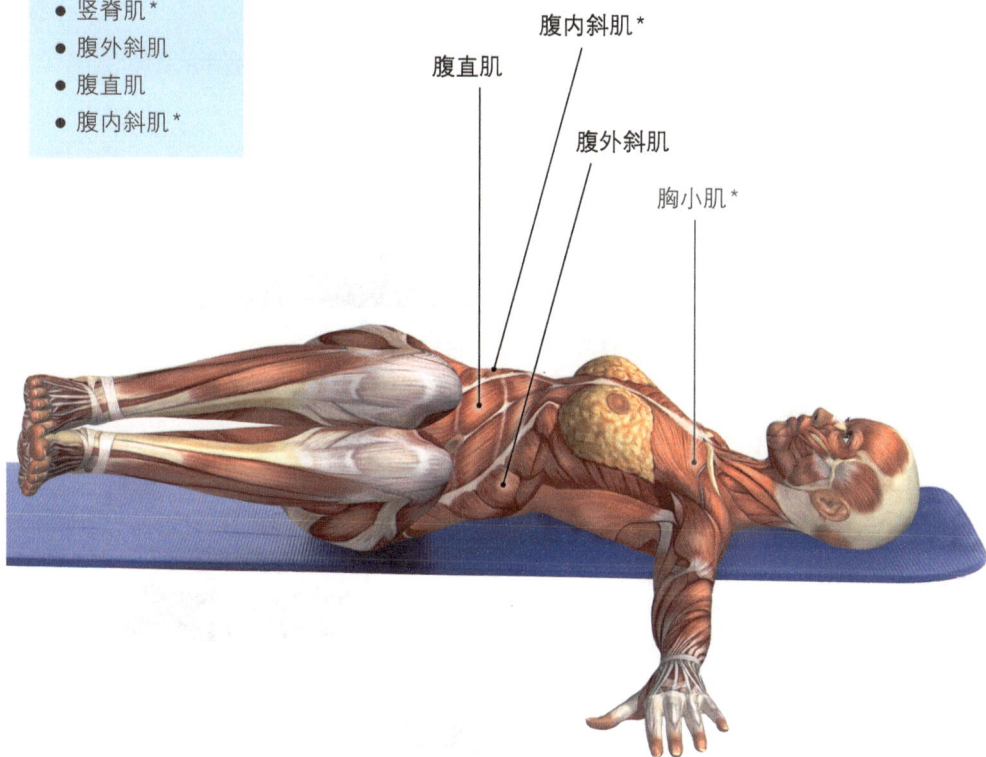

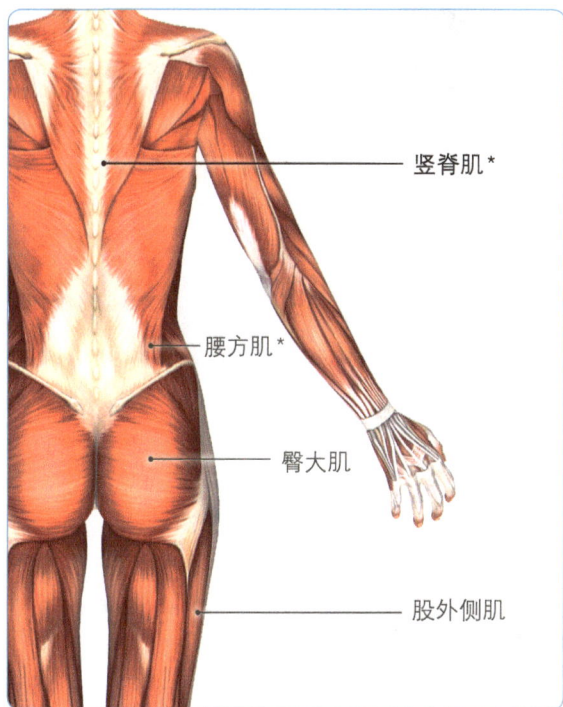

腹内斜肌*

腹直肌

腹外斜肌

胸小肌*

竖脊肌*

腰方肌*

臀大肌

股外侧肌

◆　解析关键

黑色字体为主要锻炼的肌肉
灰色字体为次要锻炼的肌肉
* 为深层肌肉

第6章

伸展练习

下背部动态拉伸

① 仰卧在瑜伽垫上，双腿屈膝屈髋，双手抱紧膝盖。

② 放松背部，将膝盖拉向胸口。

- **避免**

  双腿过度后仰

  背部承受压力过大

③ 动作不停，还原时上身顺势向上抬起。

④ 伸直双腿，身体呈平躺姿势。重复完成规定的次数。

- **正确做法**

  自然地伸直颈部

  合理利用惯性移动身体

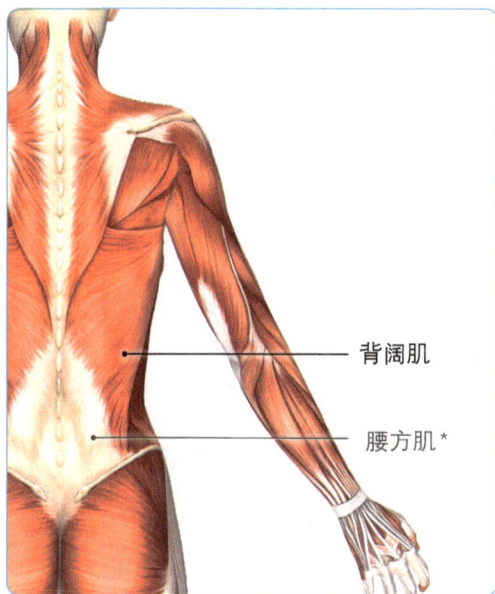

背阔肌

腰方肌*

◆ 解析关键

黑色字体为主要锻炼的
肌肉
灰色字体为次要锻炼的
肌肉
* 为深层肌肉

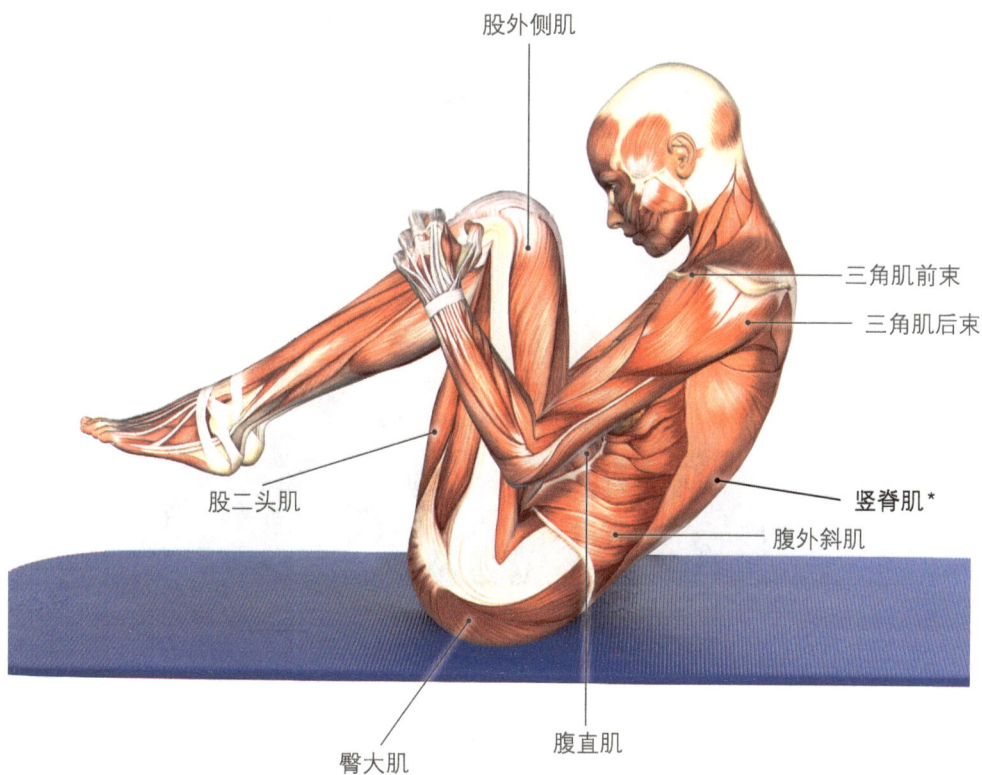

股外侧肌

三角肌前束

三角肌后束

股二头肌

竖脊肌*

腹外斜肌

臀大肌

腹直肌

第6章

伸展练习

婴儿式

- **避免**

  颈部过于紧张

  动作过快

- **正确做法**

  颈部放松，双肩下沉

  脊柱充分伸展

锻炼目标
- 肩部
- 背部

锻炼器械
- 瑜伽垫

级别
- 初级

呼吸提示
- 全程均匀呼吸

益处
- 拉伸并放松背部，感受脊柱伸展

注意 ⚠️
- 颈部不适的人群不建议进行此项训练

❶ 呈跪姿后坐，双臂向前伸展，前臂撑地。上身下俯，核心紧贴大腿。

❷ 双手同时收于身体两侧，前额触地，伸展整个脊柱。保持动作至规定时间。

竖脊肌*

背阔肌

斜方肌

臀大肌

桡侧腕伸肌

股外侧肌

斜方肌

菱形肌*

背阔肌

竖脊肌*

臀大肌

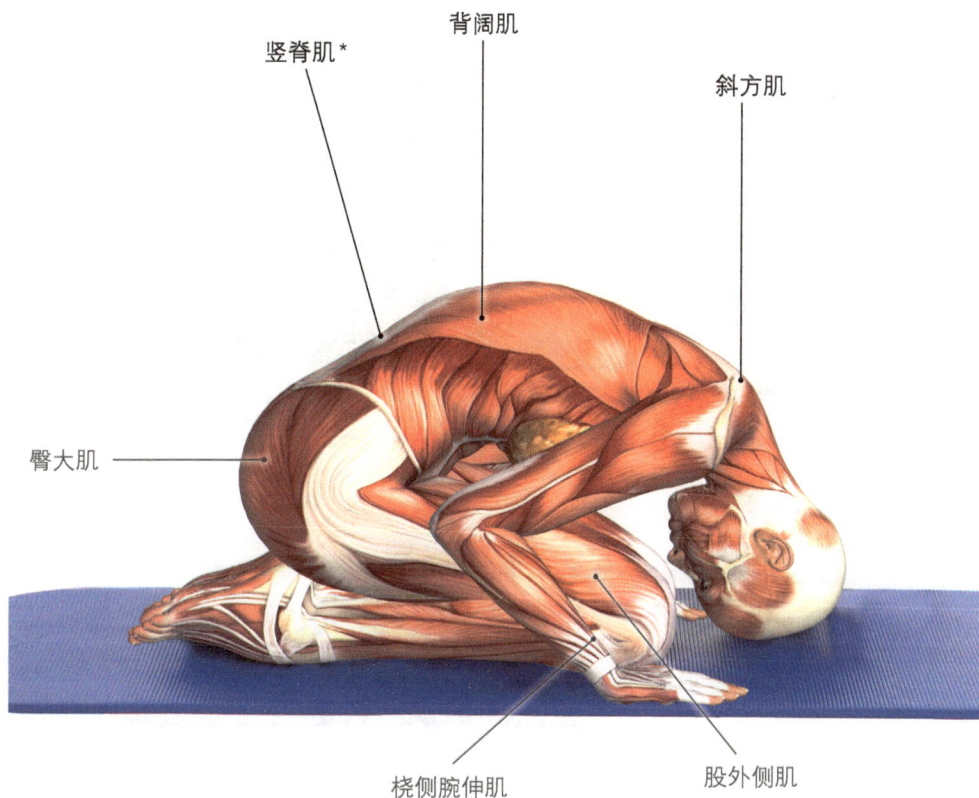

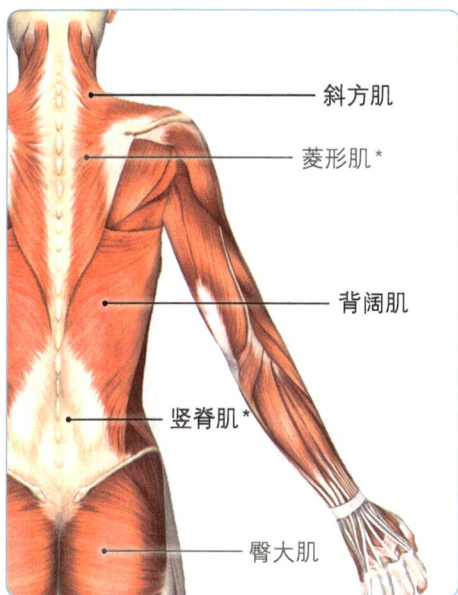

◆　解析关键

黑色字体为主要锻炼的
肌肉
灰色字体为次要锻炼的
肌肉
* 为深层肌肉

第 6 章

伸展练习

坐姿扭转臀部拉伸

锻炼目标
- 背部
- 核心
- 臀部

锻炼器械
- 瑜伽垫

级别
- 初级

呼吸提示
- 全程均匀呼吸

益处
- 充分伸展臀部和下背部

注意 ⚠
- 腰背部若存在不适，则不建议进行此项训练

① 呈坐姿，双腿前伸，上身挺直，目视前方，双手置于身体两侧。

② 左腿保持伸直，右腿弯曲跨过左腿，右脚落于膝盖外侧，左手手肘搭于右膝之上，右手撑地，保持身体平衡。

③ 身体尽力向右侧扭转，保持动作至规定时间，对侧亦然。

- **避免**
  上身没有扭转
  伸直腿屈膝

- **正确做法**
  背部保持挺直
  核心收紧

◆ **解析关键**

黑色字体为主要锻炼的
肌肉

灰色字体为次要锻炼的
肌肉

* 为深层肌肉

背阔肌

竖脊肌*

腰方肌*

臀中肌*

臀大肌

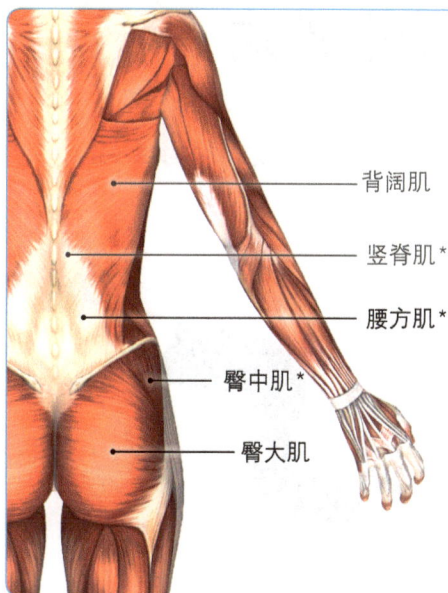

👤 **最佳锻炼部位**

- 臀大肌
- 臀中肌*
- 腰方肌*

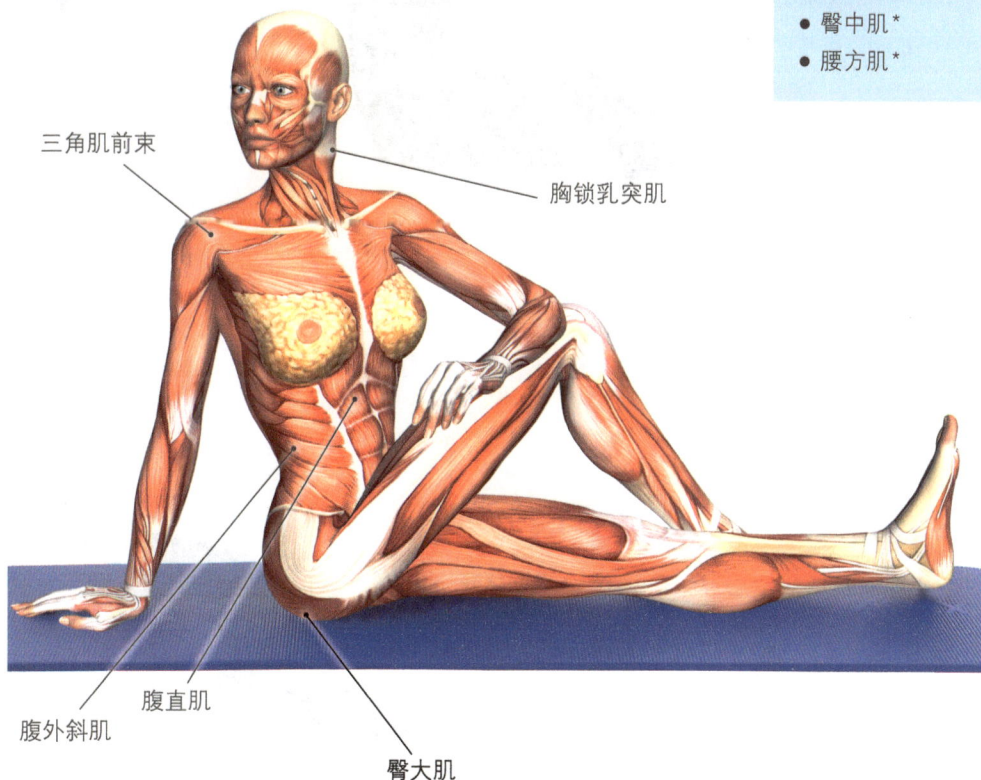

三角肌前束

胸锁乳突肌

腹外斜肌

腹直肌

臀大肌

第6章

伸展练习

动态猫式

① 身体呈跪姿，双手与双膝撑于地面，背部保持平直。

② 收紧核心的同时含胸低头，使背部弓起至目标锻炼肌肉有中等程度的牵拉感，保持1~2秒。

锻炼目标
- 背部

锻炼器械
- 徒手

级别
- 初级

呼吸提示 ◑
- 脊柱屈曲时呼气，还原时吸气

益处
- 拉伸背部肌肉

注意 ⚠
- 背部若存在不适，则不建议进行此项训练

③ 恢复至起始姿势，重复完成规定的次数。

• 正确做法

核心收紧，动作缓慢、持续
均匀呼吸

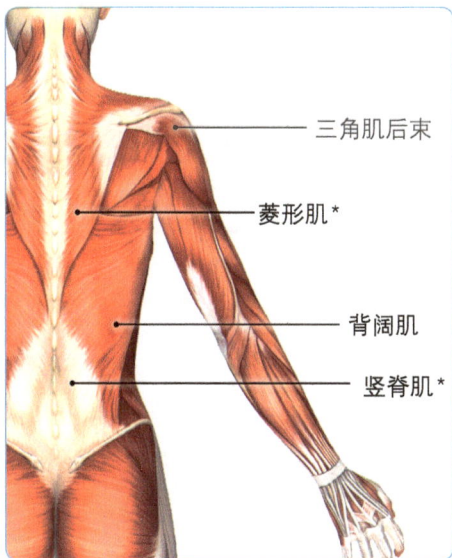

三角肌后束

菱形肌*

背阔肌

竖脊肌*

☀ **小提示**

小腹内收时，保持髋部上提，同时肩部保持稳定。

◆ **解析关键**

黑色字体为主要锻炼的肌肉
灰色字体为次要锻炼的肌肉
* 为深层肌肉

🧍 **最佳锻炼部位**

- 竖脊肌*
- 背阔肌
- 菱形肌*

背阔肌

竖脊肌*

三角肌

臀大肌

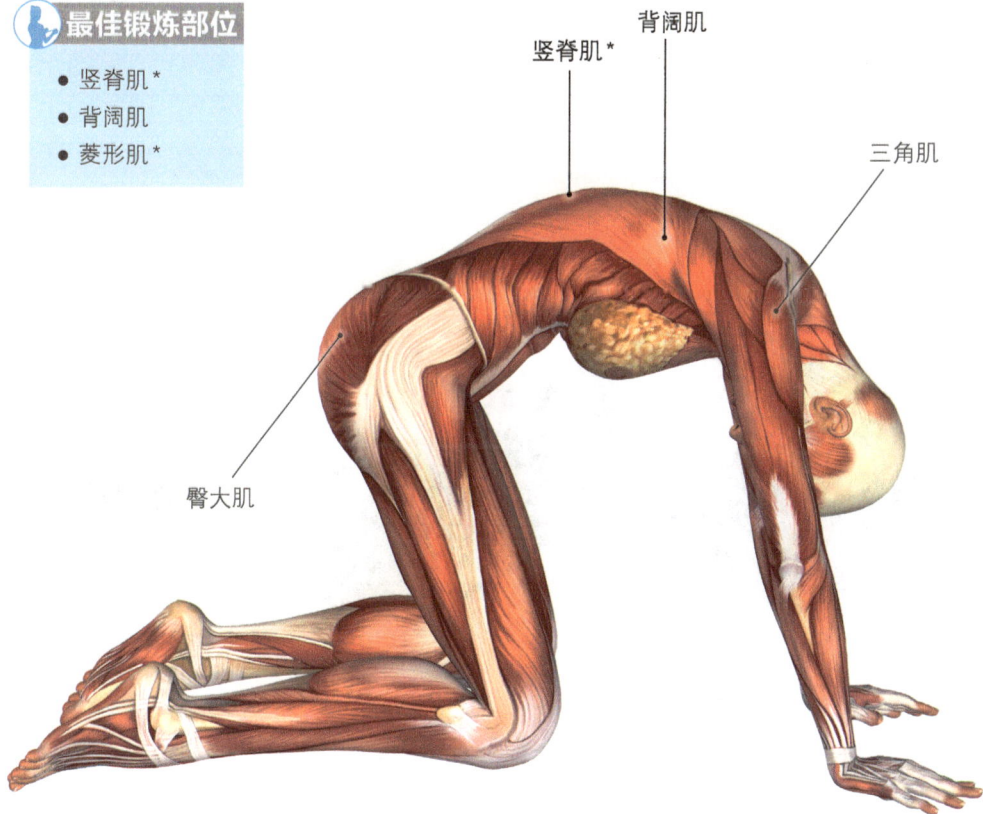

坐式向前屈身

① 身体呈坐姿，上身挺直，面朝前方，双腿在前，向两侧展开，双手分别置于两膝关节内侧。

锻炼目标
- 背部
- 大腿

锻炼器械
- 徒手

级别
- 初级

呼吸提示
- 全程均匀呼吸

益处
- 拉伸腘绳肌并伸展脊柱

注意 ⚠
- 下背部若疼痛，则不建议进行此项训练

- **避免**

  屏住呼吸

- **正确做法**

  下巴尽量靠近胸部
  上身尽可能地贴向地面

② 双手前伸，含胸低头靠近地面，下降至双腿之间产生明显拉伸感。保持动作至规定时间。

背阔肌

斜方肌

◆ **解析关键**

黑色字体为主要锻炼的肌肉

灰色字体为次要锻炼的肌肉

* 为深层肌肉

最佳锻炼部位

- 股二头肌
- 半腱肌
- 半膜肌
- 竖脊肌*
- 背阔肌

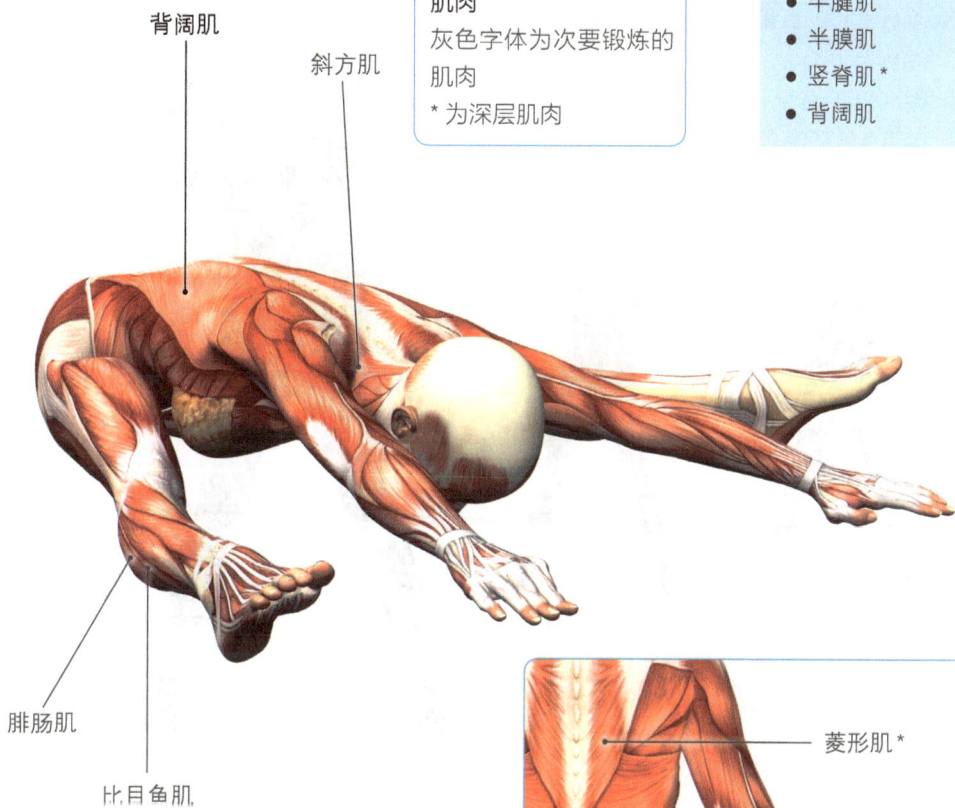

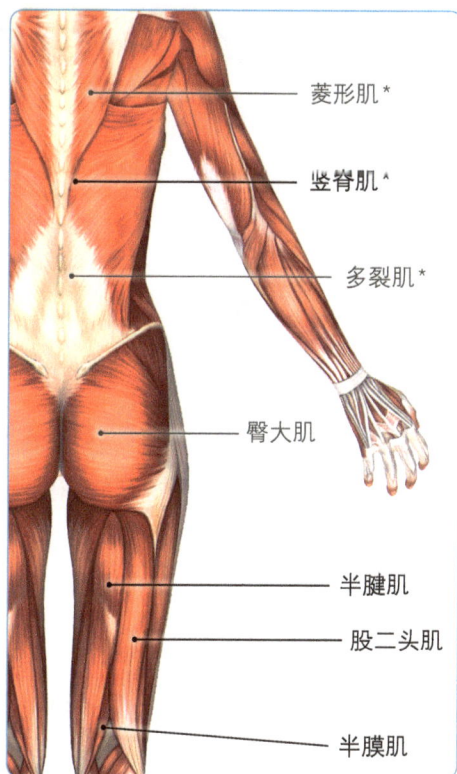

腓肠肌

比目鱼肌

菱形肌*

竖脊肌*

多裂肌*

臀大肌

☀ **小提示**

保持呼吸自然、口腔放松。

半腱肌

股二头肌

半膜肌

第6章

伸展练习

动态侧向伸展

① 身体呈站立姿势，双脚分开略比肩宽，双手自然垂落于身体两侧。

② 右臂伸直向上举过头顶，左手扶住大腿。

③ 右臂向身体左侧倾斜，上半身随之倾斜至目标锻炼肌肉有中等程度的牵拉感。

锻炼目标

- 背部
- 核心

锻炼器械

- 徒手

级别

- 初级

呼吸提示

- 全程均匀呼吸

益处

- 提升肩部和背部的柔韧性

注意 ⚠

- 背部若存在不适，则不建议进行此项训练

④ 缓慢恢复至站立姿势。

⑤ 右臂收回放于体侧，重复完成规定的次数，对侧亦然。

● 避免

身体前后倾斜

● 正确做法

尽量拉伸背部和侧腹

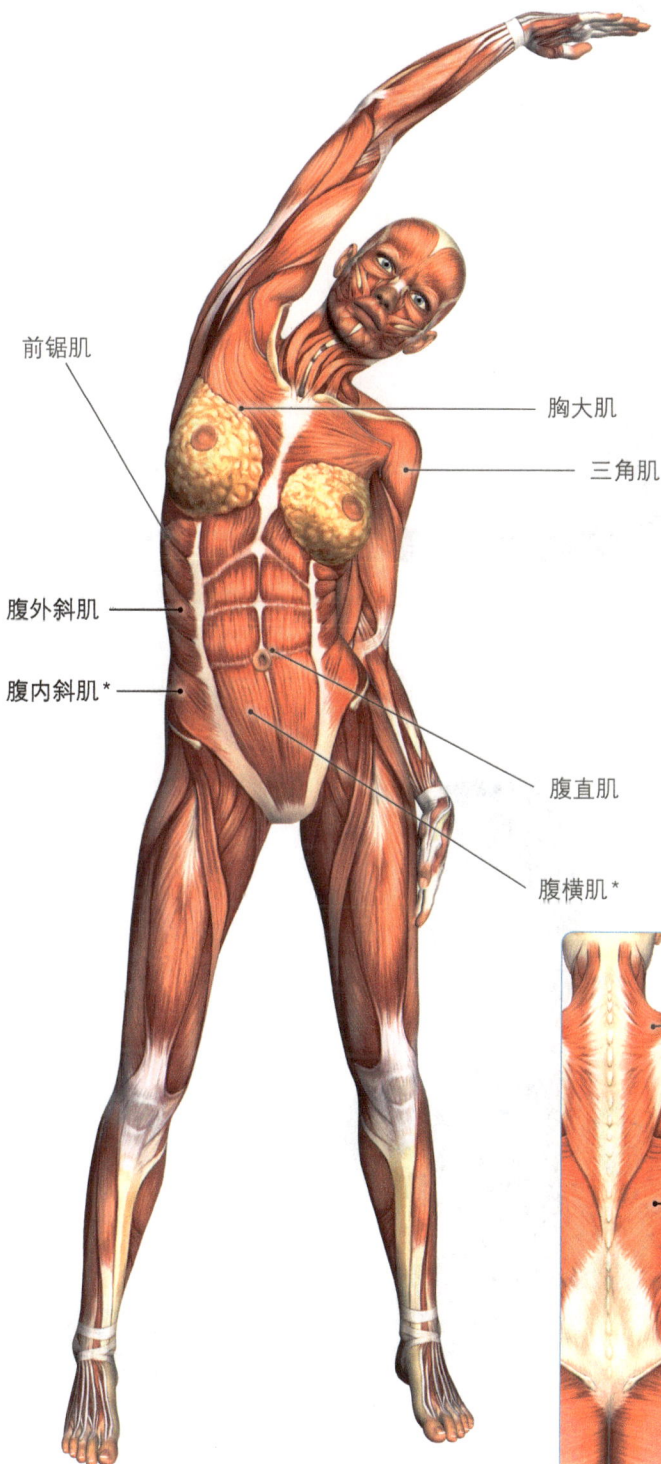

前锯肌

◆ **解析关键**

黑色字体为主要锻炼的
肌肉
灰色字体为次要锻炼的
肌肉
* 为深层肌肉

胸大肌

三角肌

腹外斜肌

腹内斜肌*

🧍 **最佳锻炼部位**

- 背阔肌
- 腹外斜肌
- 腹内斜肌*

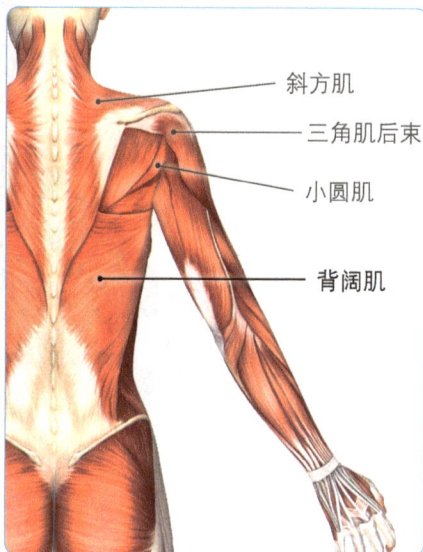

腹直肌

腹横肌*

斜方肌

三角肌后束

小圆肌

背阔肌

第6章

伸展练习

坐式4字体形

① 呈坐姿，右腿向前伸直，左腿屈膝，左脚放于右大腿上，腿部呈"4"字形。双手扶于两侧地面，背部挺直。

锻炼目标
- 臀部
- 背部
- 腿部

锻炼器械
- 徒手

级别
- 初级

呼吸提示
- 全程均匀呼吸

益处
- 拉伸腘绳肌和臀部肌肉

注意 ⚠
- 下背部若存在损伤，则不建议进行此项训练

- **避免**
  背部过度后弯

- **正确做法**
  可略微低头，增加拉伸幅度
  背部保持平直

② 胸部向双腿方向移动，至目标锻炼肌肉有中等程度的牵拉感。保持动作至规定时间，对侧亦然。

- 竖脊肌 *
- 半腱肌
- 腓肠肌
- 股二头肌
- 半膜肌
- 臀大肌
- 臀中肌 *

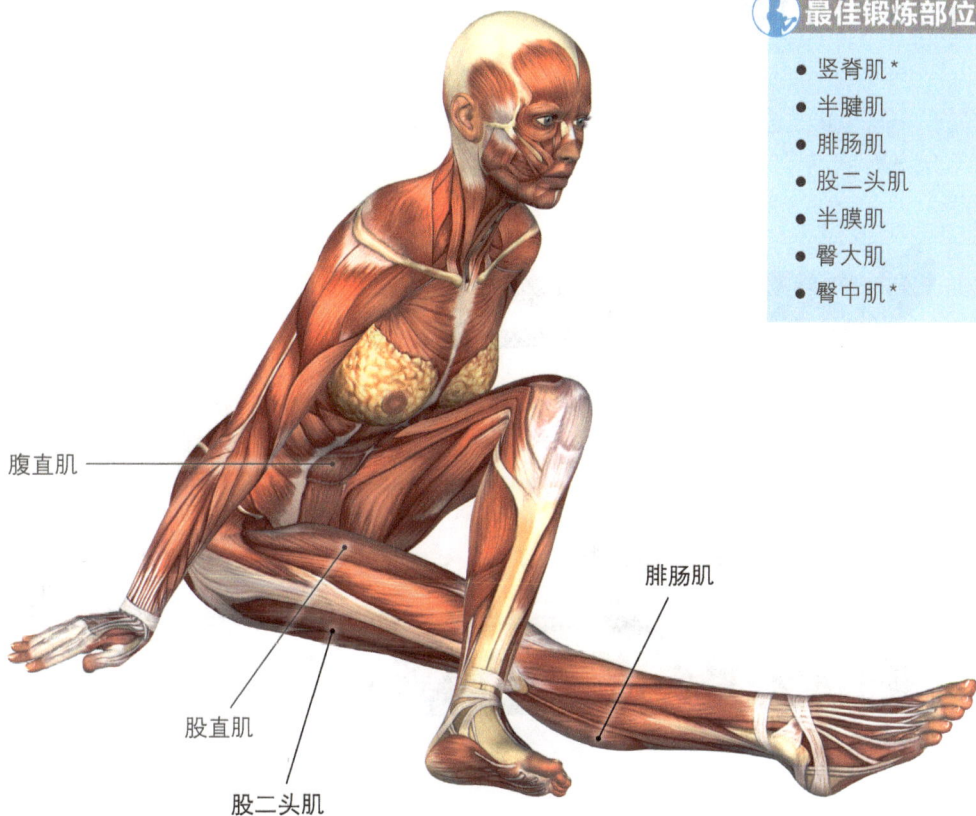

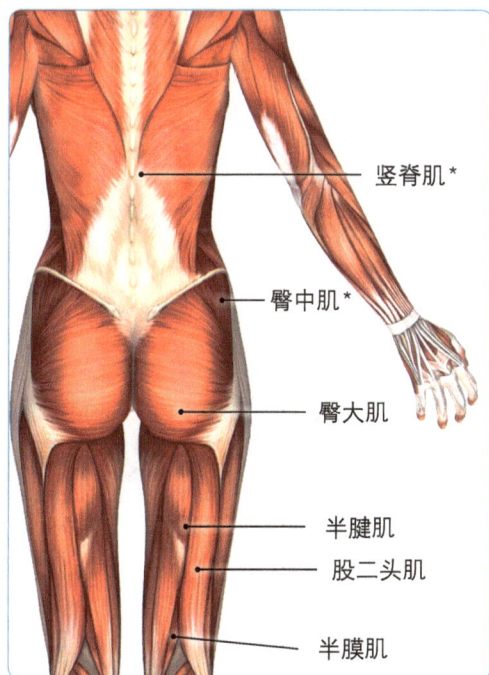

腹直肌 ——

腓肠肌

股直肌

股二头肌

竖脊肌 *

臀中肌 *

臀大肌

半腱肌

股二头肌

半膜肌

◆ 解析关键

黑色字体为主要锻炼的
肌肉
灰色字体为次要锻炼的
肌肉
* 为深层肌肉

☀ 小提示

上半身保持平直，脊柱不可扭转。

第6章

伸展练习

扭转拉伸

① 呈仰卧姿势，平躺在瑜伽垫上。双腿伸直，双臂伸直放于身体两侧。

② 抬起右侧腿，使小腿与地面平行。

锻炼目标
- 臀部
- 核心

锻炼器械
- 瑜伽垫

级别
- 中级

呼吸提示
- 全程均匀呼吸

益处
- 伸展下背部
- 拉伸背部肌肉

注意 ⚠
- 下背部若存在不适，则不建议进行此项训练

- **避免**
  双肩上提，离开地面

- **正确做法**
  重点体会腹外斜肌、腹内斜肌的拉伸感

③ 右腿向左侧扭转，感受腰背部以及臀部得到拉伸，手扶右膝，尽可能使右膝靠近地面。保持动作至规定时间，对侧亦然。

◆ 解析关键

黑色字体为主要锻炼的肌肉
灰色字体为次要锻炼的肌肉
* 为深层肌肉

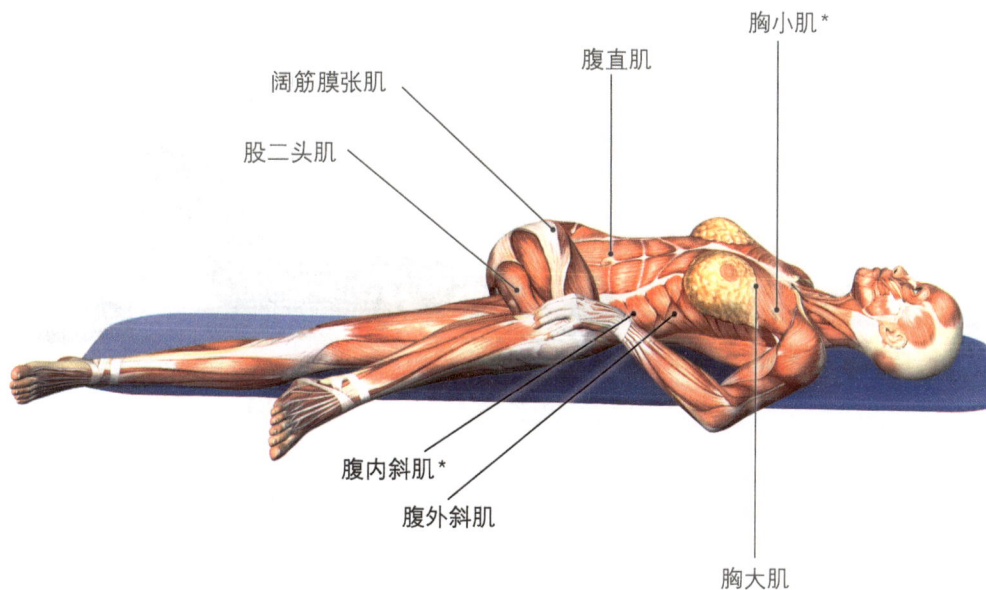

胸小肌*

腹直肌

阔筋膜张肌

股二头肌

腹内斜肌*

腹外斜肌

胸大肌

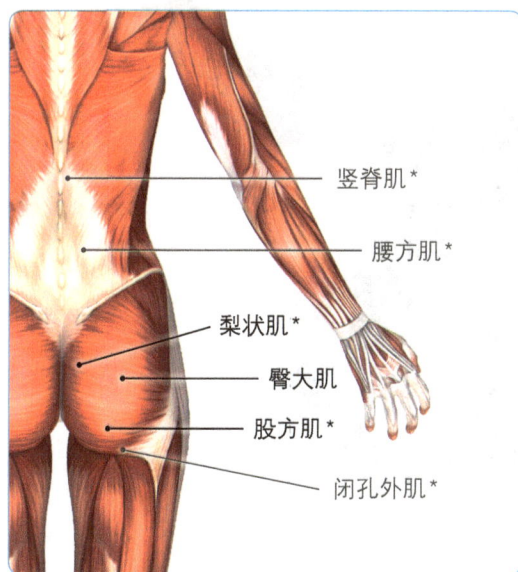

竖脊肌*

腰方肌*

梨状肌*

臀大肌

股方肌*

闭孔外肌*

☼ 小提示

手掌微微施力，增大拉伸力度。

仰卧双膝紧抱

- **避免**

  身体左右摇晃

- **正确做法**

  双肘紧靠身体，双肩放松

❶ 呈仰卧姿势，面部朝上，弯曲双膝，双臂落于身体两侧。

❷ 双手抱住膝关节，将大腿拉向胸部。下巴下收并最大限度地将肩膀从地面上抬起，至目标锻炼肌肉有中等程度的牵拉感。保持动作至规定时间。

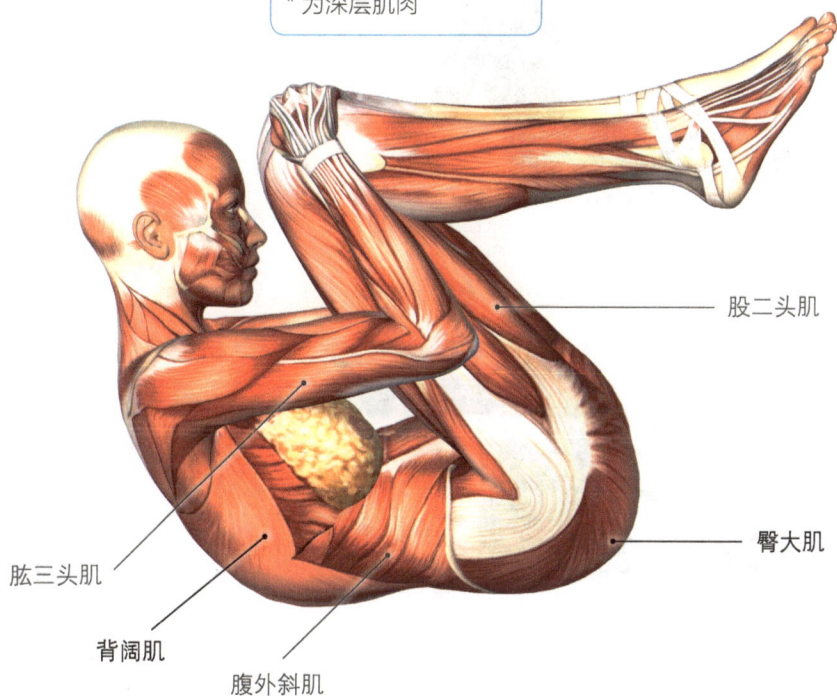

股二头肌

肱三头肌

臀大肌

背阔肌

腹外斜肌

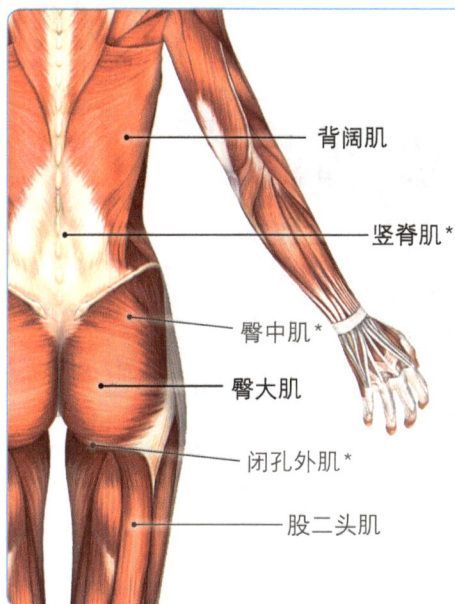

背阔肌

竖脊肌*

臀中肌*

臀大肌

闭孔外肌*

股二头肌

卧式4字体形

① 呈仰卧姿势，双腿弯曲，右脚放于左侧大腿上方，腿部整体呈 "4" 字形，双臂伸直撑于地面。

② 双手握住左侧大腿并将其拉向胸部，感受目标锻炼肌肉得到拉伸。

锻炼目标
● 臀部
锻炼器械
● 徒手
级别
● 初级
呼吸提示
● 全程均匀呼吸
益处
● 缓解臀部和下背部的僵硬状态
注意 ⚠
● 下背部或膝关节存在不适，则不建议进行此项训练

● **避免**
颈部抬离地面
强行将腿部拉向胸部

● **正确做法**
放松臀部
保持头部贴紧地面

③ 保持姿势至规定的时间，对侧亦然。

第6章
伸展练习

最佳锻炼部位

- 梨状肌*
- 股方肌*
- 臀大肌

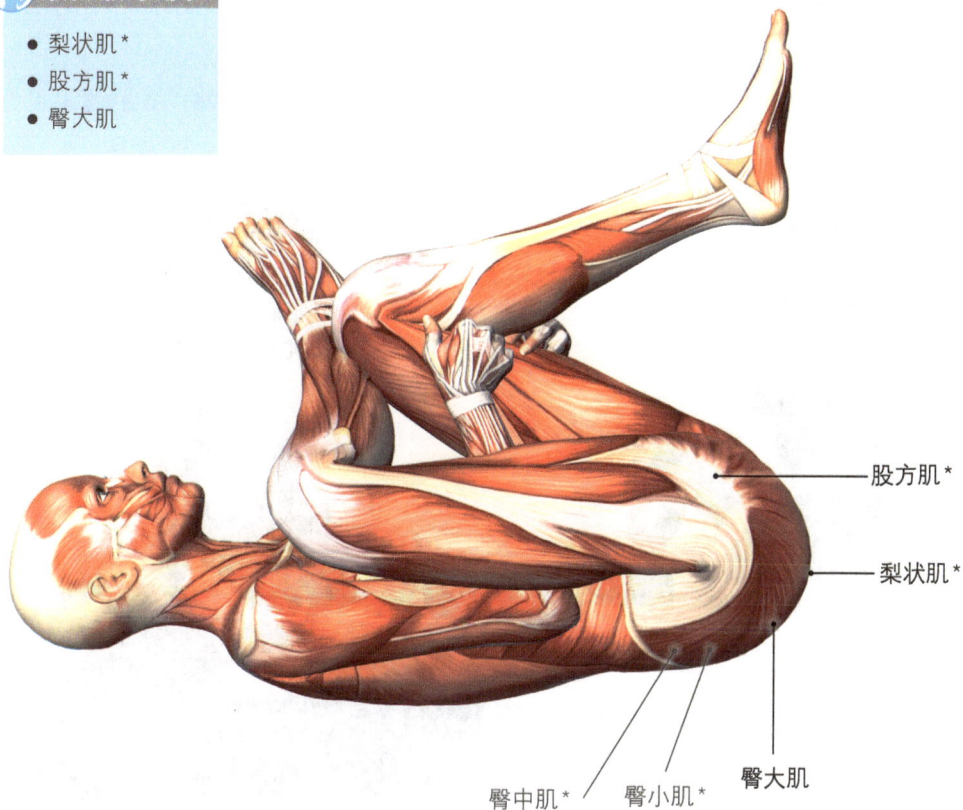

股方肌*

梨状肌*

臀中肌* 臀小肌* 臀大肌

解析关键

黑色字体为主要锻炼的
肌肉
灰色字体为次要锻炼的
肌肉
* 为深层肌肉

小提示

拉伸时呼气，将大腿轻轻拉向胸部，
直至目标锻炼肌肉产生拉伸感。

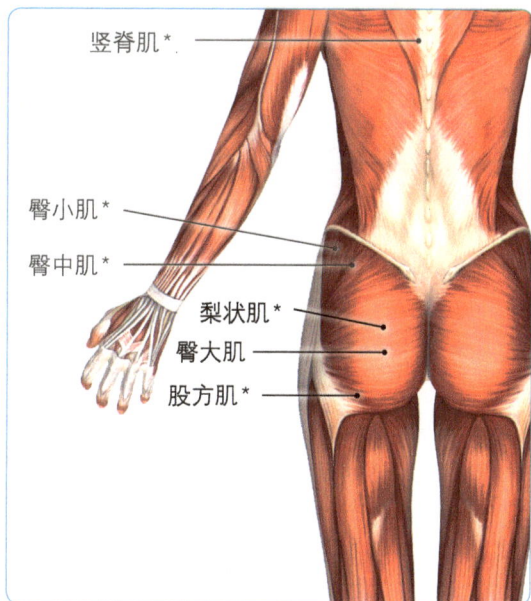

竖脊肌*

臀小肌*
臀中肌*
梨状肌*
臀大肌
股方肌*

第6章

伸展练习

坐式蝶形

① 呈坐姿，背部挺直，双腿屈膝，双脚靠拢。双手握住踝关节上方，并将前臂分别置于大腿膝关节内侧。

② 胸部向双腿间逐渐靠拢，至目标锻炼肌肉有中等程度的牵拉感。

锻炼目标
- 大腿

锻炼器械
- 徒手

级别
- 初级

呼吸提示
- 全程均匀呼吸

益处
- 拉伸大腿内侧肌肉
- 缓解下肢疼痛

注意 ⚠️
- 髋部若存在不适，则不建议进行此项训练

③ 恢复至起始姿势，重复完成规定的次数。

• 避免
背部弯曲
身体前后摇摆

• 正确做法
背部挺直

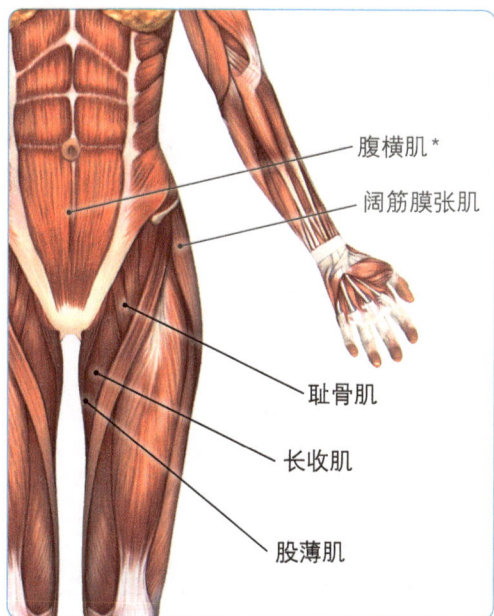

腹横肌*

阔筋膜张肌

耻骨肌

长收肌

股薄肌

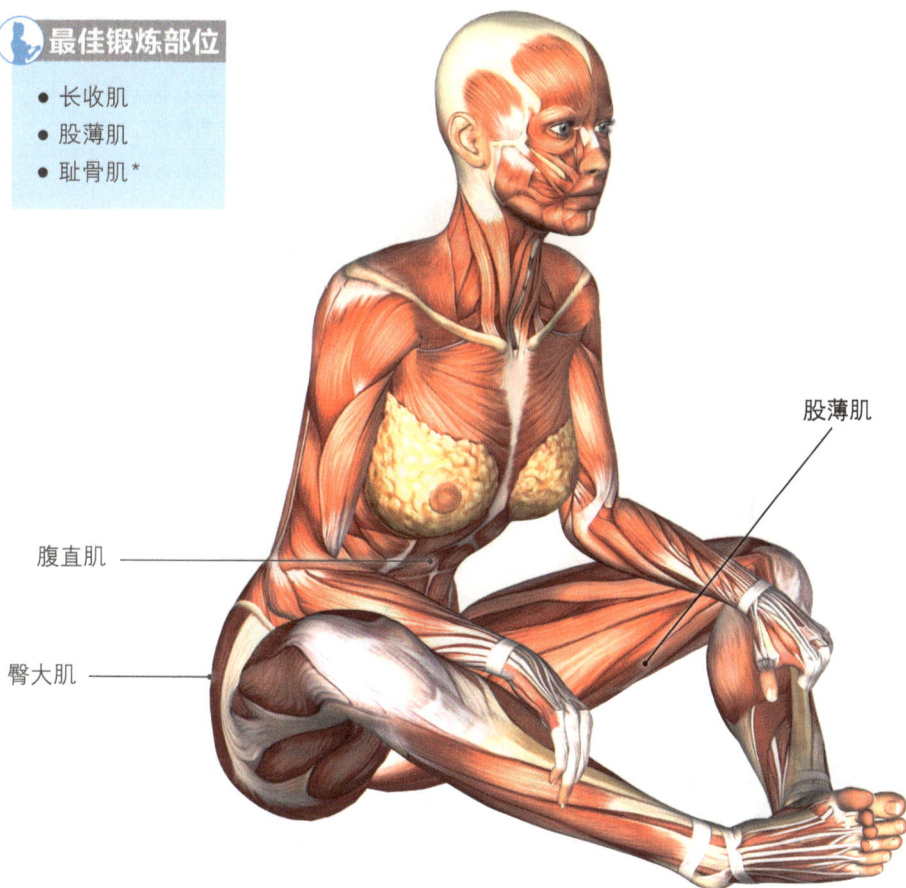

☀ **小提示**

上半身向前伸展，直至腹股沟以及
大腿内侧的上部有拉伸感。

◆ **解析关键**

黑色字体为主要锻炼的
肌肉
灰色字体为次要锻炼的
肌肉
* 为深层肌肉

🦵 **最佳锻炼部位**

- 长收肌
- 股薄肌
- 耻骨肌*

股薄肌

腹直肌

臀大肌

跪姿屈髋拉伸

① 身体呈跪姿，双膝撑地，上身挺直，目
视前方，双臂落于身体两侧。

② 左腿向前迈步，左脚撑地，屈膝约呈90
度角，双手扶腰。

锻炼目标
- 大腿
- 臀部
- 小腿

锻炼器械
- 瑜伽垫

级别
- 中级

呼吸提示
- 全程均匀呼吸

益处
- 拉伸大腿和髋的前侧

注意 ⚠️
- 膝关节若存在不适，
  则不建议进行此项
  训练

- **避免**

  膝关节伸展幅度过大
  骨盆旋转

- **正确做法**

  躯干保持中立位，核心收紧
  后腿保持充分的伸展

③ 保持身体稳定，重心前移，臀
部肌肉收紧，向前挤压，拉伸
大腿前侧。保持动作至规定时
间，对侧亦然。

第6章

伸展练习

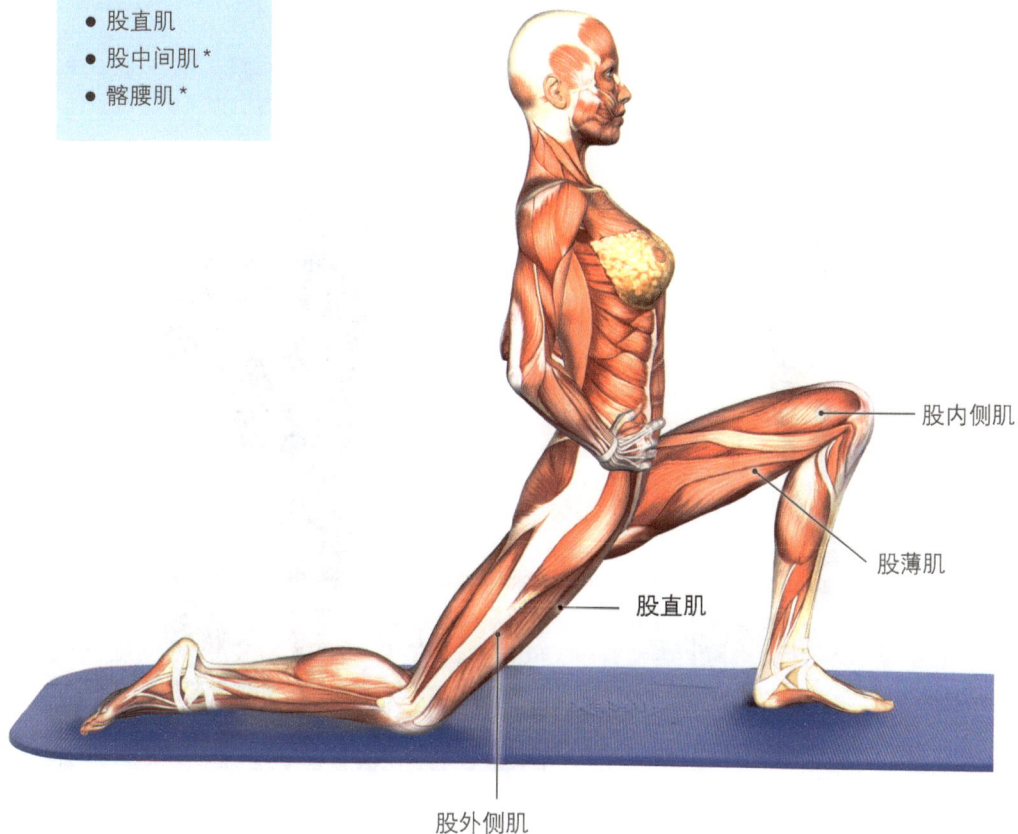

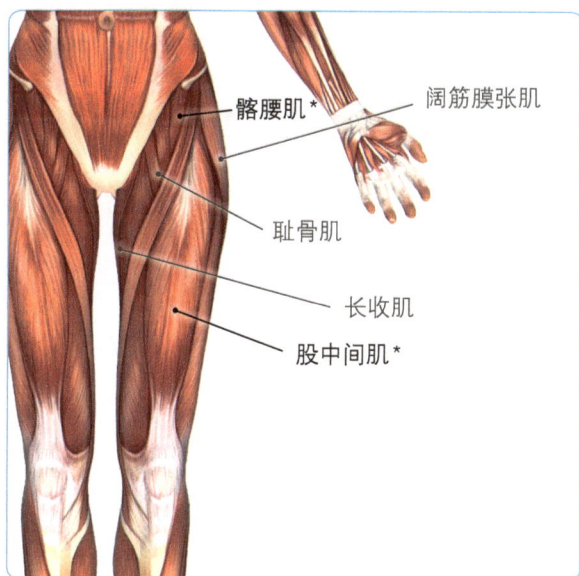

股内侧肌

股薄肌

股直肌

股外侧肌

髂腰肌 *

阔筋膜张肌

耻骨肌

长收肌

股中间肌 *

◆ **解析关键**

黑色字体为主要锻炼的
肌肉
灰色字体为次要锻炼的
肌肉
* 为深层肌肉

前屈式

① 身体呈站立姿势，双脚并拢，双臂落于身体两侧。

③ 俯身使头最大限度地靠近膝关节，并将双手置于瑜伽垫上，至目标锻炼肌肉有中等程度的牵拉感。保持动作至规定时间。

② 双臂伸直向上举起，掌心向前。

● 避免

脚跟离地

● 正确做法

双脚平放于瑜伽垫上
放松颈部和肩部

锻炼目标

● 大腿

锻炼器械

● 瑜伽垫

级别

● 初级

呼吸提示

● 全程均匀呼吸

益处

● 拉伸大腿后侧肌肉

注意 ⚠

● 颈部或腰背部若不适，则不建议进行此项训练

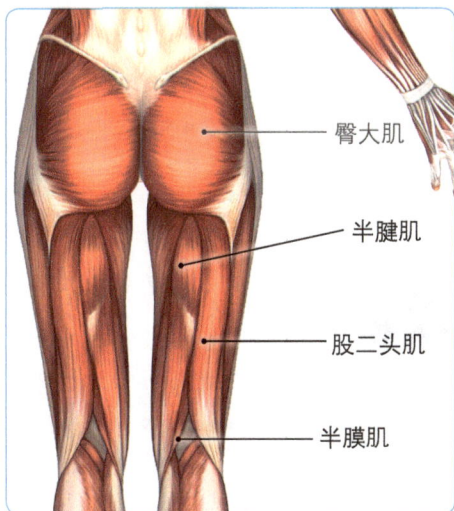

臀大肌

半腱肌

股二头肌

半膜肌

最佳锻炼部位

- 股二头肌
- 半腱肌
- 半膜肌

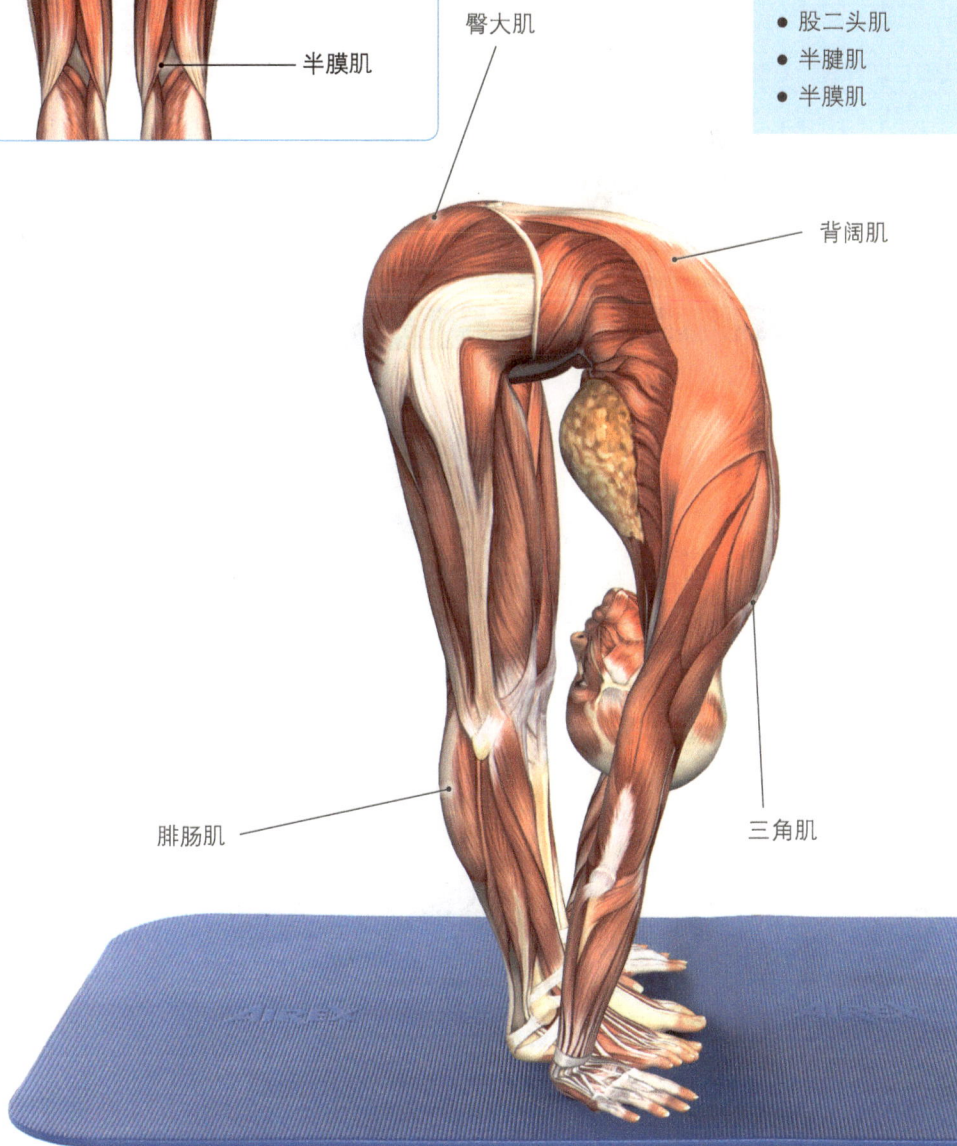

臀大肌

背阔肌

腓肠肌

三角肌

90度腘绳肌拉伸

① 呈仰卧姿势，身体平躺于瑜伽垫上，双臂伸直置于身体两侧。

② 左腿伸直，右腿屈膝提起至90度角。双手交叉环抱右大腿后侧。

锻炼目标
- 大腿

锻炼器械
- 瑜伽垫

级别
- 初级

呼吸提示 ◐
- 全程均匀呼吸，同时跟随呼吸的节奏加深拉伸幅度

益处
- 拉伸腘绳肌

注意 ⚠
- 髋关节或膝盖若有损伤，则不建议进行此项训练

- 避免
头部上抬
双肩上耸

- 正确做法
拉伸时固定好目标下肢，同时避免对侧代偿

③ 右腿伸直向上，双手向胸前拉伸右腿，感受腿部肌肉得到拉伸，保持动作至规定的时间，对侧亦然。

- 半腱肌
- 半膜肌
- 股二头肌

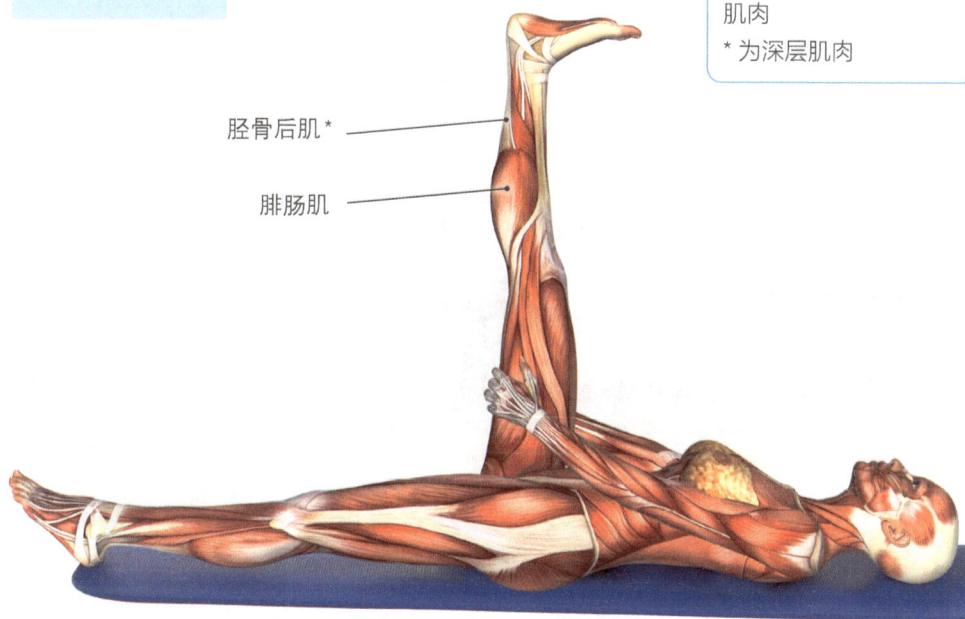

胫骨后肌 *

腓肠肌

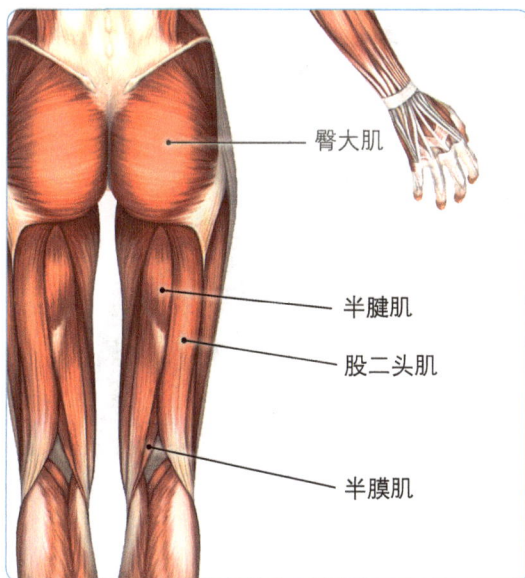

臀大肌

半腱肌

股二头肌

半膜肌

☼ 小提示

下侧腿应尽量贴近地面。

第6章

伸展练习

直膝腘绳肌拉伸

① 呈坐姿，背部挺直，双腿并拢向前伸展。将弹力带绕过双脚脚掌，双手握紧弹力带两端。双臂伸直，保持弹力带绷直。

锻炼目标
● 腿部

锻炼器械
● 弹力带、瑜伽垫

级别
● 初级

呼吸提示
● 全程均匀呼吸

益处
● 充分拉伸腘绳肌并伸展脊柱

注意 ⚠
● 膝关节或下背部若存在损伤，则不建议进行此项训练

● 避免
弯腰弓背
脚尖下压

● 正确做法
背部挺直，核心收紧
膝关节保持伸直

② 保持双腿伸直，上身前倾，双臂屈肘后拉弹力带，主目标锻炼肌肉有中等强度的拉伸感。保持动作至规定时间。

第6章

伸展练习

最佳锻炼部位

- 半腱肌
- 半膜肌
- 比目鱼肌
- 股二头肌
- 腓肠肌

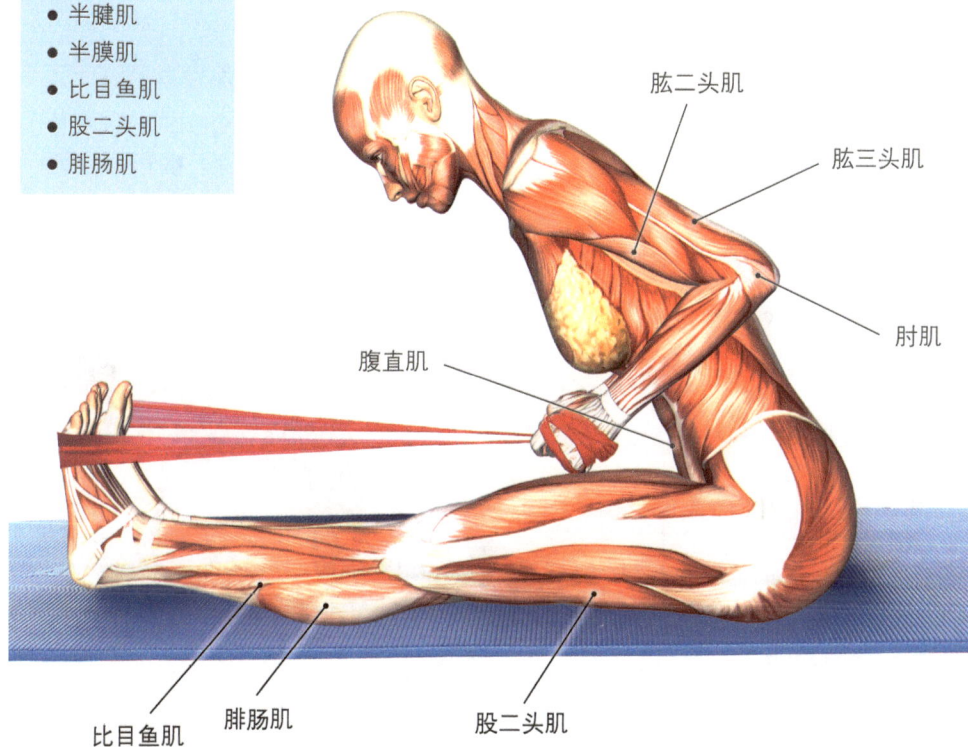

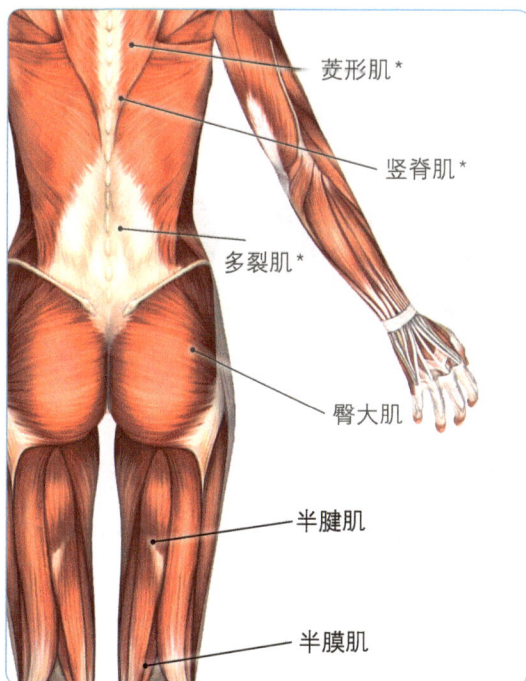

肱二头肌

肱三头肌

肘肌

腹直肌

比目鱼肌

腓肠肌

股二头肌

菱形肌*

竖脊肌*

多裂肌*

臀大肌

半腱肌

半膜肌

◆　解析关键

黑色字体为主要锻炼的肌肉

灰色字体为次要锻炼的肌肉

* 为深层肌肉

小提示

拉伸过程中，双臂始终紧贴躯干两侧。

第6章

伸展练习

股四头肌拉伸

锻炼目标
- 大腿

锻炼器械
- 瑜伽垫

级别
- 中级

呼吸提示
- 全程均匀呼吸

益处
- 提高大腿肌肉的柔韧性

注意 ⚠
- 膝关节若存在不适，则不建议进行此项训练

● 避免
上身发生偏转
身体重心不稳

● 正确做法
重点体会股四头肌的拉伸
核心收紧，躯干保持稳定

❶ 呈俯撑姿势，双手、双膝撑地。双臂伸直，双手位于肩部下方，背部挺直。

❷ 保持身体稳定，右手握住右脚脚踝，将右脚跟拉向臀部，保持动作至规定的时间，对侧亦然。

第6章

伸展练习

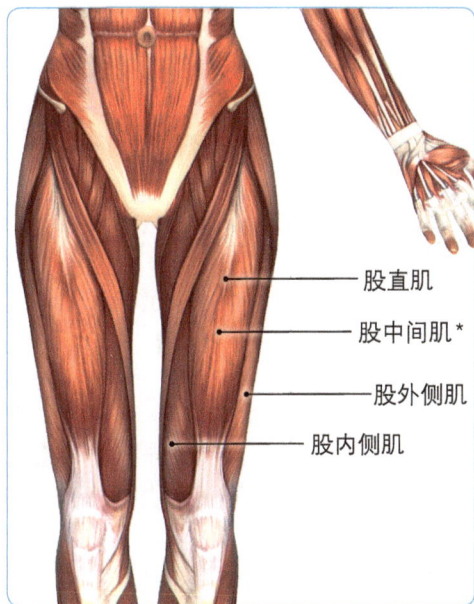

股直肌
股中间肌*
股外侧肌
股内侧肌

◆ 解析关键

黑色字体为主要锻炼的
肌肉
灰色字体为次要锻炼的
肌肉
* 为深层肌肉

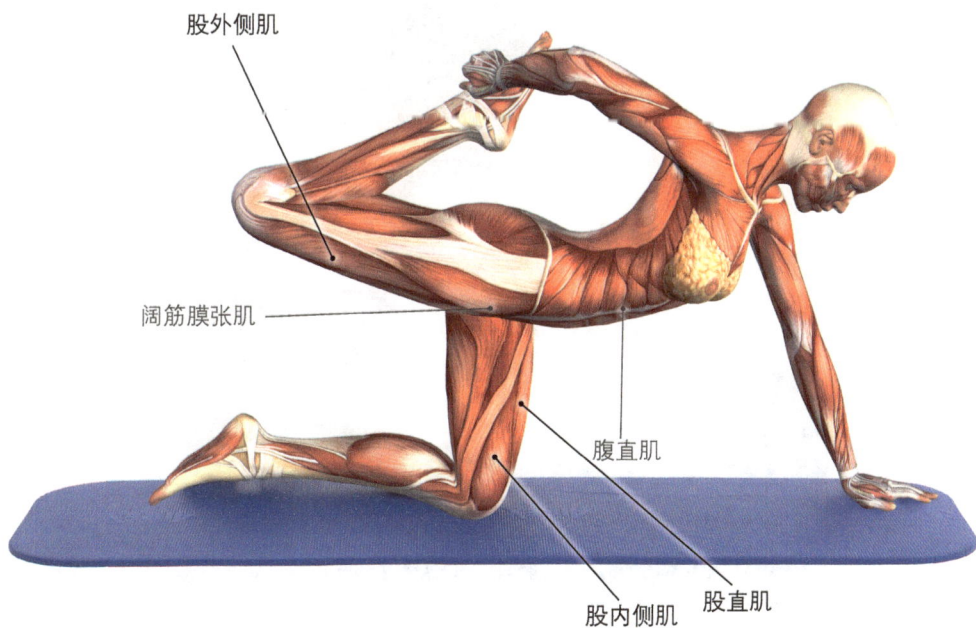

股外侧肌

阔筋膜张肌

腹直肌

股内侧肌   股直肌

第6章

伸展练习

坐姿体前屈

❶ 呈坐姿，背部挺直，双腿并拢前伸，双手置于膝盖上。

锻炼目标
- 大腿
- 小腿
- 背部

锻炼器械
- 瑜伽垫

级别
- 初级

呼吸提示
- 全程均匀呼吸

益处
- 充分伸展背部，拉伸腘绳肌

注意 ⚠️
- 膝关节或下背部若存在损伤，则不建议进行此项训练

• 避免

弯腰弓背
膝关节弯曲

• 正确做法

髋部以上弯曲，背部挺直
躯干向双腿方向伸展

❷ 保持双腿伸直，上身前倾，双手触摸双脚脚尖，保持动作至规定的时间。

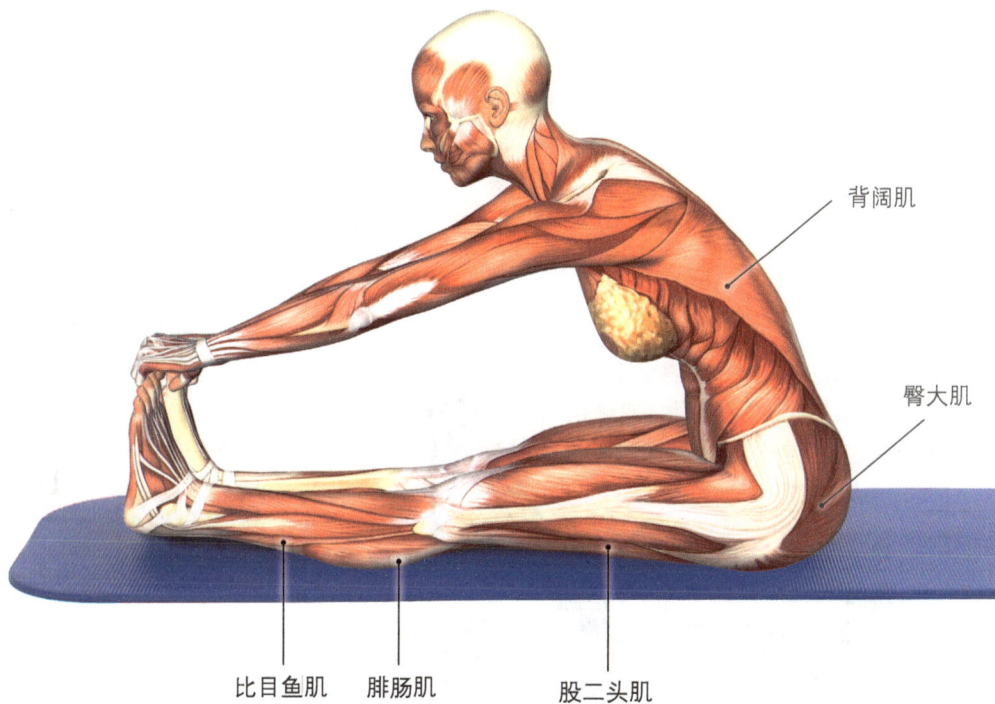

背阔肌

臀大肌

比目鱼肌　　腓肠肌　　　　股二头肌

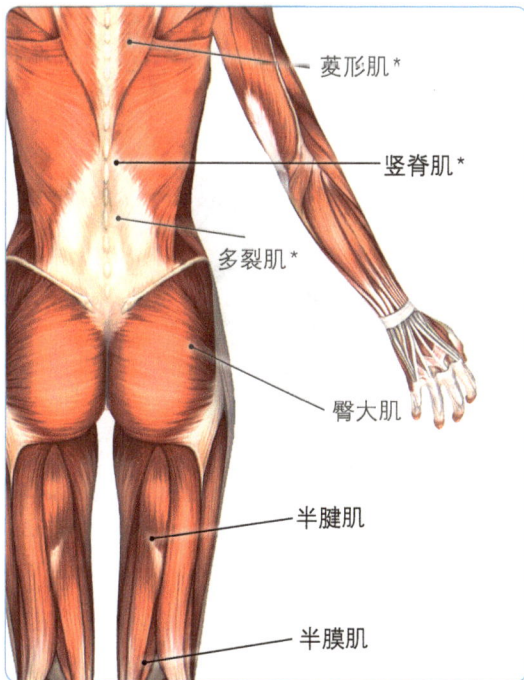

菱形肌*

竖脊肌*

多裂肌*

臀大肌

半腱肌

半膜肌

最佳锻炼部位

- 比目鱼肌
- 股二头肌
- 半腱肌
- 半膜肌
- 竖脊肌*
- 腓肠肌

第6章

伸展练习

单侧小腿放松

- **避免**

  膝盖弯曲

  肘部弯曲

  肩部上耸

- **正确做法**

  双腿叠放，放松小腿后侧肌肉

  臀部上抬，离开瑜伽垫前后滚

  动泡沫轴

锻炼目标

- 小腿

锻炼器械

- 泡沫轴、瑜伽垫

级别

- 中级

呼吸提示

- 全程均匀呼吸

益处

- 放松小腿后侧肌群

注意 ⚠️

- 腕关节、肩部或膝盖若存在不适，则不建议进行此项训练

① 将泡沫轴置于瑜伽垫上，身体呈仰卧姿势，双臂向后伸展支撑身体，双腿伸展，左侧小腿压于泡沫轴上，右侧小腿叠放于左侧小腿上方。

② 身体前后移动，使泡沫轴在小腿处滚动。重复完成规定的时间，对侧亦然。

第6章

伸展练习

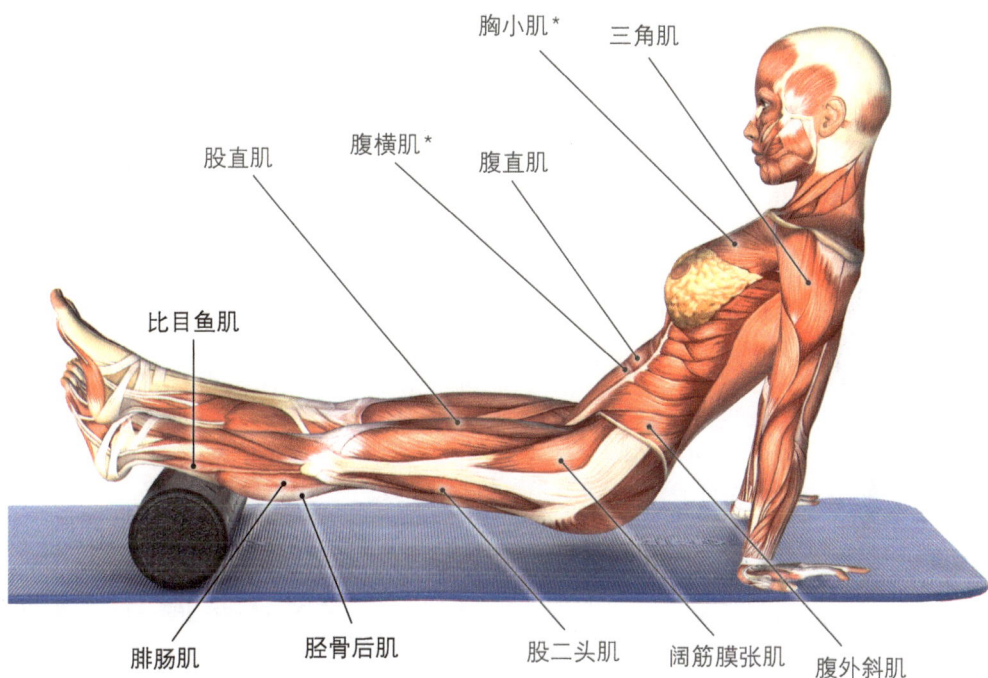

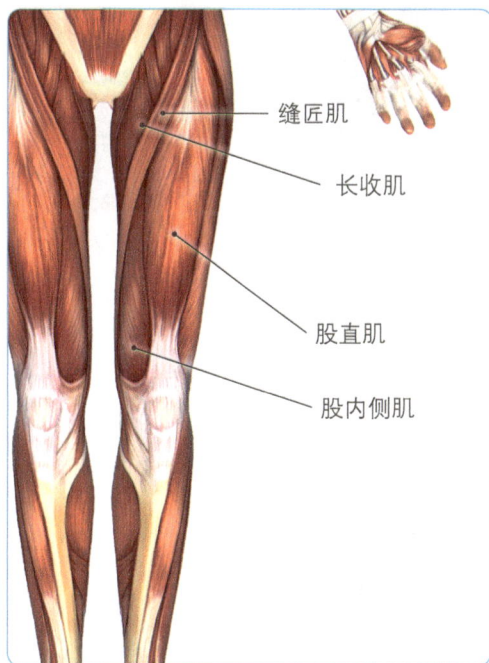

胸小肌* 三角肌

股直肌　腹横肌*　腹直肌

比目鱼肌

腓肠肌　胫骨后肌　股二头肌　阔筋膜张肌　腹外斜肌

缝匠肌

长收肌

股直肌

股内侧肌

◆　**解析关键**

黑色字体为主要锻炼的肌肉

灰色字体为次要锻炼的肌肉

* 为深层肌肉

最佳锻炼部位

- 腓肠肌
- 胫骨后肌
- 比目鱼肌

站立触脚趾

① 呈站姿，双脚并拢，双手自然垂落于身体两侧，目视前方。

● 避免

颈部肌肉收紧
弯腰弓背

● 正确做法

膝关节保持伸直
动作缓慢

② 弯曲上身，胸部向下贴近腿部，双臂伸直，双手触摸双脚脚尖。稍作停顿，缓慢恢复至起始姿势。重复完成规定的次数。

锻炼目标
- 背部
- 臀部
- 大腿
- 小腿

锻炼器械
- 徒手

级别
- 初级

呼吸提示
- 全程均匀呼吸

益处
- 拉伸脊柱和腘绳肌

注意 ⚠
- 下背部若存在损伤，则不建议进行此项训练

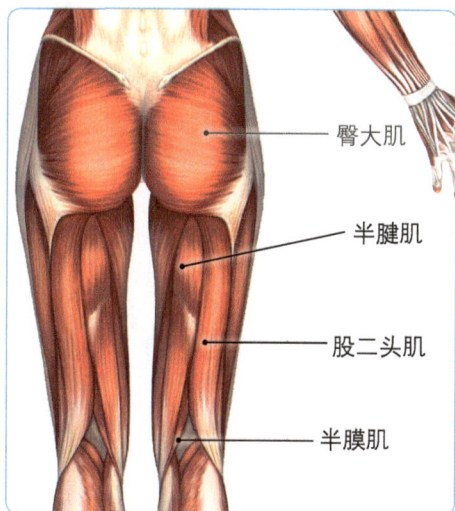

臀大肌

半腱肌

股二头肌

半膜肌

◆ **解析关键**

黑色字体为主要锻炼的
肌肉
灰色字体为次要锻炼的
肌肉
* 为深层肌肉

最佳锻炼部位

- 背阔肌
- 股二头肌
- 腓肠肌
- 比目鱼肌
- 半腱肌
- 半膜肌

背阔肌

菱形肌 *

臀大肌

股二头肌

腓肠肌

比目鱼肌

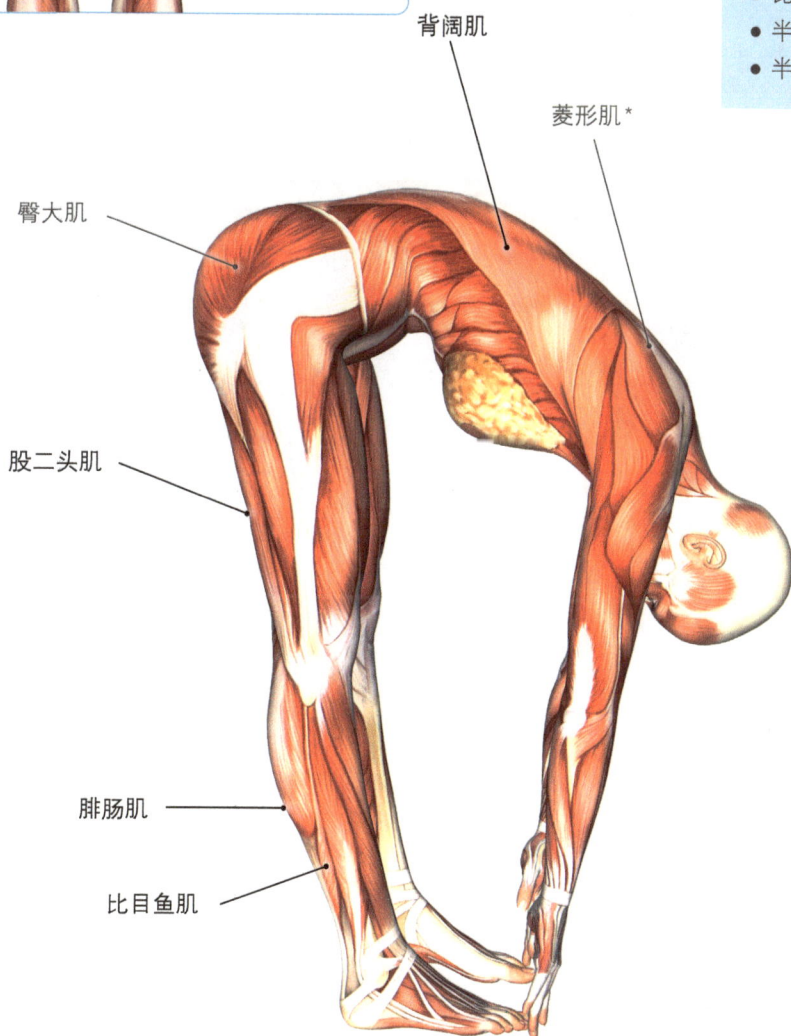

第 6 章

伸展练习

07

CHAPTER SEVEN

第7章
训练计划

运动专项方案

羽毛球

序号	页数	板块	动作名称	组数	重复次数（保持时间）	间歇时间
1	142	热身激活	平板支撑	1 组	**60** 秒	无间歇
2	144		侧平板支撑		**45** 秒（左右）	
3	206		双腿臀桥		**10** 次	
4	138		俯卧 YTW 伸展		**10** 次	
5	202	主体训练	弓步下蹲	**4** 个动作为一组；共 4 组	**15** 次（左右）	动作间无间歇；组间间歇 60 秒
6	244		双侧提踵		**15** 次	
7	56		双臂过顶屈臂伸		**20** 次	
8	192		过顶砸球		**10** 次	

第7章 训练计划

序号	页数	板块	动作名称	组数	重复次数（保持时间）	间歇时间
9	258		肱三头肌拉伸		**30**秒（左右）	
10	310	拉伸放松	股四头肌拉伸	**1**组	**30**秒（左右）	无间歇
11	312		坐姿体前屈		**30**秒	
12	268		眼镜蛇式		**30**秒	

篮球

序号	页数	板块	动作名称	组数	重复次数（保持时间）	间歇时间
1	142		平板支撑		**60**秒	
2	144	热身激活	侧平板支撑	**1**组	**45**秒（左右）	无间歇
3	206		双腿臀桥		**10**次	
4	138		俯卧 YTW 伸展		**10**次	

序号	页数	板块	动作名称	组数	重复次数（保持时间）	间歇时间
5	200	主体训练	杠铃深蹲	**2** 个动作为1组；共4组	**8** 次	动作间无间歇；组间间歇60秒
6	30		杠铃划船		**12** 次	
7	114		杠铃硬拉	**2** 个动作为1组；共4组	**8** 次	动作间无间歇；组间间歇60秒
8	90		哑铃上斜推举		**12** 次	
9	302	拉伸放松	跪姿屈髋拉伸	**1** 组	**30** 秒（左右）	无间歇
10	276		背阔肌拉伸		**30** 秒（左右）	
11	306		90度腘绳肌拉伸		**30** 秒（左右）	
12	264		胸部拉伸		**30** 秒	

第7章 训练计划

足球

序号	页数	板块	动作名称	组数	重复次数 （保持时间）	间歇时间
1	142	热身激活	平板支撑	1 组	**60** 秒	无间歇
2	144		侧平板支撑		**45** 秒 （左右）	
3	216		贝壳练习		**8** 次 （左右）	
4	224		屈髋外摆		**10** 次 （左右）	
5	210	主体训练	保加利亚深蹲	**4** 个动作 为一组；共 4 组	**20** 次 （左右）	动作间无间歇； 组间间歇 60 秒
6	172		登山者		**15** 秒	
7	246		俯卧交替勾腿		**20** 次 （左右）	
8	176		夹球转髋		**10** 次 （左右）	

序号	页数	板块	动作名称	组数	重复次数（保持时间）	间歇时间
9	298	拉伸放松	卧式4字体形	1组	30秒（左右）	无间歇
10	310		股四头肌拉伸		30秒（左右）	
11	306		90度腘绳肌拉伸		30秒（左右）	
12	268		眼镜蛇式		30秒	

网球

序号	页数	板块	动作名称	组数	重复次数（保持时间）	间歇时间
1	142	热身激活	平板支撑	1组	60秒	无间歇
2	144		侧平板支撑		45秒（左右）	
3	206		双腿臀桥		10次	
4	138		俯卧YTW伸展		10次	

序号	页数	板块	动作名称	组数	重复次数（保持时间）	间歇时间
5	230	主体训练	侧弓步	4 个动作为一组；共 4 组	**15** 次（左右）	动作间无间歇；组间间歇 60 秒
6	88		绳索夹胸		**12** 次	
7	192		过顶砸球		**10** 次	
8	158		俄罗斯转体		**30** 次	
9	264	拉伸放松	胸部拉伸	1 组	**30** 秒	无间歇
10	310		股四头肌拉伸		**30** 秒（左右）	
11	300		坐式蝶形		**30** 秒	
12	274		腹肌拉伸		**30** 秒（左右）	

第 7 章 训练计划

排球

序号	页数	板块	动作名称	组数	重复次数 （保持时间）	间歇时间
1	142	热身激活	平板支撑	1组	**60**秒	无间歇
2	144		侧平板支撑		**45**秒 （左右）	
3	206		双腿臀桥		**10**次	
4	138		俯卧 YTW 伸展		**10**次	
5	204	主体训练	持铃深蹲	**4**个动作 为一组；共 4 组	**10**次	动作间无间歇； 组间间歇 60 秒
6	214		深蹲跳		**6**次	
7	110		绳索下拉		**8**次	
8	178		夹球仰卧两头起		**10**次	

训练计划

序号	页数	板块	动作名称	组数	重复次数（保持时间）	间歇时间
9	302	拉伸放松	跪姿屈髋拉伸	1组	**30**秒（左右）	无间歇
10	276		背阔肌拉伸		**30**秒（左右）	
11	312		坐姿体前屈		**30**秒	
12	268		眼镜蛇式		**30**秒	

乒乓球

序号	页数	板块	动作名称	组数	重复次数（保持时间）	间歇时间
1	142	热身激活	平板支撑	1组	**60**秒	无间歇
2	144		侧平板支撑		**45**秒（左右）	
3	216		贝壳练习		**8**次（左右）	
4	138		俯卧 YTW 伸展		**10**次	

序号	页数	板块	动作名称	组数	重复次数 （保持时间）	间歇时间
5	232	主体训练	动态侧弓步	**4** 个动作 为一组；共 4 组	**15** 次 （左右）	动作间无间歇； 组间间歇 60 秒
6	92		胸前交替水平推		**15** 次 （左右）	
7	170		双臂旋转上提		**10** 次 （左右）	
8	162		转肩		**10** 次 （左右）	
9	292	拉伸放松	坐式 4 字体形	**1** 组	**30** 秒 （左右）	无间歇
10	264		胸部拉伸		**30** 秒	
11	278		仰卧屈膝旋转		**30** 秒 （左右）	
12	270		瑞士球滚球		**30** 秒	

第 7 章

训练计划

高尔夫球

序号	页数	板块	动作名称	组数	重复次数（保持时间）	间歇时间
1	142	热身激活	平板支撑	1组	**60**秒	无间歇
2	144		侧平板支撑		**45**秒（左右）	
3	190		死虫动作		**8**次（左右）	
4	194		土耳其起身		**5**次（左右）	
5	128	主体训练	基本上拉	**4**个动作为一组；共4组	**15**次（左右）	动作间无间歇；组间间歇60秒
6	36		双臂前平举		**15**次	
7	170		双臂旋转上提		**10**次（左右）	
8	158		俄罗斯转体		**30**次	

序号	页数	板块	动作名称	组数	重复次数 （保持时间）	间歇时间
9	276	拉伸放松	背阔肌拉伸	1组	**30**秒 （左右）	无间歇
10	294		扭转拉伸		**30**秒 （左右）	
11	274		腹肌拉伸		**30**秒 （左右）	
12	268		眼镜蛇式		**30**秒	

自行车

序号	页数	板块	动作名称	组数	重复次数 （保持时间）	间歇时间
1	142	热身激活	平板支撑	1组	**60**秒	无间歇
2	144		侧平板支撑		**45**秒 （左右）	
3	206		双腿臀桥		**10**次	
4	234		侧向交叉步		**8**次	

序号	页数	板块	动作名称	组数	重复次数（保持时间）	间歇时间
5	240	主体训练	后腿抬高弓步蹲	4 个动作为一组；共 4 组	20 次（左右）	动作间无间歇；组间间歇 60 秒
6	186		香蕉式自行车		30 次	
7	248		俯卧双腿勾腿		20 次	
8	172		登山者		30 秒	
9	306	拉伸放松	90 度腘绳肌拉伸	1 组	30 秒（左右）	无间歇
10	310		股四头肌拉伸		30 秒（左右）	
11	302		跪姿屈髋拉伸		30 秒（左右）	
12	268		眼镜蛇式		30 秒	

第 7 章

训练计划

柔道

序号	页数	板块	动作名称	组数	重复次数（保持时间）	间歇时间
1	142	热身激活	平板支撑	1 组	60 秒	无间歇
2	144		侧平板支撑		45 秒（左右）	
3	206		双腿臀桥		10 次	
4	194		土耳其起身		5 次（左右）	
5	208	主体训练	相扑深蹲	2 个动作为 1 组；共 4 组	12 次（左右）	动作间无间歇；组间间歇 60 秒
6	30		杠铃划船		10 次	
7	114		杠铃硬拉	2 个动作为 1 组；共 4 组	12 次	动作间无间歇；组间间歇 60 秒
8	86		卧推		10 次	

序号	页数	板块	动作名称	组数	重复次数 （保持时间）	间歇时间
9	302		跪姿屈髋拉伸		30 秒 （左右）	
10	276		背阔肌拉伸	1 组	30 秒 （左右）	无间歇
11	306	拉伸放松	90 度腘绳肌拉伸		30 秒 （左右）	
12	264		胸部拉伸		30 秒	

慢跑 / 步行 / 远足

序号	页数	板块	动作名称	组数	重复次数 （保持时间）	间歇时间
1	142		平板支撑		60 秒	
2	144		侧平板支撑	1 组	45 秒 （左右）	无间歇
3	206	热身激活	双腿臀桥		8 次	
4	218		蚌式支撑		10 次 （左右）	

第 7 章

训练计划

続表

序号	页数	板块	动作名称	组数	重复次数（保持时间）	间歇时间
5	198	主体训练	靠墙下蹲	4个动作为一组；共4组	30次	动作间无间歇；组间间歇60秒
6	160		瑞士球前推		10次	
7	220		直腿硬拉		20次	
8	168		死虫式		10次（左右）	
9	308	拉伸放松	直膝腘绳肌拉伸	1组	30秒	无间歇
10	310		股四头肌拉伸		30秒（左右）	
11	296		仰卧双膝紧抱		30秒	
12	268		眼镜蛇式		30秒	

游泳

序号	页数	板块	动作名称	组数	重复次数 （保持时间）	间歇时间
1	142	热身激活	平板支撑	1组	**60**秒	无间歇
2	144		侧平板支撑		**45**秒 （左右）	
3	70		肩胛骨运动		**8**次	
4	62		肩关节外旋		**10**次 （左右）	
5	112	主体训练	引体向上	**4**个动作为一组；共4组	**20**次	动作间无间歇；组间间歇60秒
6	214		深蹲跳		**8**次	
7	50		屈臂伸		**20**次	
8	180		仰卧举腿		**10**次	

序号	页数	板块	动作名称	组数	重复次数（保持时间）	间歇时间
9	276	拉伸放松	背阔肌拉伸	1组	**30**秒（左右）	无间歇
10	264		胸部拉伸		**30**秒	
11	310		股四头肌拉伸		**30**秒（左右）	
12	268		眼镜蛇式		**30**秒	

功能性方案

手臂

序号	页数	板块	动作名称	组数	重复次数（保持时间）	间歇时间
1	38		双臂弯举	2个动作为1组；共4组	12次	动作间无间歇；组间间歇60秒
2	54		椅上双臂屈臂伸		12次	
3	42	主体训练	双臂锤式弯举	2个动作为1组；共3组	10次	动作间无间歇；组间间歇60秒
4	58		绳索肱三头肌下压		10次	
5	40		双臂反向弯举	2个动作为1组；共2组	15次	动作间无间歇；组间间歇60秒
6	52		瑞士球双臂屈臂伸		15次	

序号	页数	板块	动作名称	组数	重复次数（保持时间）	间歇时间
7	258	拉伸放松	肱三头肌拉伸	**1** 组	**30** 秒（左右）	无间歇
8	260		站姿肱二头肌拉伸		**30** 秒	

背部

序号	页数	板块	动作名称	组数	重复次数（保持时间）	间歇时间
1	112	主体训练	引体向上	**2** 个动作为 1 组；共 4 组	**10** 次	动作间无间歇；组间间歇 60 秒
2	136		俯卧两头起		**10** 次	
3	120		哑铃单臂后拉	**2** 个动作为 1 组；共 3 组	**15** 次（左右）	动作间无间歇；组间间歇 60 秒
4	122		双臂平举		**15** 次	

第 7 章

训练计划

序号	页数	板块	动作名称	组数	重复次数（保持时间）	间歇时间
5	276		背阔肌拉伸		**30** 秒（左右）	
6	280	拉伸放松	下背部动态拉伸	**1** 组	**30** 秒	无间歇
7	256		站姿三角肌后束拉伸		**30** 秒（左右）	

胸部

序号	页数	板块	动作名称	组数	重复次数（保持时间）	间歇时间
1	86		卧推	**2** 个动作为 1 组；共 4 组	**8** 次	动作间无间歇；组间间歇 90 秒
2	106		俯卧撑 – 推起离地		**6** 次	
3	74	主体训练	双臂飞鸟	**2** 个动作为 1 组；共 3 组	**15** 次	动作间无间歇；组间间歇 60 秒
4	98		绳索下斜夹胸		**15** 次	

第7章

训练计划

序号	页数	板块	动作名称	组数	重复次数（保持时间）	间歇时间
5	264		胸部拉伸		30秒	
6	258	拉伸放松	肱三头肌拉伸	1组	30秒（左右）	无间歇
7	266		跪式向前屈身		30秒	

肩部

序号	页数	板块	动作名称	组数	重复次数（保持时间）	间歇时间
1	66		双臂肩上推举		12次	
2	34		前侧平举		10次（左右）	
3	62	主体训练	肩关节外旋	5个动作为1组；共3组	15次（左右）	动作间间歇15秒；组间间歇60秒
4	70		肩胛骨运动		15次	
5	78		瑞士球双臂侧平举		12次	

序号	页数	板块	动作名称	组数	重复次数（保持时间）	间歇时间
6	68		反向平板		**30**秒	
7	256	拉伸放松	站姿三角肌后束拉伸	**1**组	**30**秒（左右）	无间歇
8	266		跪式向前屈身		**30**秒	

臀部

序号	页数	板块	动作名称	组数	重复次数（保持时间）	间歇时间
1	206		双腿臀桥	**2**个动作为1组；共4组	**8**次	动作间无间歇；组间间歇60秒
2	212	主体训练	宽距深蹲		**15**次	
3	218		蚌式支撑	**2**个动作为1组；共4组	**8**次（左右）	动作间无间歇；组间间歇60秒
4	220		直腿硬拉		**15**次	

序号	页数	板块	动作名称	组数	重复次数（保持时间）	间歇时间
5	298	拉伸放松	卧式 4 字体形	1 组	**30** 秒（左右）	无间歇
6	294		扭转拉伸		**30** 秒（左右）	
7	284		坐姿扭转臀部拉伸		**30** 秒（左右）	

腿部

序号	页数	板块	动作名称	组数	重复次数（保持时间）	间歇时间
1	200	主体训练与拉伸结合	杠铃深蹲	**2** 个动作为 1 组；共 4 组	**12** 次	动作间无间歇；组间间歇 60 秒
2	302		跪姿屈髋拉伸		**5** 次（左右）	
3	114		杠铃硬拉	**2** 个动作为 1 组；共 4 组	**12** 次	动作间无间歇；组间间歇 60 秒
4	306		90 度腘绳肌拉伸		**5** 次（左右）	
5	244		双侧提踵	**2** 个动作为 1 组；共 3 组	**15** 次	动作间无间歇；组间间歇 60 秒
6	312		坐姿体前屈		**5** 次	

序号	页数	板块	动作名称	组数	重复次数（保持时间）	间歇时间
7	248	主体训练与拉伸结合	俯卧双腿勾腿	**2**个动作为1组；共2组	**10**次	动作间无间歇；组间间歇60秒
8	308		直膝腘绳肌拉伸		**5**次	

核心

序号	页数	动作名称	重复次数（保持时间）	组数	间歇时间
1	142	平板支撑	**30**秒	**8**个动作为一组；共2~3组	动作间间歇15秒；组间间歇60秒
2	144	侧平板支撑	**30**秒（左右）		
3	216	贝壳练习	**8**次（左右）		
4	134	俯卧挺身	**10**次		
5	154	球上卷腹	**15**次		
6	118	双臂交替后拉	**8**次		
7	168	死虫式	**10**次（左右）		
8	176	夹球转髋	**20**次		

训练计划

全身力量

序号	页数	动作名称	重复次数 （保持时间）	组数	间歇时间
1	236	俯卧撑 – 蹲跳	**10** 次		
2	202	弓步下蹲	**15** 次 （左右）		
3	222	单腿硬拉	**12** 次 （左右）		
4	82	俯卧撑至屈膝	**10** 次	**8** 个动作为一组；共 3 组	动作间间歇 30 秒；组间间歇 60 秒
5	72	拉力器下拉	**15** 次		
6	244	双侧提踵	**20** 次		
7	46	单臂基本弯举	**20** 次 （左右）		
8	150	绳索跪式卷腹	**20** 次		

间歇训练

序号	页数	动作名称	重复次数 （保持时间）	组数	间歇时间
1	236	俯卧撑 – 蹲跳	**15** 秒		
2	192	过顶砸球	**15** 秒		
3	214	深蹲跳	**15** 秒	**7** 个动作为 一组；共 2~ 3 组	动作间间歇 15 秒；组间 间歇 30 秒
4	172	登山者	**15** 秒		
5	186	香蕉式自行车	**15** 秒		
6	108	划船	**15** 秒		
7	226	徒手蹲	**15** 秒		

办公室健身

序号	页数	动作名称	重复次数 （保持时间）	组数	间歇时间
1	198	靠墙下蹲	**15** 次	**7** 个动作为一组；共 2~3 组	动作间间歇 15 秒；组间间歇 60 秒
2	100	俯卧撑	**15** 次		
3	138	俯卧 YTW 伸展	**15** 次		
4	184	仰卧两头起	**15** 次		
5	54	椅上双臂屈臂伸	**15** 次		
6	136	俯卧两头起	**15** 次		
7	232	动态侧弓步	**10** 次 （左右）		